百年誌 岩槻の人形

岩槻人形協同組合

伝統を守りつつ、進化・発展・創造。新たな時代に対応できる「人形文化」を目指します。

岩槻人形協同組合　理事長　**新井　久夫**

業界及び関係各位のご理解、ご協力を頂く中、岩槻人形協同組合百周年記念の「岩槻人形誌」が発刊できますこと、心より御礼申し上げます。

あわせて、人形産地として団結され、様々なご苦労、ご努力をされ、今日私どもの世代に伝統・文化を引き継いでこられた先輩諸氏に改めて敬意を表するところであります。

洋風文化の影響を受け、今日の人々の生活様式は、百年前と比べるとすっかり様変わりしております。しかしながらお子様の誕生と健やかな成長を願う節句文化は人々の生活の中に生き続け、今後も変わらず継承されることと信じております。

また一方で、〝和の文化の見直し〟の流れもあります。日本の文化に興味を持たれ、訪日される外国人の方々も年々増えております。その中で日本に於ける、人形という文化の存在意義は大変大きいものと確信しております。

同時に業界としての重責を強く感じるところであります。

今後も私どもは、日本の伝統、「人形文化」を守り、進化、発展も加え、新たな時代に対応できる人形文化を創造してゆく所存です。

結びに、記念誌発刊にあたりましてご尽力、ご協力を頂きましたすべての関係各位に心より御礼申し上げます。

この百年は、岩槻の人形づくりの営みそのものの歴史。この貴重な歴史を知り、新たな一歩を。

岩槻人形協同組合　前理事長　**齊藤　公司**

この度、岩槻人形協同組合の前身である、岩槻雛人形組合の創立から百周年を迎え、『百年誌　岩槻の人形』が刊行されますことは、私の無上の喜びであります。

この企ては、私の理事長在任中に「百周誌編纂委員会」が発足し、組合自らで取り組み、具体化しつつありました。ながい歴史の中で大事な節目に巡り合わせたことに幸せを感じております。

さて、岩槻の人形づくりの起源については諸説ありますが、一般的には日光東照宮の造営（寛永年間）に携わった工匠が岩槻に住み着き、人形づくりを始めたという説が最も有力と言われております。その後、明治維新の際に、改暦により五節句廃止例が発布されました。当時の風潮として文明開化が唱えられ、旧習打破が喜ばれ、明治維新の後は、三月、五月の節句行事がやや静かになりました。

しかし、子どもの誕生を祝い、健やかな成長を祈る節句行事は、市井の人々に大切な文化として復活し、ここ岩槻においても人形づくりは継承されてきました。

大正四年には組合の結成を生むまでに成長し、その後二度にわたる大戦、関東大震災など幾多の困難を経て、昭和、平成と人形制作を続けてきましたが、今や『人形のまち岩槻』の名声は全国に周知されるところとなり、我が国トップの出荷額を誇る生産地となりました。これまでの多くの先達、名工の方々の研鑽・努力に改めて敬意を表します。

近年、少子化現象や作り手の高齢化等課題が生じておりますが、伝統的技術・技法を守り育てるため、国の伝統的工芸品の指定を受け後継者育成、新商品開発等振興事業を実施し、岩槻の人形は地域おこしや観光資源の核としても欠かすことができない存在となっています。

本記念誌は百年の風雪を乗り越えてきた岩槻の人形づくりの営みそのものの歴史であり、多くの経験値を読み取り学ぶことができると存じます。次代を担う若い方々が、この貴重な歴史を知り、新たな一歩を築かれることを願って止みません。

伝統産業を次代に繋ぐ取り組みに、深く敬意を表します。

関東経済産業局長　**藤井　敏彦**

この度、岩槻人形協同組合から「百年誌　岩槻の人形」が刊行されますことを心よりお慶び申し上げます。

岩槻は、頭《かしら》や衣裳付け、手足といった人形の製造のみならず、小道具の製作も行うなど、まち全体で人形づくりに取り組む人形の一大産地です。

なかでも「江戸木目込人形」及び「岩槻人形」については、貴組合が母体となり、それぞれ昭和五三年及び平成一九年に通商産業大臣（当時）の伝統的工芸品の指定を受けられました。

これまで貴組合は、後継者育成や意匠開発の事業等、伝統産業を次代に繋ぐ地道な活動や、地域の方々と連携した各種行事に取り組んで来られました。これらはひとえに歴代理事長をはじめ、関係の皆様の百年にわたるご尽力によるものと深く敬意を表する次第です。

国内経済が緩やかな回復基調にある中で、平成二七年度の訪日外客数が初めて二〇〇〇万人の大台を突破するなどインバウンド需要が急増しております。また、ＴＰＰを追い風に、アジアや欧米諸国等に日本の工芸品と文化を輸出する大きなチャンスを迎えております。

私ども関東経済産業局といたしましても、日本文化に関心を持つ訪日外客の需要を着実に取り込むとともに、事業者の海外展開活動への積極的な支援を行って参る所存であり、貴組合には日本文化の魅力発信のため、事業のさらなる進展に取り組まれることをご期待申し上げます。

最後に、貴組合並びに関係の皆様方のますますのご発展とご活躍を祈念いたしまして、私のお祝いの言葉とさせていただきます。

日本人特有の感性が息づく文化と作り手の心を未来に継承し、新たな一歩を。

一般財団法人伝統的工芸品産業振興協会　代表理事
安藤　重良

岩槻人形協同組合が創立百周年を迎えられましたことを心よりお祝い申し上げます。全国の伝統的工芸品産地の中でも一〇〇年の歴史を有する組合は多くありません。

大正四年の設立以来、長年に亘り、江戸木目込人形・岩槻人形の技術、技法の継承および発展にご尽力されてきた、歴代の理事長をはじめ関係各位の皆様に、伝統的工芸品産業の振興支援を行う団体として、あらためまして敬意を表します。

伝統的工芸品は我が国の歴史と風土の中で育まれ、わたしたちの生活に欠かせない生活用品として広く愛用されて参りました。現在二二二の伝統的工芸品が指定されていますが、江戸木目込人形・岩槻人形は、節句人形と雛人形の生産量、生産額とも日本一です。

戦後日本の生活習慣は急激な変化を遂げ、伝統的工芸品の生活の中での役割も大きく変わっております。物の豊かさばかりではなく、日本の食文化が世界遺産に登録されるなど心の豊かさが見直されるようになってきた昨今、あらためて日本人特有の感性が息づく文化と作り手の心を感ずる手作りの工芸品に対する評価は高まってきています。

貴組合におかれましても百周年の節目を迎えまして、歴史と伝統に培われた技術の研鑽と共に、現代のくらしの中で愛される製品の開発に努めていただき、江戸時代より連綿と続く江戸木目込人形・岩槻人形を未来へ継承する新たな一歩を踏み出されることをお祈り申し上げます。

県民の貴重な財産である岩槻の人形の伝統を、後世に伝える活動の継続に敬意を表します。

埼玉県知事　上田　清司

岩槻人形協同組合が記念すべき百周年を迎えられましたことを心からお祝い申し上げます。

岩槻の人形づくりの歴史は、江戸時代初期に始まり約三八〇年もの長い伝統を有しています。貴組合は大正四年に岩槻雛人形組合として設立されて以来、本県の人形産業の発展に多大な貢献を果たしてこられました。新井久夫理事長をはじめ組合員の皆様には厚くお礼申し上げます。

人形は、日常の暮らしに、豊かさと潤いを与えてくれます。

中でも、岩槻人形、江戸木目込人形は、県指定の伝統的手工芸品であり、また、国指定の伝統工芸品にも指定されている埼玉が誇る伝統工芸品です。

貴組合では毎年、春の〝まちかど雛めぐり〟や〝流し雛〟、夏の〝岩槻まつり〟での仮装による人形パレードやジャンボ雛壇、〝秋の人形供養祭〟など、四季折々の伝統行事の開催に尽力しておられます。県民の貴重な財産である岩槻人形の伝統を後世にしっかりと伝えていく活動を続けておられることに深く敬意を表します。

本県では、二〇一七年には世界盆栽大会、二〇一九年にはラグビーワールドカップ、そして二〇二〇年には東京オリンピック・パラリンピック大会と、世界から注目を集めるイベントが相次いで開催されます。是非、これらの機会に、埼玉の伝統的手工芸品のすばらしさを世界に発信していただくことを願っています。

結びに、人形のまち岩槻と岩槻人形協同組合のますますの御発展並びに組合員の皆様の御健勝、御多幸をお祈り申し上げ、お祝いの言葉といたします。

さいたま市の魅力ある資源、人形文化。岩槻の人形のブランド化を推進してまいります。

さいたま市長　**清水　勇人**

岩槻人形協同組合設立百周年を記念して、「百年誌　岩槻の人形」が発刊されますことに対し、心からお喜び申し上げます。

岩槻は、国内有数の人形の生産地として知られていることは言うまでもなく、「江戸木目込人形」、「岩槻人形」が国の伝統的工芸品として指定されるなど、人形づくりにおける古き良き伝統が大切に守られてきました。

その中心として、岩槻人形協同組合におかれましては、伝統的な工芸技術の継承や需要開拓など、人形産業の振興に努める一方、〝まちかど雛めぐり〟や〝人形のまち岩槻まつり〟など、さいたま市の産業だけでなく、観光や文化など様々な分野においても、市の発展に大きく貢献していただいており、こうした活動が岩槻人形協同組合の今日までの発展に繋がっているものと考えており、理事長をはじめ、組合員や各関係者のご尽力に深く敬意を表します。

さいたま市では「岩槻の人形」を伝統産業に指定するとともに、伝統的な技術を継承する事業所を伝統産業事業所に指定し、その存在と魅力を市内外にPRするなど、人形に関わる産業の活性化を図っております。

また、さいたま市の魅力ある資源である人形文化の拠点施設として、(仮称)岩槻人形博物館の整備を進めております。地域資源を活かした取り組みは、都市の価値を高め、地域経済の活性化や市内外の誘客効果も期待できるものであり、「岩槻の人形」のブランド化につきましても、今後も積極的に推進していまいります。

岩槻人形協同組合設立百年を節目に、貴組合がますますご発展されますことをご祈念申し上げ、ご挨拶といたします。

業界活性化のため各種事業を積極的に推進してこられましたことに感謝申し上げます。

一般社団法人 日本人形協会　会長　**金林　健史**

この度の、岩槻人形協同組合百周年記念「百年誌　岩槻人形」発刊に際し、心よりお祝いを申し上げます。

大正四年に設立されて以来、歴代理事長、役員、会員の皆様の並々ならぬ努力の結晶が百周年を迎える原動力になったものと深く敬意を表します。

また、永きにわたり、教育、伝統文化、産業の発展、並びに業界の発展に大きく貢献され、会員各社の企業体質強化のための品質・デザインの向上や新製品開発等に係わる展示など、業界活性化のため各種事業を積極的に推進してこられましたことにも感謝申し上げます。

さらに会員各社の皆様におかれましては、主要事業を有効的に活用される中で、業界の有力企業として成長され、販路拡張と市場拡大に先導的な役割を果たされてこられた功績には、改めて敬意を表する次第でございます。

しかし今日、日本を取り巻く環境は、少子・高齢化、人口減、グローバル化、デフレ、円高、等々激変、我が業界においても流通形態の多様化、低価格競争、ＩＴ化による商品の変化等々、目まぐるしく変化し、不透明な時代に直面しておりますが、近年日本の伝統文化が見直されることが多くなって参りました。

貴組合におかれましても、新井理事長をリーダーに、消費者を喚起する優れた商品を開発され節句業界、日本の活性化に貢献された新たな百年に向けて躍進されますことを祈念いたしまして、お祝いの挨拶といたします。

百年誌 岩槻の人形 ＊ 目次

■この本をお読みいただくにあたって■

◇岩槻地域で製作される人形について
岩槻で作られる衣裳着人形は「岩槻人形」、木目込人形は「江戸木目込人形」として、国の伝統的工芸品に指定されています。また、岩槻地域で製作されたすべての人形を「岩槻人形」とよぶこともあります。

◇小・中学校の教材としても利用できるようふりがなを多く付けました。

◇『岩槻人形史』（岩槻人形連合協会・昭和四六年発行）を資料として参考にいたしました。

◇人形関係の呼称・用語は、『人形小辞典』（（一社）日本人形協会発行）におおむね従いました。

◇当組合員、事業所から提出された系譜、アンケートなどの資料は、できるだけ原文を尊重して記載しました。

◇本書に記載した事項は、原則一〇〇周年に当たる年の平成二七年一二月三一日までとしました。

◇本文中は敬称略とさせていただきました。あらかじめご了承ください。

岩槻人形絵巻

木目込人形 立雛

内裏びな

親王飾り

衣裳着人形　いしょうぎにんぎょう

七段飾り 十五人揃い雛

親王立雛

三段飾り 親王　官女

立　雛

モダンなお雛さま

十五人揃い雛（昭和初期）

木目込人形
きめこみにんぎょう

ひな人形

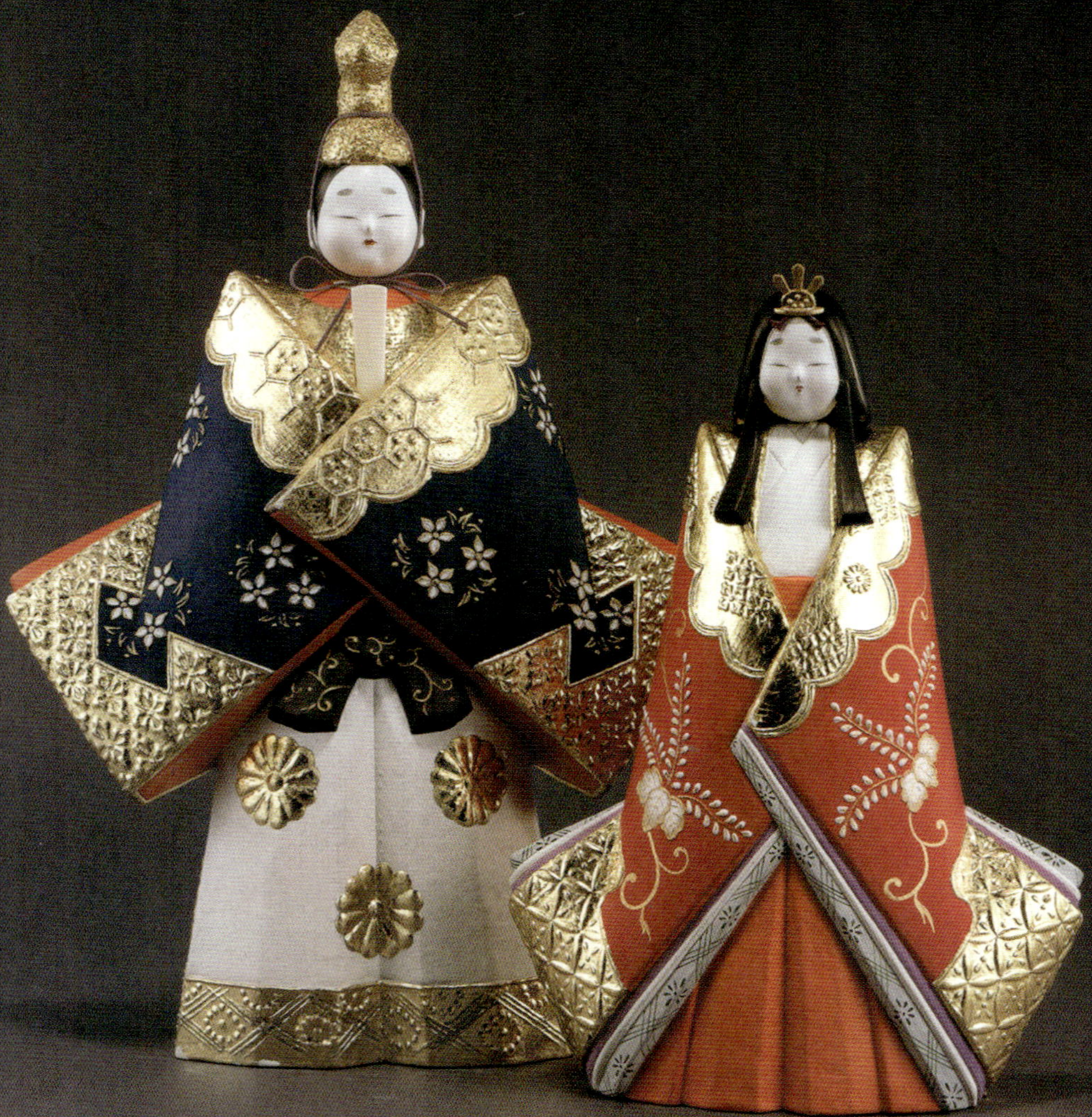

立雛

内裏びな

内裏びな

木目込人形《きめこみにんぎょう》

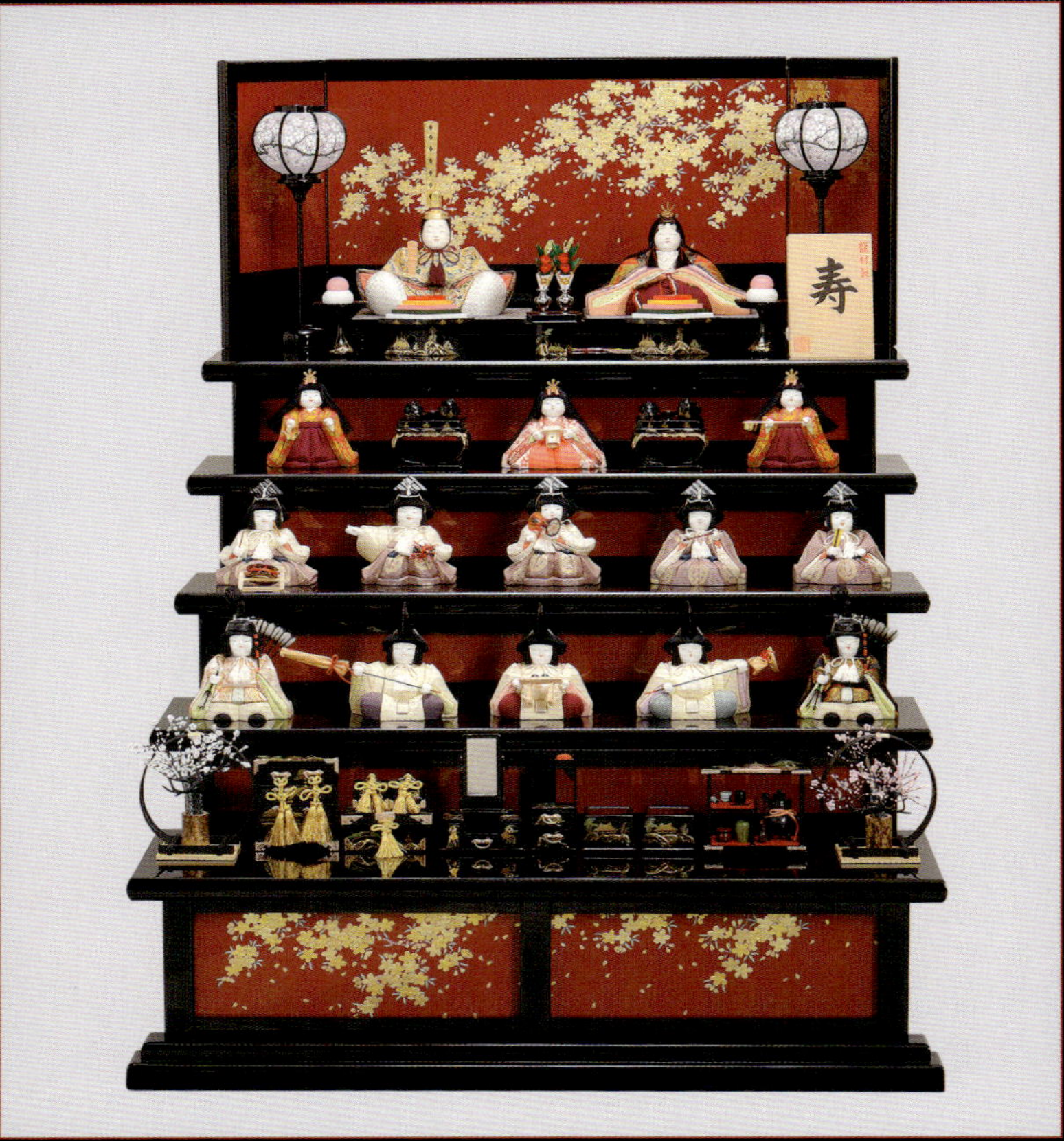

十五人揃い雛

親王飾り

衣裳着人形《いしょうぎにんぎょう》

わらべ鍾馗（しょうき）

熊のり金太

桃太郎

衣裳着人形《いしょうぎにんぎょう》

金太郎

鍾馗さま

神武天皇

木目込人形《きめこみにんぎょう》

おぼこ大将

おぼこ大将

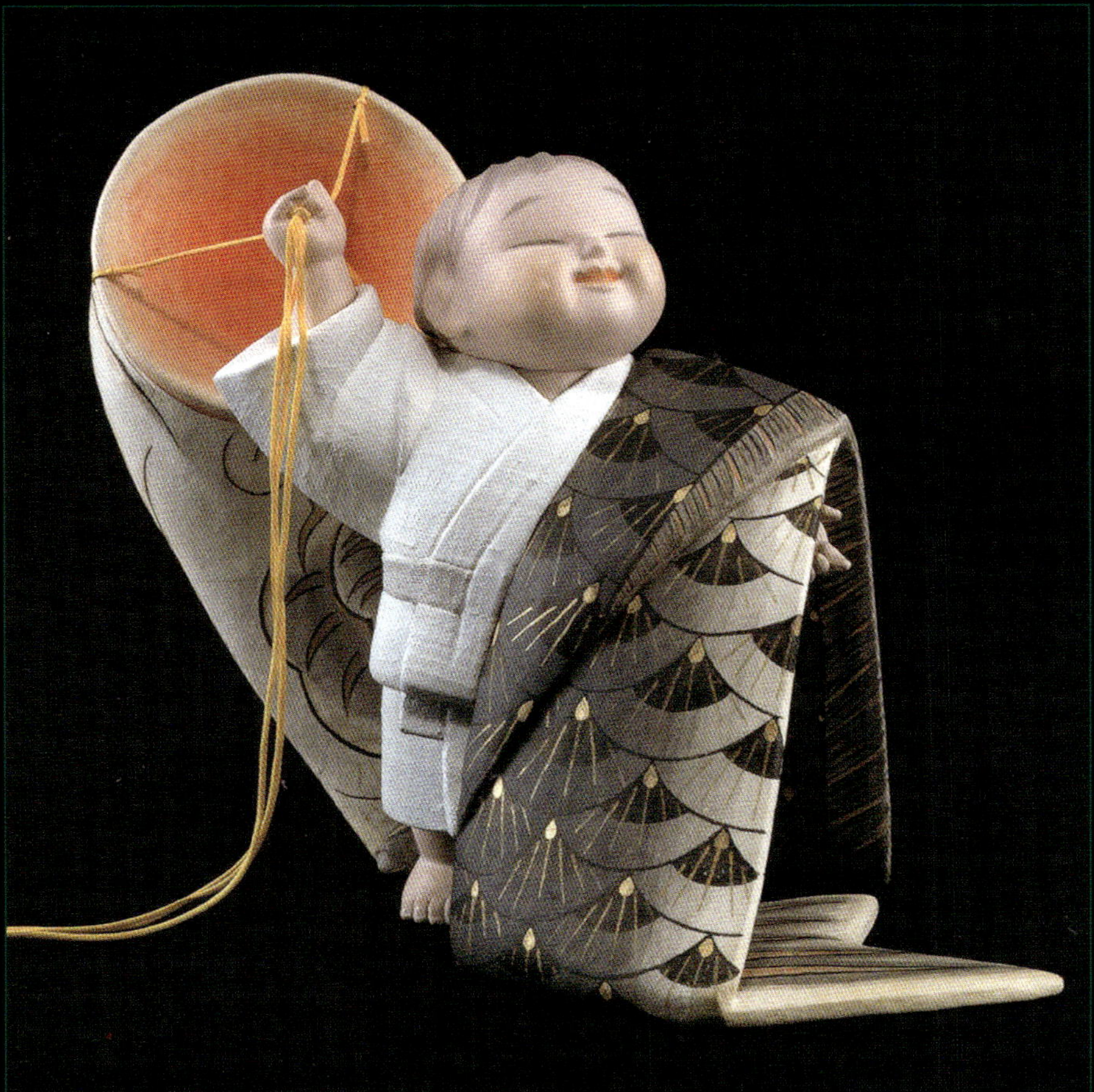

五月晴れ　（さつきばれ）

五月

鎧・兜
よろい・かぶと

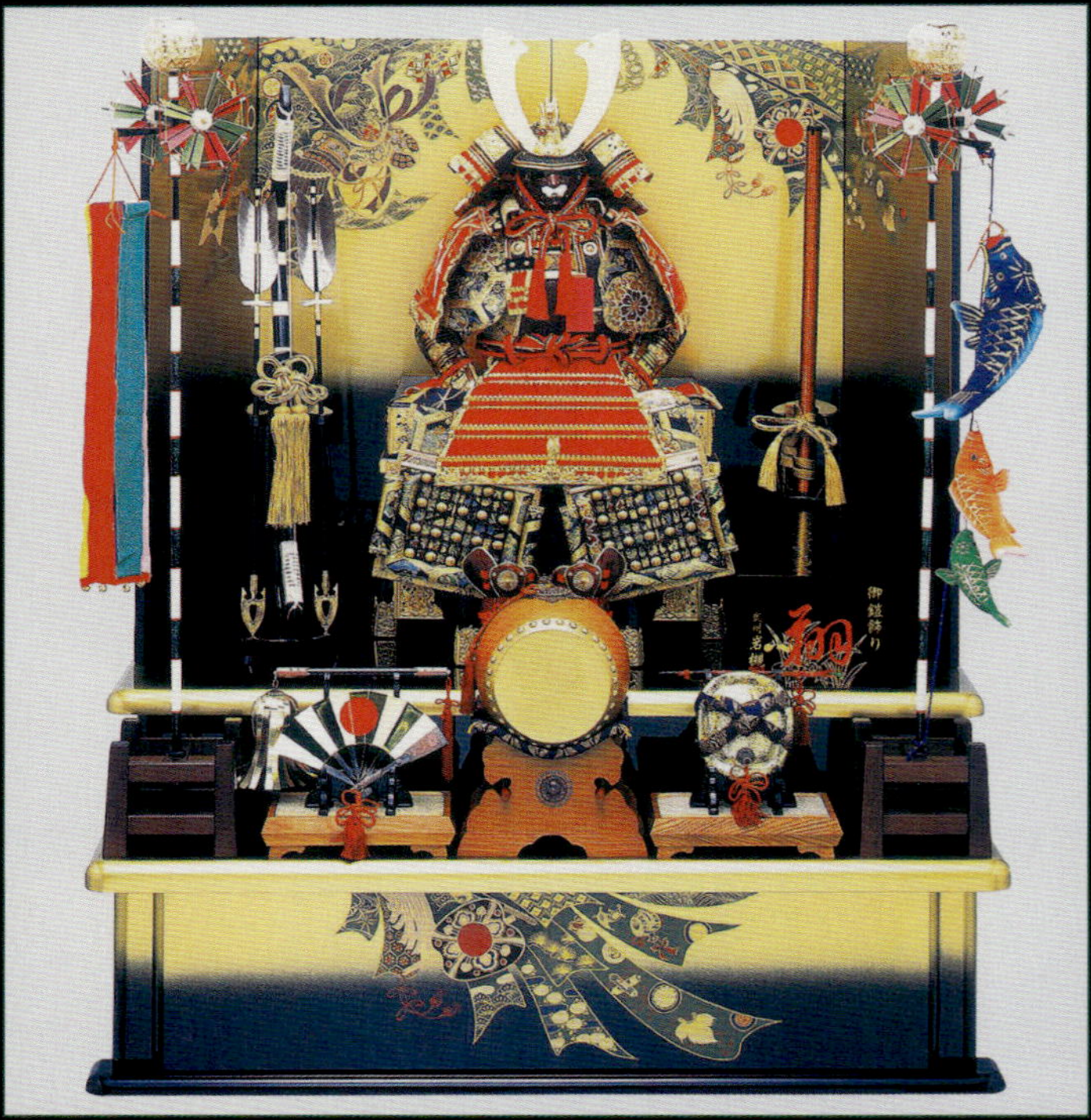

鎧飾り

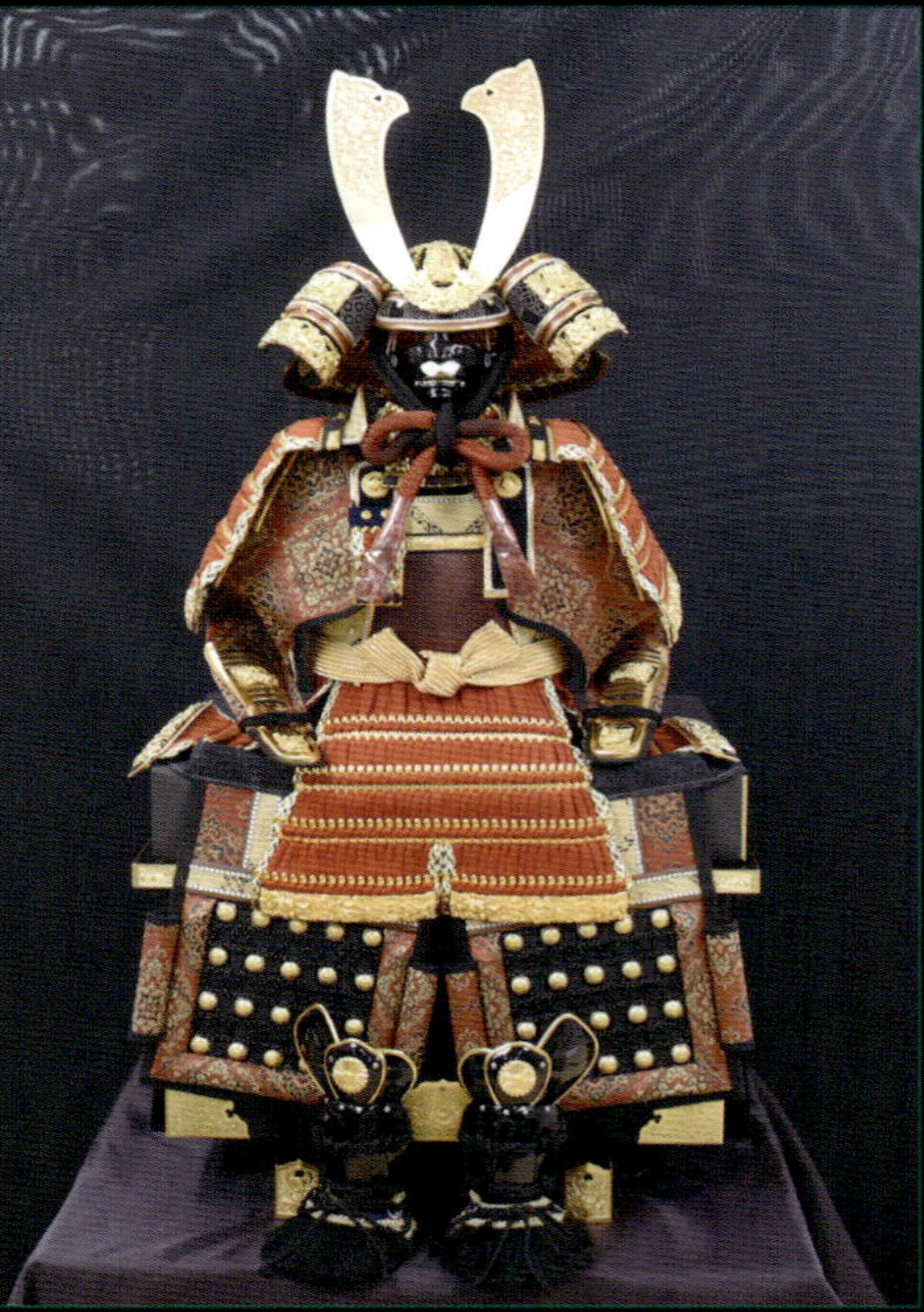

鎧

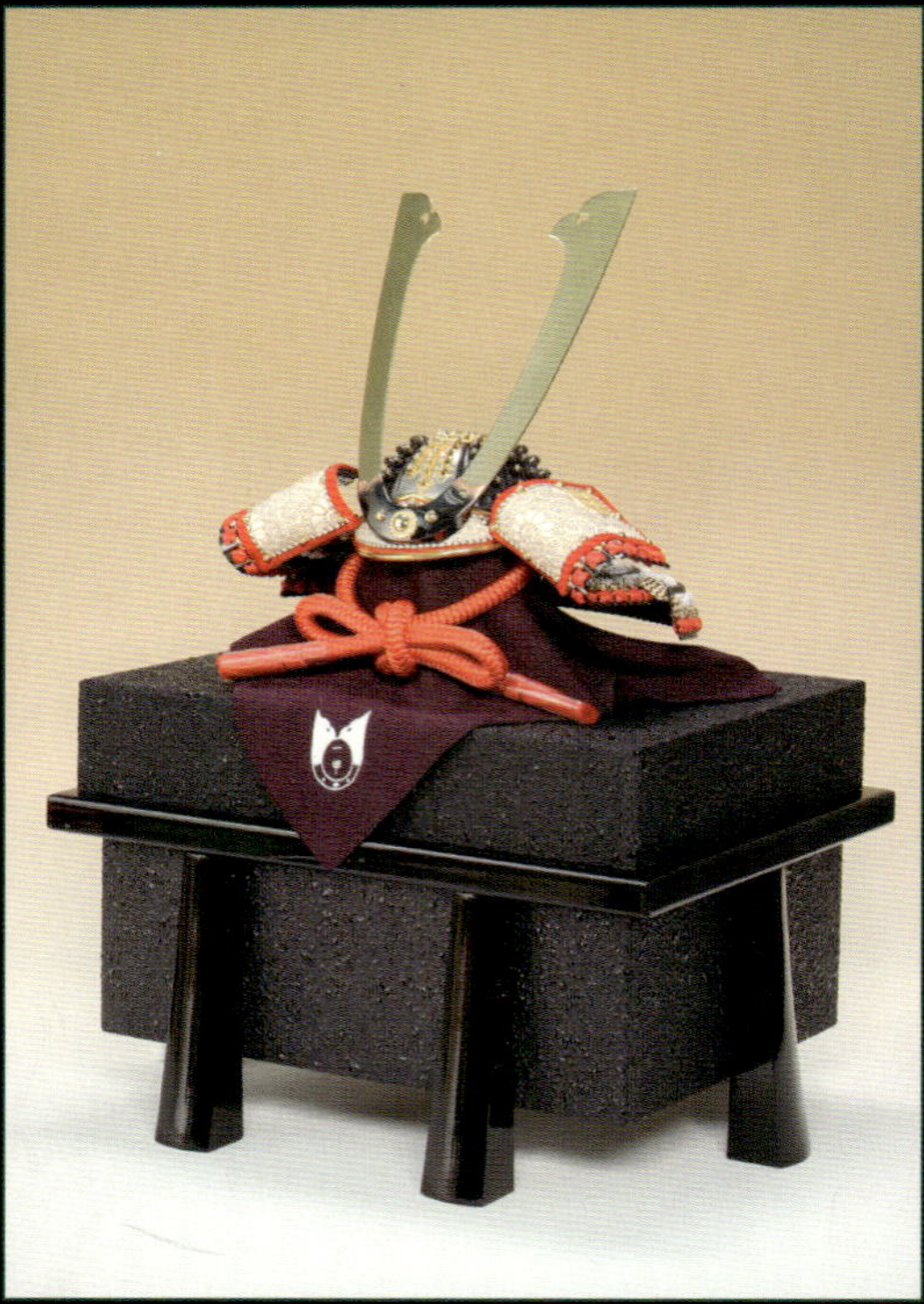

兜

衣裳着人形《いしょうぎにんぎょう》

羽衣

藤　娘

わらべ人形

衣裳着人形《いしょうぎにんぎょう》

献上品 市松人形

三つ折人形

連獅子

献上品 高砂人形

金太郎

鏡獅子

わらべ人形

木目込人形《きめこみにんぎょう》

菅公（かんこう）

三番叟（さんばそう）

連獅子

能人形

御所初音（ごしょはつね）

三河万歳

干支 未（ひつじ）

干支 申（さる）

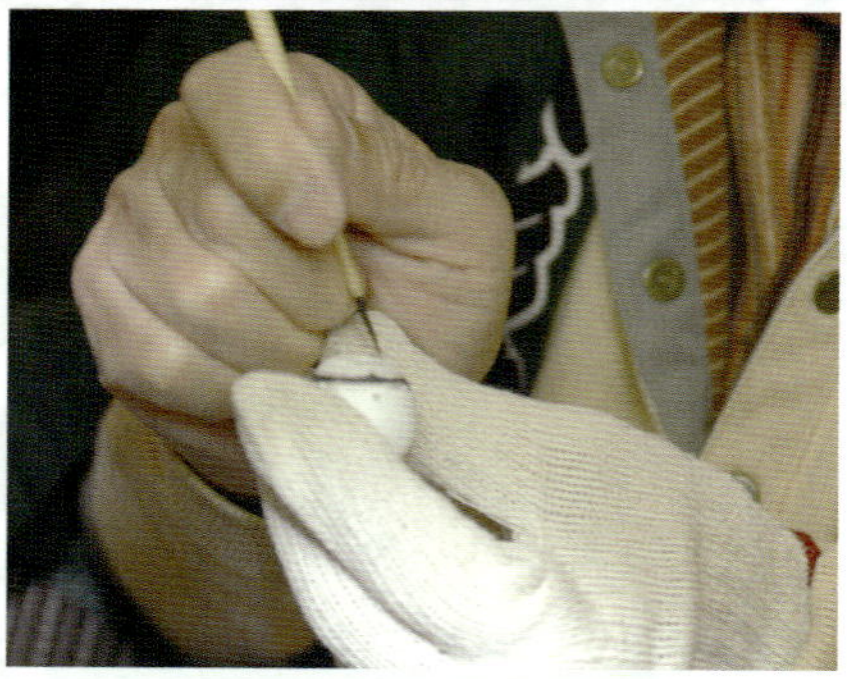

人形はこのようにつくられる！

いろいろな人形づくり

岩槻の人形は、すべて昔ながらの手仕事でつくられる。

まず、どんな人形をつくるか企画を立てる。次に頭《かしら》、胴《どう》、手足、小道具は、能率よくよい人形を作るためそれぞれ分業である。こうして部分的に仕上がった製品を製造問屋で組み立て、完成品を市場へ送り出す。

丹念な手仕事による実に何百という工程を経て、一つの人形が出来あがる。

三月三日桃の節句と五月五日の端午の節句は、子供の健康、健やかな成長と幸せな一生を願い、ひな人形、五月人形を飾る風習があり、今日に至っている。岩槻ではこのような節句人形のほかにも、観賞、贈答品としてのいろいろな人形も製作されている。

岩槻人形は、岩槻地域を中心に作られる人形の総称で、次のようなものがある。

ひな人形（親王雛《しんのうびな》、三人官女、五人囃子《ごにんばやし》など）

五月人形（武者人形、金太郎、鍾馗《しょうき》、鎧《よろい》・兜《かぶと》など）

舞踊《ぶよう》人形（藤娘、鏡獅子、八重垣など）

尾山《おやま》人形、浮世《うきよ》人形、わらべ人形、御所《ごしょ》人形、歌舞伎《かぶき》人形、市松《いちまつ》人形など。

江戸木目込《えどきめこみ》人形は、桐粉《きりこ》を生麩糊《しょうふのり》で固めたものに筋彫《すじぼ》りをして、そこに裂地《きれじ》をきめこんで作る。

ひな人形（衣裳着《いしょうぎ》人形）ができるまで

人形の作り方は、時の流れとともに、少しずつ変化し、昔は一人の職人さんが頭づくりから組み立てまでを行っていた。

現在は、企画を立て、次のような工程が分業体制で行われることが多く、それぞれの出来上がった部品を製造問屋で完成品に組み立て、仕上げる。

どの作業も昔ながらの手仕事で作られている。

❖頭《かしら》づくり　桐粉《きりこ》や石膏《せっこう》で、生地《きじ》を作り、胡粉《ごふん》を何度も塗り、面相《めんそう》を描き、髪の毛を植え込み、髪を整えて完成する。

❖胴づくり　体の本体となる素料に、金襴《きんらん》などで作った衣裳を何枚も着せる。

❖手足づくり　頭と同じように、型抜きをした桐塑《とうそ》に胡粉を何回も塗り重ねて乾《かわ》かし、上塗《うわぬ》りをして仕上げる。近年は樹脂《じゅし》などでできているものが多くみられる。

❖小道具　人形が手に持っている太刀《たち》や扇《おうぎ》、鼓《つづみ》、冠《かんむり》など身に着けているものを小道具といい、専門の職人が作っている。

❖組み立て　胴に振りをつけ、頭をさし、小道具を持たせると、ひな人形は完成する。

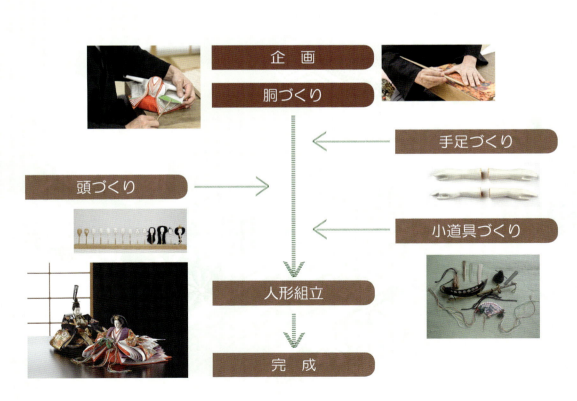

企　画

胴づくり

手足づくり

頭づくり

小道具づくり

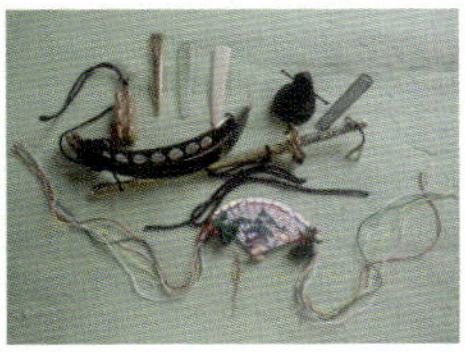

人形組立

完　成

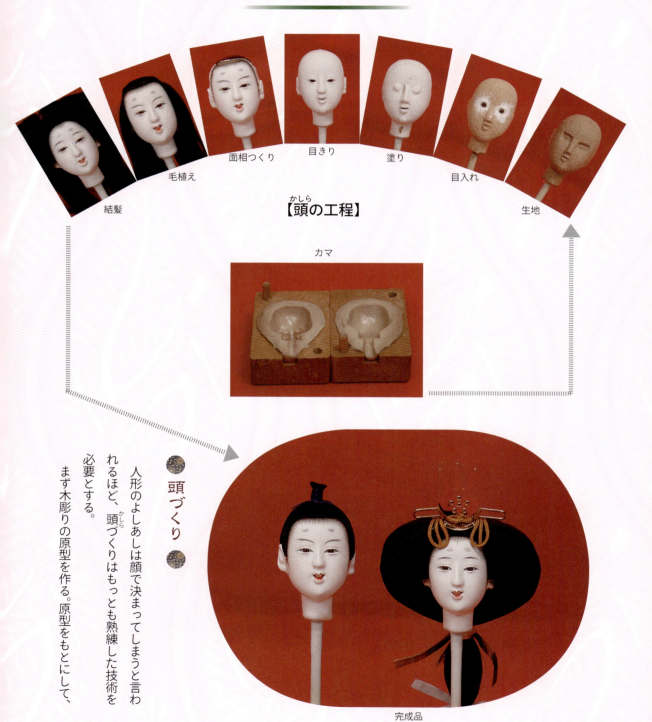

桐塑頭＝とうそかしら

結髪　毛植え　面相つくり　目きり　塗り　目入れ　生地

【頭《かしら》の工程】

カマ

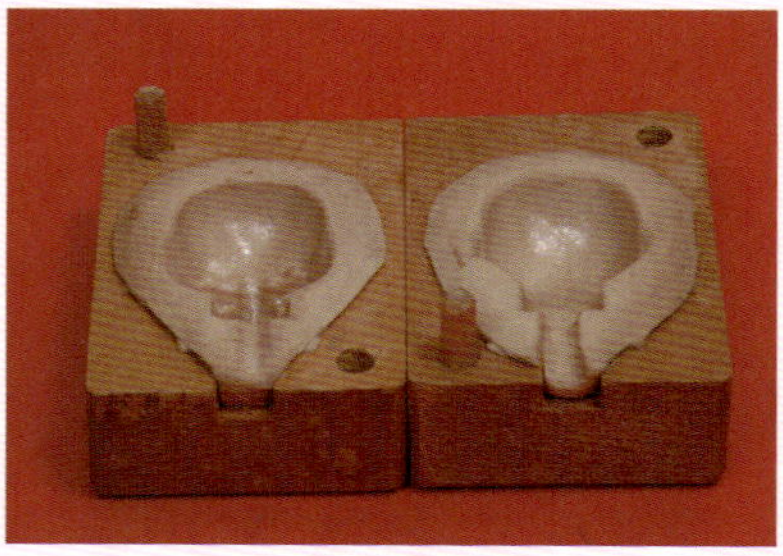

完成品

頭づくり

人形のよしあしは顔で決まってしまうと言われるほど、頭《かしら》づくりはもっとも熟練した技術を必要とする。

まず木彫りの原型を作る。原型をもとにして、

石膏頭＝せっこうかしら

面相書き

前半分と後半分の凹型のカマ（釜）を作る。

桐粉《きりこ》と生麩糊《しょうふのり》を練ったものを型で抜き、乾燥させてから目をはめ込む。そのあと何回も胡粉《ごふん》を塗りを重ね、目鼻を小刃で切り出し、上塗りを数回塗ったあと、ほお紅《べに》をすり込み、みがき、面相《めんそう》、彩色をし、口の中に舌や歯を入れて仕上げる。

ここまでくると、いよいよ世界でたったひとつの表情、つまり人形の命の誕生である。最後に植毛《しょくもう》し、これを結《ゆ》いあげて頭が完成する。

最近は石膏《せっこう》の頭もつくられている。

ほほ紅

毛ふき

髪結い（かみゆい）

玉串（たまぐし）つけ

仕上げ

胴づくり

わらを束《たば》ねて和紙を貼り、手足をつけて土台を作ってから衣裳つけにとりかかる。衣裳は西陣織などの豪華な織物。和紙を袋貼《ふくろば》りして裁断し、部分ごとに仕立てておく。

そしてまず襟《えり》を重ねるが、襟元は人形の骨格を出すきめどころ、胴づくりの重要な部分である。

それから衣裳を着せ、振り付けをする。

①胴づくり

②衣紋付（えもんつけ）

⑦振付けⅡ

③色襟付（いろえりつけ）

④裾付（すそつけ）

⑧完成

⑤着せ付

⑥振付けⅠ

木目込人形づくり

最初に頭《かしら》と同様に胴の型抜きをし、桐粉《きりこ》を生麩糊《しょうふのり》で固めたものに布地を木目込む溝を掘る。そして、しわやたるみのないよう、丁寧に布地を木目込んでいく。

この歴史は、元文《げんぶん》年間（一七三六～一七四〇）に京都上賀茂《かみがも》神社に仕える人が祭事に使う柳の木で作ったのが始まりだといわれている。

はじめは、「賀茂《かも》人形」と呼ばれていたが、その製法から今は「木目込《きめこみ》人形」となった。

①カ　マ

②生地（きじ）できあがり

③生地仕上げ

④胡粉（ごふん）塗り

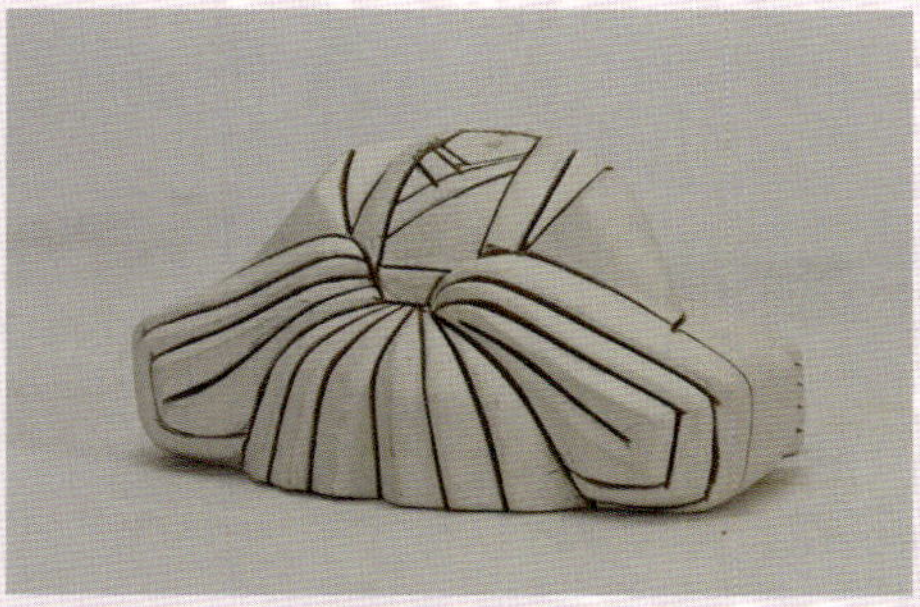

⑤筋彫り（すじぼり）

⑥木目込み

⑦完　成

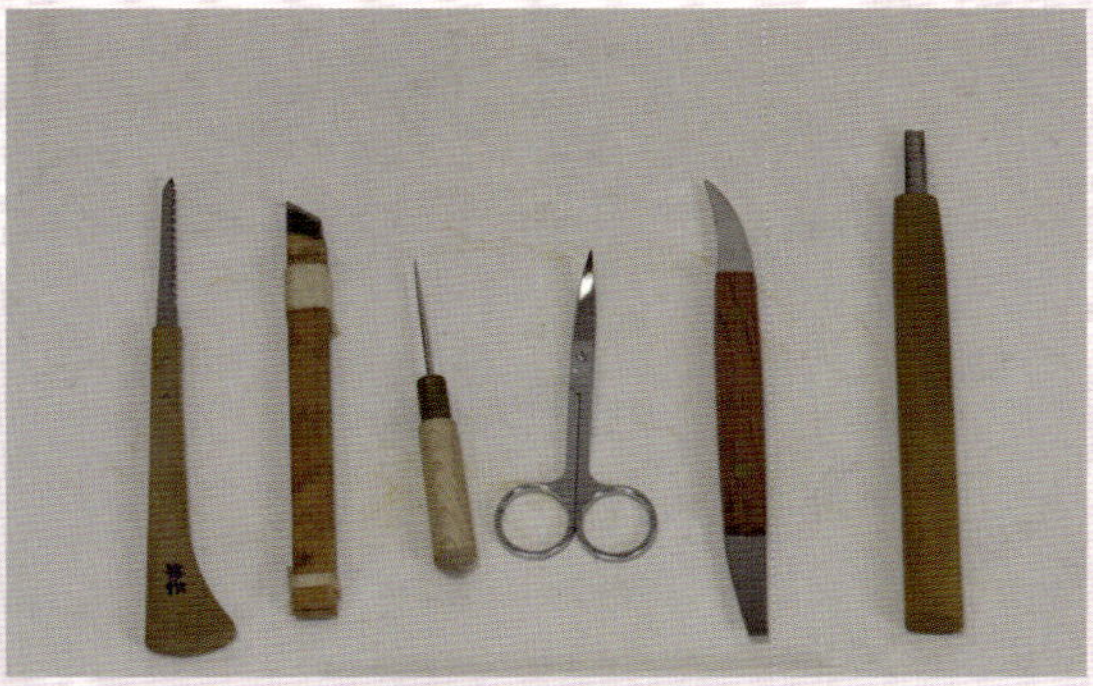

木目込みづくりの道具

鎧・兜づくり

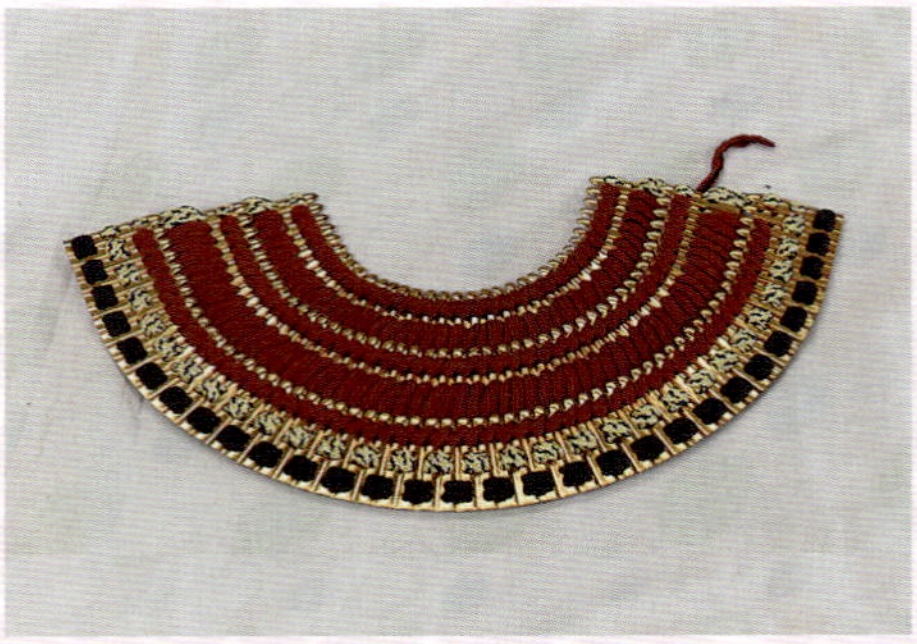

① 錣（しころ）

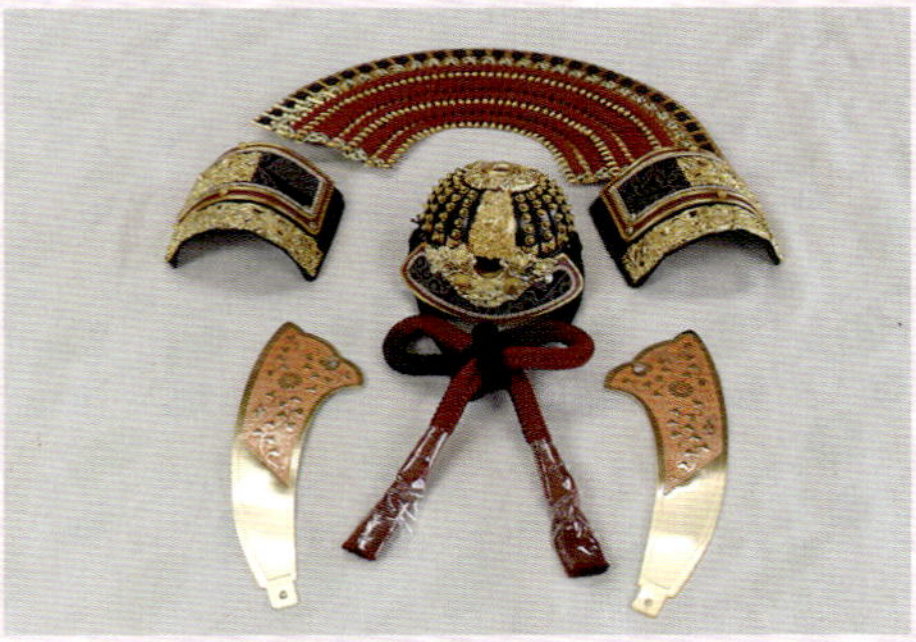

② 兜（かぶと）の部品

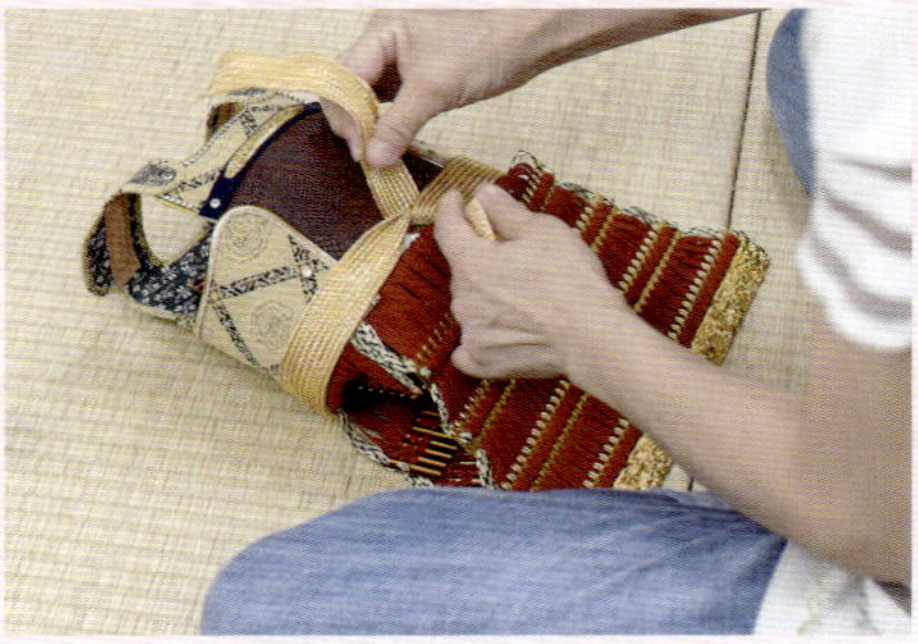

③ 帯締め（おびじめ）

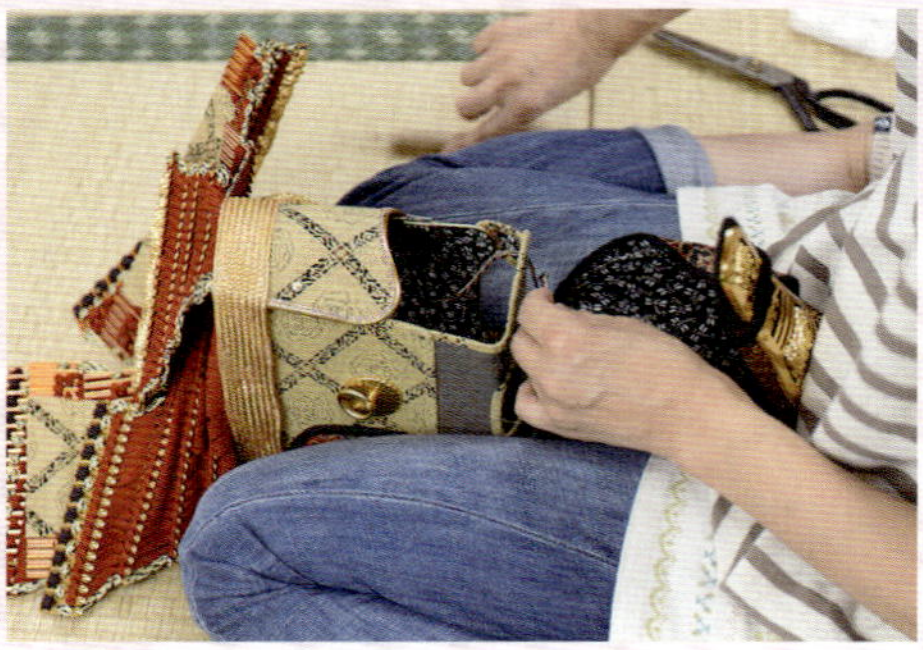

④ 手甲付け（てっこうつけ）

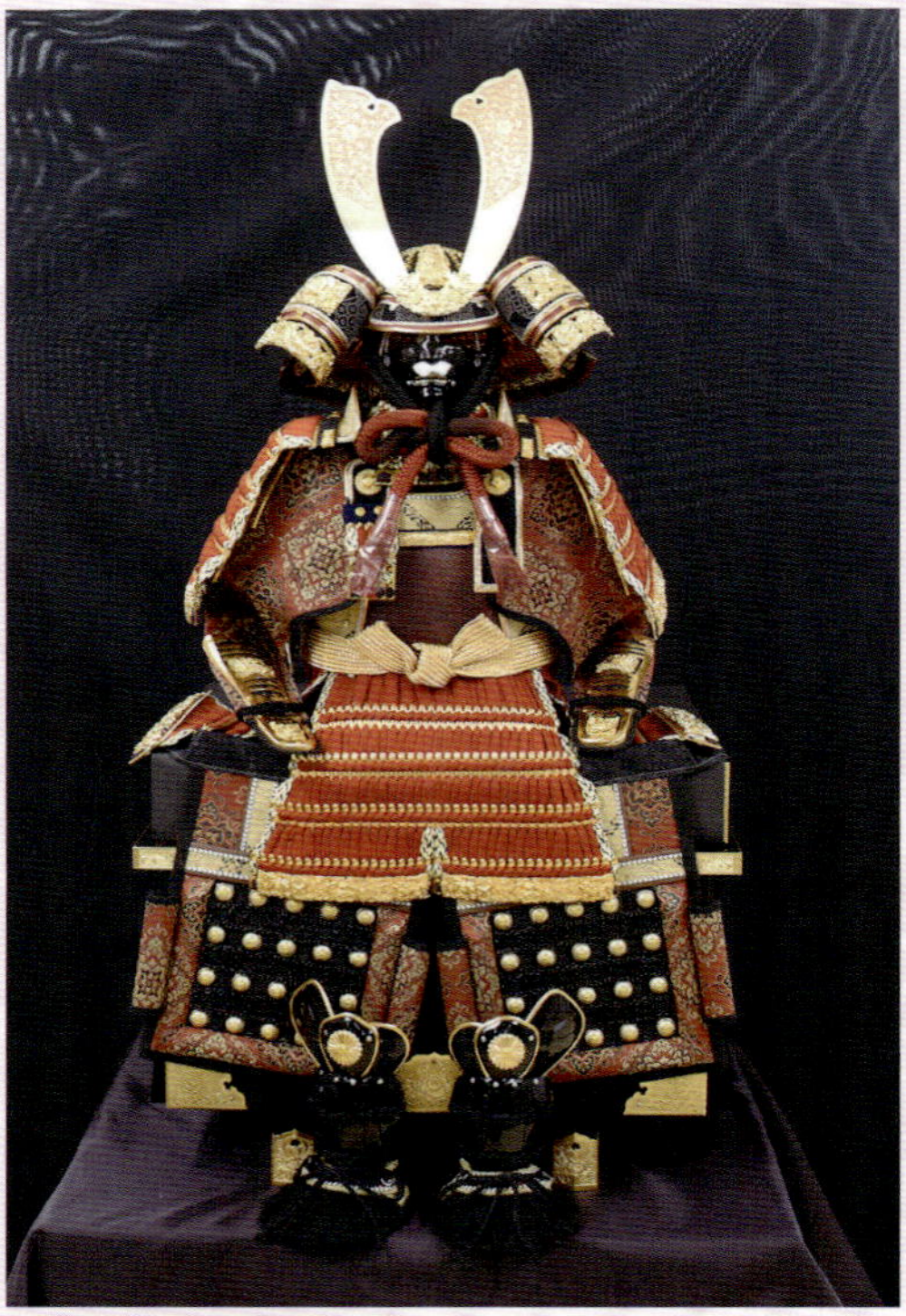

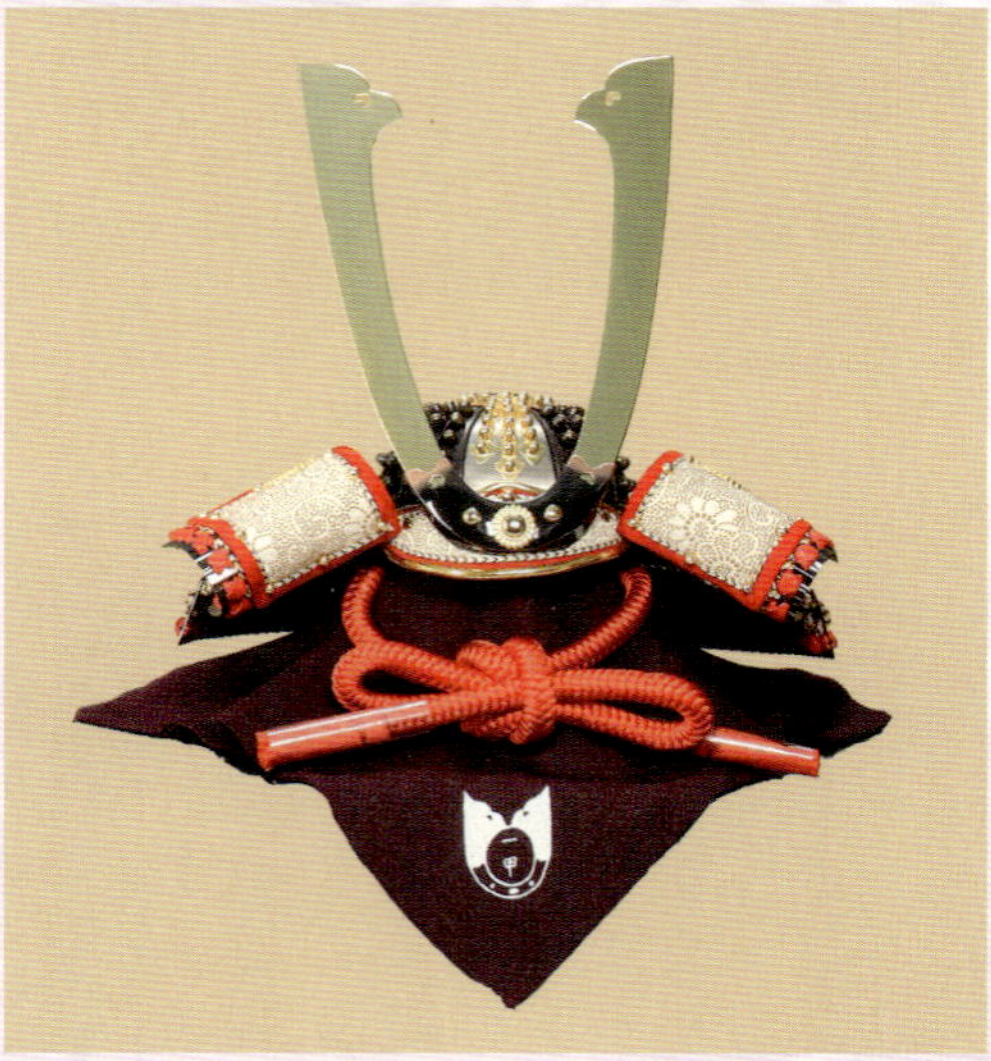

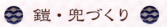

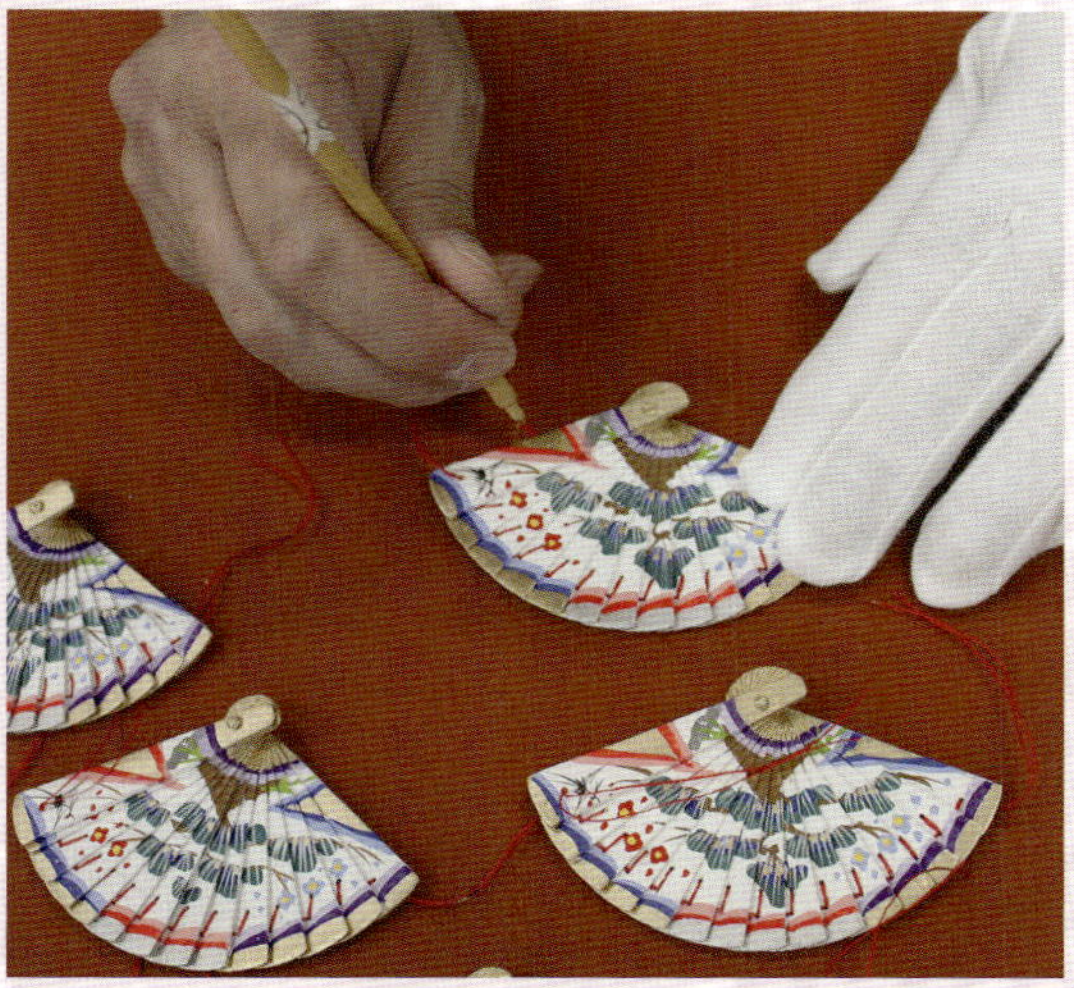

小道具づくり

人形が身に着けていたり、手に持っているものを小道具といい、屏風《びょうぶ》や雪洞《ぼんぼり》などのひな道具と区別している。七段十五人揃いのひな人形では、三〇種類以上の小道具がある。材料は、木、布、糸、金属などを使用し、精巧に作られる。

❖扇《おうぎ》づくり　扇は、木製のものや和紙でできたものがあり、一枚一枚が糸でつなげ扇形になったものに絵柄を描き、筆で色を載せていく。最後に飾りの房を付けて出来上がりとなる。細かい手仕事の連続である。

❖冠《かんむり》　生麩糊《しょうふのり》で濡《ぬ》らした和紙を冠型に張る↓しわをコテで伸ばす↓乾燥↓型抜↓紗《しゃ》を型に張る。

⑤ 袖付け（そでつけ）

⑥ 佩楯（はいたて）

⑦ 毛靴（けぐつ）・脛当（すねあて）

⑧胴の仕上り

人形のまち岩槻・五大行事

その一　まちかど雛めぐり

商店などに代々伝えられた貴重な人形や活躍中の職人の新作人形、小学生の力作などが、まちのところどころに飾られる。「観る・創る・食べる」をテーマに展開される。
この頃から寒かった冬も終わりを告げ、岩槻も華やぐ春の季節を迎える。

その二　流しびな

「流しびな」は、ひな人形のルーツである。現在岩槻では、3月3日直前の日曜日の開催が定着している。
思い思いの願いごとを書いた「さんだわら」を池に流す姿は、春を呼ぶ岩槻ならではの風物詩となっている。

その三　人形のまち　岩槻まつり

昭和 51 年（1976）から始められ、おひなさまに仮装した人々のパレードなどが、8 月下旬の日曜日に行われる。昭和 63 年に始まったジャンボひな段では、盛大な結婚式も行われる。
暑い夏のさなかの岩槻のお祭りを大いに盛り上げている。

その四

重陽の節句

日本の伝統行事である五節句の一つ、「重陽《ちょうよう》の節句」をテーマとして９月下旬から 10 月下旬の間で行われる。さいたま市岩槻区にある博物館、料亭、商店等で、長寿を願い〝食文化〟で秋を満喫することができる。

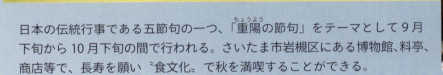

その五 人形供養祭

昭和 40 年（1965）から岩槻仏教会のご協力のもと毎年行われている過去 50 年間続く、伝統の行事である。昭和 46 年からは完成した人形塚で行われるようになった。古くなって飾らなくなったり、壊れてしまった大切にしていた人形などをお焚上げし、冥福を祈る。日程は平成 2 年から 11 月 3 日に定着している。

小さなお雛様展

平成二七年二月二一日～二三日

葵雛

貝合せ

稚児雛（ちごびな）

芥子御雛

犬飼ご夫妻

初午縁日

《小さな世界、精密な工芸品》

百周年記念事業の一つとして「小さなお雛様展」が人形の里アートフェスティバル会場内で行われ、多くの来場者で賑わった。

小さなお雛様展は、邦楽長唄の権威、犬飼基之（稀音家義丸）・昌子（稀音家義之）ご夫妻が五〇年以上に亘り、蒐集された貴重な工芸品の数々を、特別なご協力のもと展示開催。

小さな雛人形以外にも、人間国宝である林駒夫先生の「芥子《けし》御雛」、有識彩色師《ゆうそくさいしきし》である林美木子様の源氏物語五十四帖「貝合せ」、江戸小物細工作家である服部一郎様の「初午《はつうま》縁日」を中心とする珠玉の作品の数々を展示。

日本には昔から極小《ごくしょう》かつ精緻《せいち》を極《きわ》めた「小さな世界」の工芸品があり、このお三方の作品は、正にこの極みである。

時に拡大鏡を使用しながら観賞する来場者は、その見事な芸術品の数々にため息を漏らしていた。

百周年記念式典

大正四年（一九一五）に四五軒が結集して、岩槻雛人形組合を結成してからこれまでの間、多くの先人たちによって人形文化、歴史と技術技法の伝承がもたらされ、以来、全国一の人形産地「人形のまち岩槻」が発展してきた。

百周年を迎えるにあたり、先人の努力と業績に感謝するとともに、今後も学んで乗り越え、次代に継承していく決意を広く内外に発信するために、百周年事業を行った。

日程：平成二七年一二月六～七日

会場：岩槻駅東口コミュニティセンター・ワッツルーム

岩槻区誕生一〇周年記念事業「江戸木目込人形制作体験講座」（岩槻区主催）との同時開催であった。

実施事業は、次の通りである。

(1) 人形制作の実演
(2) 製作途中の人形の展示
(3) さいたま市と市内10区に寄贈する人形の展示
(4) 岩槻人形を紹介するビデオ上映
(5) 記念式典

さいたま市役所に贈呈された江戸木目込人形の展示

◇ 人形の贈呈先 ◇

さいたま市役所	江戸木目込人形〔市松人形一対〕
西区役所	江戸木目込人形〔連獅子〕
北区役所	江戸木目込人形〔御所初音〕
大宮区役所	江戸木目込人形〔三番叟〕
見沼区役所	岩槻人形〔市松人形〕
中央区役所	江戸木目込人形〔東風〕
桜区役所	江戸木目込人形〔豊心〕
浦和区役所	江戸木目込人形〔以和喜〕
南区役所	岩槻人形〔赤鍾馗〕
緑区役所	岩槻人形〔高砂〕
岩槻区役所	兜〔着用兜収納飾〕

盛会だった百周年記念式典

祝 岩槻人形協同組合100周年記念式典

清水勇人さいたま市長より祝辞　　理事長よりさいたま市長に目録贈呈　　新井久夫理事長式辞

おかげさまで 100周年

百周年記念のロゴマーク

式典会場／展示などの様子

会場内での人形制作の実演

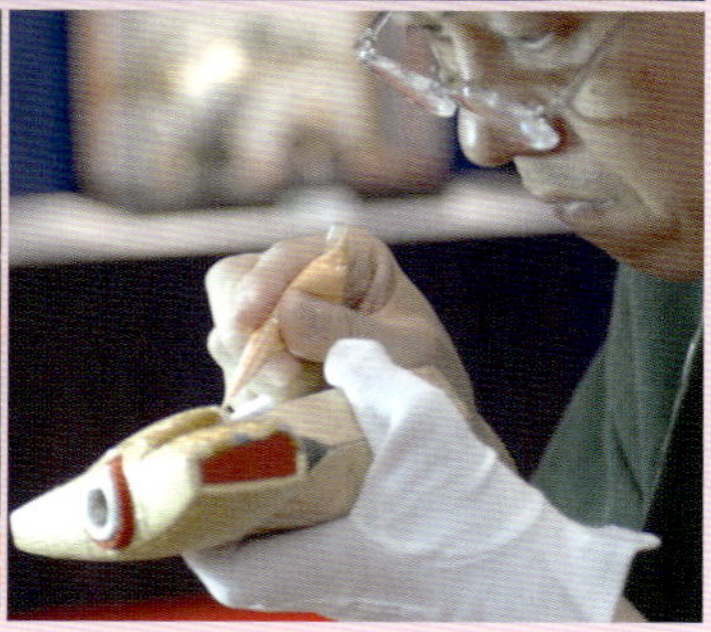

同じ会場で同時開催された岩槻区の「江戸木目込人形製作体験教室」に全面協力。大盛況だった

I 伝統と革新

岩槻人形の歴史

1

人形の変遷と展開

「ひとがた」から多様な「にんぎょう」へ

（左）天児（右）這子（ともに19世紀）（さいたま市蔵）

■信仰から生まれた人形　「人形」は今日では「にんぎょう」と読むが、一五世紀頃までの文献には「ひとがた」と傍訓《ぼうくん》がふられている。文字通り、人のかたちをかたどった特別な存在であり、日本においては信仰的な観念のもとに発展してきた。「人が人の姿を表す」という行為は特殊なものであったのだろう。人形には、生身の人の「身代り」としての意味合いが強く意識されたようだ。

土偶《どぐう》や人型木簡《もっかん》など古代遺跡から出土する「ひとがた」の多くは、祭《さい》祀《し》など呪術的《じゅじゅつてき》な目的で用いられたものと考えられている。

白絹や紙で作られた縫いぐるみの「這子《ほうこ》」、かかしのような不思議な姿の「天児《あまがつ》」は、江戸時代の伝来品も残されており、人形の宗教的な性格をよく伝えるものである。宮中をはじめ上流の公家や武家の邸宅で、嬰児《えいじ》の身代りとなり災厄《さいやく》を除《よ》けるまじないとして、産後の母子の寝室に飾られた。

雛《ひな》人形もまた、穢《けが》れを祓《はら》う呪術的な信仰を背景に誕生したとみられている。上巳節句《じょうしせっく》をはじめとした五節句は大陸伝来の行事だが、季節の節目に水辺の禊祓《みそぎはらえ》が行われたことが文献にみえ、雛人形の原型は人の災厄を託して流す、禊祓の呪具であるヒトガタに求められてきた。

現在も、日本各地で「人形供養」が行われており、人形に対する特殊な心意は現在の人々の心の中にも受け継がれている。

■雛祭りの歴史　もっとも、今日のような雛祭りが誕生したのは江戸時代中期以降のことである。女子が大人になるための通過儀礼として行われていた人形遊び（ひいな遊び）の様子は、平安時代に記された『源氏物語』『枕草子』などにも登場する。これと、上巳節句をはじめ季節の節目に行われた禊祓の信仰的な行事が長い時間をかけて融合し、江戸時代に雛祭りが成立したとみられている。

雛祭りの様子が描かれた最も古い文献は、一七世紀後半のものだが、当時は段飾りもまだなく、屏風を立てまわした低い台のうえに内裏雛《だいりびな》と雛道具を並べるという、人形遊びの雰囲気を残した飾り付けをしていたようである。一八世紀中頃になると「雛祭り」という言葉も定着し、一九世紀以降は、五人囃子や官女も出揃い、今日につながる豪華な段飾りも登場した。

立雛《たちびな》、寛永雛《かんえいびな》、享保雛《きょうほびな》、次郎左衛門雛《じろうざえもんびな》、有職雛《ゆうそくびな》といった種々の様式の雛が現れたが、なかでも一八世紀後半に江戸で誕生した古今雛《こきんびな》は、装飾的で華やかな意匠が人気を博し、現在の雛人形のスタンダードな様式を築いた。

今日、岩槻で作られている雛人形もまた、古今雛の流れを汲んだものである。

18世紀中頃の雛祭り『絵本十寸鏡』延享5年（1748）
（さいたま市蔵）

■人形・百花繚乱　江戸時代後期には、雛人形のみならず、実にさまざまな種類の人形が登場した。飾り兜《かぶと》の装飾部分が独立して発展した五月人形、公家や大名の間で吉祥《きっしょう》の贈答品として用いられた御所人形、仏教彫刻の流れを汲むとみられる嵯峨《さが》人形や木目込人形のルーツとなった加茂《かも》人形、日本人の小さく繊細なものを好む趣向から生まれた芥子《けし》人形など、百花繚乱、人形の華やかなりし時代を迎えるのである。

もともと信仰的な背景のもと生まれてきた人形だが、実際の子どものように抱きしめ、衣装を着せかえて楽しむことができる市松《いちまつ》人形や、関節を動かして座らせることができる三《み》つ折《おれ》人形、科学的知見が投影されたからくり人形など、宗教的な意味合いを超えた、遊び心に満ちた人形も登場してきた。

また、江戸時代後期には、地方の町方や一部の村方にまで雛祭りの習慣が浸透し、日本各地で土や張子《はりこ》といった身近な素材で作られた郷土の人形が生み出され、四季の節目を彩った。

■名工と創作人形作家の登場　現在の日本橋界隈、「十軒店《じっけんだな》」と呼ばれるあたりには人形屋が集

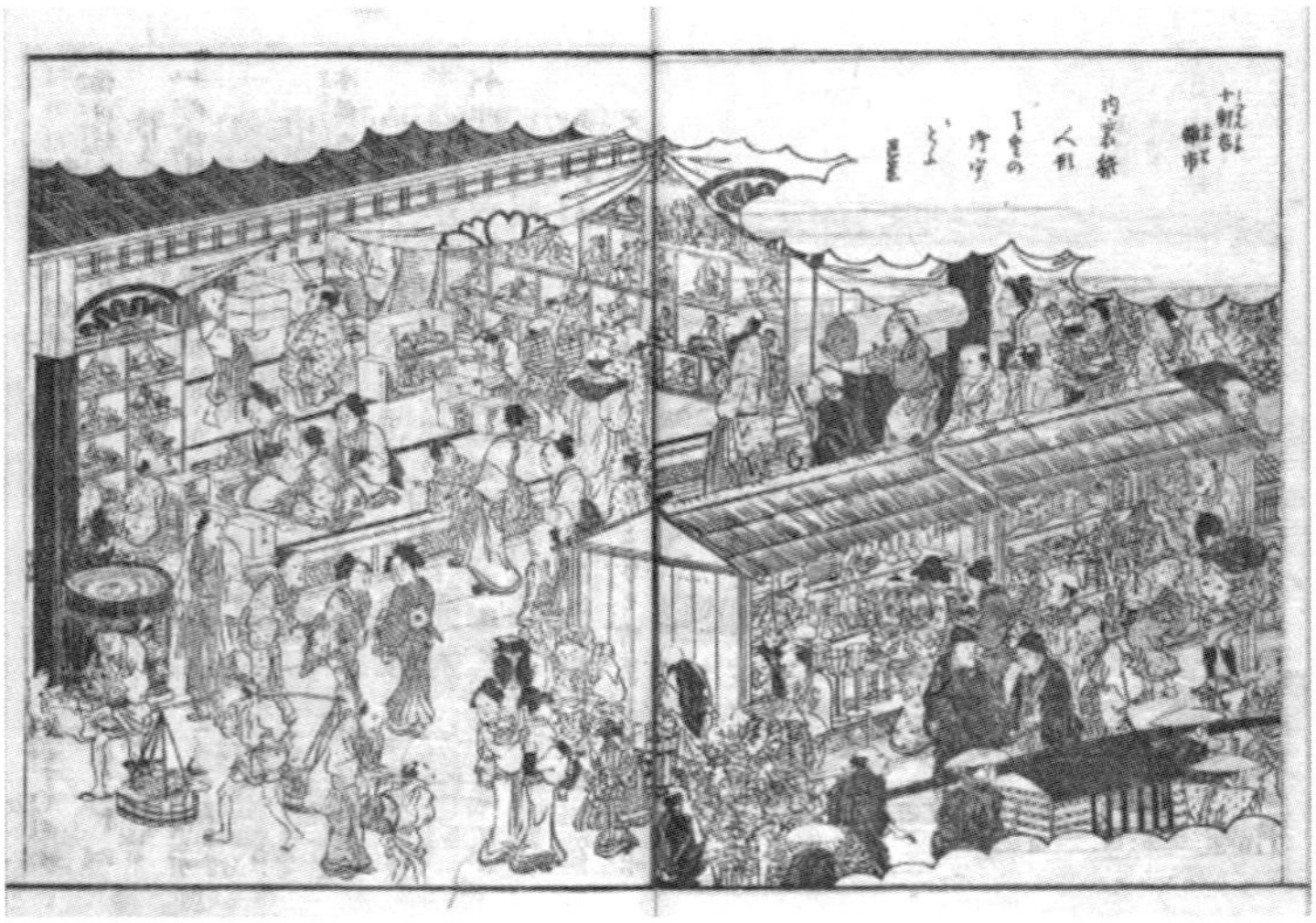

十軒店雛市『江戸名所図会』一巻
天保５年～７年（1834 ～ 36）刊
（さいたま市蔵）

まり、雛市や兜市で賑わった。一八世紀後半以降、原舟月《はらしゅうげつ》、川端玉山《かわばたぎょくざん》、仲秀英《なかしゅうえい》といった名工も現れ、江戸好みの豪華な古今雛を世に出したのである。

もっとも歳時行事や通過儀礼などの暮らしに根付いた人形は、分業を前提とした工房で生産され、一人の職人がすべてを考案・製作するものではなかった。

ところが、近代になると人形をとりまく世界は新しい局面を迎える。人形に回顧趣味的な関心を抱く好事家《こうずか》らが現れ、また昭和二年（一九二七）の人形使節（「青い目の人形」と「答礼人形」）に代表されるように、国際交流の象徴としても関心を集めるようになる。

さらに、明治時代以降、新たに西洋から導入された美術制度の中で人形も評価しようという動きが生まれてきた。

こういった指向は、昭和初期に人形芸術運動として盛り上がりをみせ、人形研究家として知られた西澤笛畝《にしざわてきほ》や山田徳兵衛《やまだとくべえ》らが主導し、現在の日展の前身である帝展をはじめ、大きな美術展覧会の中で「創作人形」が一定の地位を確保することになった。

人間国宝　平田郷陽の作品「矢の根」
（さいたま市蔵）

昭和三〇年（一九五五）に無形文化財保持者（人間国宝）に認定された平田郷陽《ひらたごうよう》、堀柳女《ほりりゅうじょ》、鹿児島《かごしま》寿蔵《じゅぞう》など昭和を代表する人形作家も登場し、人形は芸術の一分野をも占めるようになった。

もともと宗教的な背景のもと生み出された人形は、江戸時代に成熟して多様化し、近代に芸術としても花開いたのである。

（菅原　千華）

＊参考文献『日本人形の美』是澤博昭（淡交社　二〇〇八年）

日本の伝統文化　五節句

◇**人日《じんじつ》の節句**（七草の節句）一月七日

一月七日の朝に春の七草の入った七草粥《かゆ》を食べ、一年の無病息災を願う。

春の七草…セリ・ナズナ・ゴギョウ・ハコベラ

ホトケノザ・スズナ・スズシロ

◇**上巳《じょうし》の節句**（桃の節句）三月三日

平安時代、草や紙で人形をつくり、穢《けが》れを人形に託し、川に流した流し雛がルーツである。お雛さまを飾り、女の子のお誕生を祝い、健やかで幸せな一生を願う。

この頃岩槻では、「流しびな」の催しがあり、同時に「まちかど雛めぐり」が開催される。

◇**端午《たんご》の節句**（菖蒲の節句）五月五日

男児のお誕生を祝い、健やかで幸せな人生を願う。五月人形を飾り、鯉のぼりをあげて、ちまきや柏餅に菖蒲の花を添えて祝う。

◇**七夕《たなばた》の節句**（笹竹の節句）七月七日

天の川の織姫と彦星の二つの星を祀るとともに、さまざまな習い事の上達を願う行事で、江戸時代全国に広がった。小麦と夏野菜の収穫祭でもある。

◇**重陽《ちょうよう》の節句**（菊の節句）九月九日

菊の花びらをお酒に浮かべ飲み、栗ご飯などを食べ、健康と長寿を祝い、願う。雛人形を虫干しをかねて飾る「後の雛」という習慣も昔からある。

岩槻では「重陽の節句」を祝い、盛りだくさんのイベントが計画される。

一月七日、三月三日、五月五日、七月七日、九月九日は旧暦が本来である。現在の暦（新暦）では、一ヵ月から一ヵ月半遅れている。

上巳の節句の頃開催される岩槻の「流しびな」

2

江戸時代の雛人形

広く浸透し、行事として定着

■次郎左衛門雛の考案　京都に始まった雛《ひな》人形の製作は、享保年間（一七一六～三六）菱谷次郎左衛門によって「次郎左衛門雛」が考案され、人々に賞賛されている。菱谷次郎左衛門は、宝暦年間（一七五一～六四）江戸の室町二丁目（現・中央区）に雛の店を設け次郎左衛門雛を販売すると、江戸の人々に受け入れられ大流行している。

次郎左衛門雛は、江戸の人形師に影響を及ぼし、寛政年間（一七八九～一八〇二）江戸の人形師原《はら》舟月《しゅうげつ》によって古今雛が考案され、写実性や精妙性により江戸の人々を熱狂させたといわれている。

当時の川柳に「いい細工　顔もてらてら　舟の月」と読まれている。また、雛売りや雛市が江戸市中を賑わせている。雛売りは、呼売りとも呼ばれ、二月末に二人連れで、売り声は「乗り物ほかい雛の道具　内裏雛小人形」といって、売り歩いていた。雛市は、二月二五日より三月四～五日頃まで江戸十軒店、尾張町、麹町などで平日は他業の家を雛商人が借りて販売していた。また中店は、大路の中央に往来を残し、両側ともに仮店が並び、左右雛店四行、路地は雛店三行が通例であった。（52頁「十軒店雛市」参照）。

雛売りの盛況は、雛仲間の組織化を促し、一番組（一二軒）、二番組（二六軒）、三番組平仲間（一一軒）の三組で構成されていた。幕府は、雛仲間の結成を認めていたが、豪奢に流れる雛づくりに対しては、組合仲間を通して禁令を出して規制をした。享保六年（一七二一）の禁令は、次の通り。

覚

一、雛

八寸より上無用たるべし、近来結構なるひな段々これあり候間、次第を逐て軽く仕えるべきこと

一、同じく諸道具

梨下地は勿論、蒔絵無用に仕るべく候、上の

芥子雛（越ヶ谷段雛／『日本の人形』）

道具たりとも黒塗に仕るべく候、金銀のかなもの無用たるべきこと
一、子供もてあそびに致し候人形、八寸より上は仕だし申すまじく候、惣じてもてあそびの作りものたぐい、自今金銀の彩色、金八並びに純子等の衣裳、又は人形類台にのせ候儀、一つ宛のせ候はかくべつ、二つより上のせ候作りもの無用に致し、すべて結構に仕るまじく候
右の通り来る寅の正月より吃度相心得べく候。作り物のたぐい当年中商売の儀は勝手次第仕るべく候、来年より有合せ候とも右の品々商売致し候儀、停止たるべく候こと

とある。

禁令は、享保二〇年（一七三五）、寛政元年（一七八九）にも出され、厳しく規制されたが、華美な雛人形の流行は衰えを見せず、より華美な新しい人形が考案された。

■古今雛の出現　このような状況下で原舟月《はらしゅうげつ》の古《こ》今雛《きんびな》が作成された。この後、江戸の雛人形は、古今雛を超えるものは出現せず、幕末から明治へと引き継がれていった。

現在、埼玉県内では、岩槻、所沢、越谷、鴻巣などの地域で、地場産業として雛づくりが行われている。しかし、この雛人形の生産地には、江戸時代の史料は、散見する程度である。

公家や武家など特定の人々の間で行われていた節句は、江戸時代になると広く人々の間に浸透し、行事として定着していった。徳川幕府は、人日《じんじつ》（一月七日）、上巳《じょうし》（三月三日）、端午《たんご》（五月五日）、七夕《たなばた》（七月七日）、重陽《ちょうよう》（九月九日）を五節句と定め、祝日とした。

しかし、農村に対しては、華美に流れることを禁止するために服装や食生活、休、集会の禁止などを定めている。なかには正月、五節句などは、親子兄弟以外は招いてはいけないという決まりを発しているところもあった。

明治政府は、明治六年（一八七三）一月四日五節句を廃止し、神武天皇即位日・天長節を祝日と定めている。

3

岩槻人形の起源

人形のまち岩槻 〝はじまり〟を探る

植松家墓所

橋本家墓所

■起源を知ることの難しさ　伝統産業、特産業、在来産業、地場産業と称されている産業の起源は、はっきりしない場合が極めて多い。〝岩槻人形〟についてもその例に漏れず、証となる記録類はほとんどなく、確定的な起源を求めることは極めて難しい。それ故に定説は、確立されていないが、現在いわれている説は、次のようなものがある。

①岩槻の雛人形の濫觴《らんしょう》は、日光廟御造営にあたり、諸国から召寄せられた工匠たちが、やがてあの荘厳華麗な殿堂が竣工落成して、それぞれ郷国に帰ったのであるが、なかには日光あるいは日光街道のどこかの宿駅に留まって、永住の地を見出して住んだ者があった。わが岩槻にも、そうした工匠が住居して、雛の頭《かしら》を作ることを生業《なりわい》としたことに始まったという。（『新岩槻史譚』）

②文化・文政の頃（一八〇四～三〇）橋本重兵衛（重五郎ともいう）という人が、久保宿に住んで雛渡世をしていた。裃雛《かみしもびな》をつくり、岩槻雛の元祖といわれている。（『新岩槻史譚』）

③岩槻の雛は、天保の頃（一八三〇～四四）岩槻の藩士植松平七が雛の手彫刻を始めたのにもとづいている。そして雛胴は二代植松久太郎、雛頭は岩槻藩士額田長次郎を以て嚆矢《こうし》とする。（『日本雛祭考』）

④明治維新により禄を離れた士族が、内職で作っていた雛作りを本業にした。（星野福太郎、秋葉町長）

⑤岩槻にこの雛造りが何時から始まったかといえば、だいたいにおいて、安政年間（一八五四～六〇）と言うも確たる文献がないので明らかでない。（田中午比古）

⑥岩槻の雛人形は、徳川時代岩槻藩の武家の奥さ

んたちの内職として作られたものが今日に残って発達した。（埼玉新聞）

岩槻に人形産業が発生し発展した条件として、岩槻台地の鉄分を含んだ水は、顔の発色によいといわれている。また、頭《かしら》の材料である桐粉《きりこ》が、岩槻、春日部地域の箪笥《たんす》作りにより多量に発生したことにより、材料が入手しやすかったという地理的要因がある。

岩槻の旧家に伝わる享保雛

■ 現存する史料　人形に関する史料は、江戸時代中頃の元禄八年（一六九五）銘の天神木像が初見で、「福厳六代仁四郎之作　武州岩付　元禄八年」とある。所有者（岩槻人形・神田成人）の家は、この頃は別の商売をしていたという。この木像は、土雛の使用されるタネに類似しているといわれている。

次に、岩槻区仲町二丁目の秋葉神社にある文政一三年（一八三〇）九月吉日銘の常夜灯に、「雛屋幸蔵」とあり、岩槻宿で人形に携わる人が、居住していたことがうかがい知れる。

大宮氷川神社社家の「日記」の天保五年（一八三四）三月一日の項には「同日岩付にて雛一対　使万蔵　代金弐分」とあり、当時の雛人形販売の一端を知ることができる。

また、大宮宿雛屋忠兵衛文書を見ると、材料、部品等を岩槻などから取り寄せて、忠兵衛宅で、組み立てて販売したり、完成品を取り寄せて販売している。岩槻久保宿の人形屋から雛屋忠兵衛へ人形等を納めている古文書も残されている。

（右）秋葉神社にある文政十三年九月吉日銘の常夜灯全景
（上）雛屋幸蔵と刻まれている台石

奉納びな（立雛）

天保の人形（修理前）

■奉納された雛　宮町の久伊豆《ひさいず》神社には、岩槻城主の奉納と伝えられる立雛がある。

また、岩槻区本町四丁目の栄町自治会館に、天保一二年（一八四一）銘の人形が保存されている。

この人形は、町内の醤油醸造業を営なんでいた鈴木佐五兵衛が奉納したと伝えられている。人形が収められている桐の箱には「天保十二年辛丑九月吉日」の墨書銘があり、身の丈は六四センチで、堂に入っている。堂は、担ぎ棒を差し込んで、輿の形で担ぎ歩けるようになっている。堂の屋根は、切妻《きりづま》型で、修理前は黒、赤、金などの塗跡が残っていた。

堂の大きさは、高さ一二八センチ、奥行九三センチ、間口八七センチ。人形の特徴は、

頭　桐材、櫛で差し込んである
胴　桐材
手　桐材
冠　はりこ
頭髪　絹糸で生え際だけに植えてある
眼　ガラス
衣　布裏は紙が裏打ちしてある

材料を止めている釘は、手打ちのものがみられる。この人形は、江戸時代中期以降の衣裳人形の一種で唐児《からこ》人形と称されているものである。唐児人形は、当時の朝鮮使節等の風俗が珍しく、自由な表現が許された頃のもので、大名の贈答品として使用されている。この人形は、手に軍配扇を持っているところから「軍配扇持ち唐児」といわれている。

■雛市の盛衰

日光御成道に面した市宿町（現在の本町一、二丁目および三、四丁目の一部）は、中世から市《いち》が立ち、江戸時代には一と六の付く日に市が開かれ、六斎市の中心地として賑わった。

明治時代になると久保宿町（現在の本町三、四、五丁目）にも市開設の許可がおり、両町が岩槻町の市の中心地となり、近郷近在の人々で賑わいを見せている。

明治二六年（一八九三）三月・四月の市は、江戸時代と同じようにひと月のうち一日、六日、一一日、一六日、二一日、二六日と、六斎市のま

まに市が開かれている。

しかし、世の中の進歩とは逆に六斎市は、衰微の方向に進み、縄市や雛市と呼ばれる特定の日に市が立つようになった。

明治時代に従来の六斎市のうち三月二一日と三月二六日が雛市と称され、近郷近在からの人々で賑わった。

明治四三年二月六日岩槻町の初市が開催されたが、当時は、月遅れのためこの日が、初市と称されている。

紙善デパート

明治四五年六月一日岩槻町の市は、月遅れの五月節句市と称され、活況を呈している。

大正六年三月二六日では、例年の通り第一回の雛市として、市が催している。この頃の市は一二月二六日は暮市、二月六日は初市（正月は一月遅れの二月だった）、三月二六日、四月一日が雛市（四月三日お節句）で、一年中で一番賑わった大市だった。雛市には、雛屋さんが、葭簀《よしず》で周りを囲み、赤いテントを張り、木箱に入った雛人形を積み重ね、飾り付けの前には可愛らしい座り雛を並べて販売していた。また、雛段に緋の布を敷きつめた上に、現在の雛よりも数倍もある大きい内裏雛が飾られ、また随雛《ずいひな》も準じて大きいものであった。そのほか元祖雛、座り雛などがたくさん飾られていた。女の子が生まれると必ず人形を買ってお祝いに差し上げる習慣があり、その売り上げは想像以上であったと伝えている。

雛市の様子を「風船が飛んで雛市今盛り　実生」と読まれている。また、紙善呉服店前の紙善百貨店前付近の露店で戸塚人形店、井野清人形店、金子提灯人形店などが雛を販売していた。

市は、総武鉄道が開通した昭和四年（一九二九）を中心に前後一〇年間が最盛期という人もいる。戦争を迎えると人形師も出征・徴用となり、岩槻人形も下火となり雛市もさびれた。

市は、八雲神社を中心に幅九間の大通り（往還ともいう。かつての日光御成道）の中央に背中合わせに二列の露店が並び、左右に向かい合わせの商店が並ぶ四列であった。（64頁の岩槻町略図参照）。

戦後、市も再興され、賑わったが、昭和三〇年代、別の場所に移転した。

⌘アンケート結果⌘

人形組合では、本誌刊行に際し、「岩槻人形史アンケート」を実施した。この中で、各店の由来等を記していただいた結果をまとめると次のようになる。

東光多ヶ谷人形店　屋号の東光は、母の光子から、名を取ってつけた。現在三代目。

明玉人形店　戦前、初代の祖父が人形と提灯を作っていた。初代が病気になり、二代目が戦争から帰ってきて跡を継いだ。会社名の由来は、二代目の「明」と赤ちゃんの明るい未来を照らす「明」、尊い最愛の子「玉」という意味である。現在三代目。

金子一郎商店　父の名前・金子一郎を店名にした。五代前の先祖は、岩槻藩の士族であったが、その子銀治が、明治五年（一八七二）の頃、独力で人形の製作をはじめ、紙製の鯉幟や布に鍾馗の絵を描いて好評を博したという。その子の金弥は、父銀治を師匠としたが、数年熊谷の卯ノ木人形店で修行、独立して九〇歳まで人形製作に従事、遺品として大きな面「ロシア人と日本人」が店に飾ってあり、また、額入りの「七福神」も飾ってある。現在五代目。

金子金弥作　七福神

宝玉　店名は、宝とする貴重な玉という意味といわれている。昔は、際物商と呼ばれていた。初代は提灯《ちょうちん》の修行をし、提灯、絵馬、祭の絵付燈《とう》籠《ろう》なども作成、販売したという。戦前には、雛市、だるま市、縁日などで人形の販売を行っていたという。太田道灌の故事に因んで作成した“太田道灌とやまぶきの少女”の人形は有名である。現在四代目。

マルイ　初代社長の氏名を引用し、豊住商店と称していたが、その後、現在名になった。三代目。

荻野金襴織物　初代が群馬県桐生市で金襴物の生産をしていたが、人形衣裳の材料販売を目的としていたので、岩槻方面の人形生産地に販路を求めて、昭和三五年（一九六〇）一一月岩槻に出張所を設け、今日に至っている。現在二代目。

三栄　親と長男、次男とともに栄えるようにとの願いを込めて社名にしたという。現在二代目。

人形の東久　旧名は、福田屋と称していたが、現在の社名は、師匠津田蓬玉が名付けてくれた「人形の東久」を使用している。現在三代目。

青木人形　初代青木靖忠は、神田栄吉氏に師事した。現在二代目。

大島人形店　店名は、名字をそのまま使用する。岩槻生まれの母（八九歳）の話によると、戦争中に当局からの達しにより、人形等の可燃物は爆撃による被災の影響を少なくするため、すべて処分するようにとのことで、正直にすべて処分した母の実家は馬鹿を見たとのことである。現業で二代目。

雛の廣榮　二代目廣守が、金子本店にて人形を習う。当初「矢作人形」で商売をしていたが、先代の廣守さんと社員の榮造さんの名前から廣榮作とした。一〇年前に現在の社名にした。「商売を真面目に心を持って作れ」といわれている。四代目。

太田道灌とやまぶきの少女

⌘アンケート結果⌘

東玉　東玉初代の戸塚隆軒は、医業のかたわら趣味で人形作りをしていた。ある時、人形を殿様に献上すると、そのできばえに感動した、殿様から「西の京人形に比肩する東国における人形づくりの王であれ」という意味で「東王」という称を贈られたが、王では畏れ多いとのことから、点を付けて「東玉」とした。それが嘉永五年（一八五二）で、当社はこの年を創業年としている。以来医師の余技として受け継がれ、四代目巌の時に本業となった。六代目。

東玉初代・戸塚隆軒

公司人形　製品に初代の名を雅号として使用し、そのまま会社名にした。二代目。

川崎人形　創業者の氏名を名前にした。三代目。

中島敏人形店　初代の名前中島敏を、店名にした。二代目。

伴戸商店岩槻支店　名字から店名をつける。三代目。

堀江商店　家は当初桐タンスをやっていたが、桐箱（人形の箱）製造、そして現在の人形ケース製造になったという。三代目。

野口人形　自分の名字を店名にしている。二代目。

松口人形　自分の名字を店名にしている。二代目。

飯塚人形　自分の名字を店名にしている。四代目。

有松人形工房　自分の名字を店名にしている。初代は、木村勝陽にて、市松人形製作を修行する。二代目。

大生人形　自分の名字を店名にしたという。初代は安生人形で修行する。二代目。

雛平　祖父平八郎の代に人形作りをはじめ、今日に至っている。

鈴木利光　親が一三歳の時に人形作りに従事する。現在の私で、人形作りを始めてから九五年になる。二代目。

いふじ人形店　自分の名字を屋号にした。初代。

鈴木毛彫　業界では、筋彫屋といわれているが、私どもでは毛彫《けぼり》といっている。着物を着たお人形さんのように、髪の毛のようにしなやかな、線を彫るようにと「鈴木毛彫」と名乗っている。二代目。

人形の秀隆　名前の一部をとって、店の名前にした。初代。

佳正工房　自分の名前から工房の名前とした。初代。

金久人形　自分の名前から店の名前を付けた。三代前は、頭を作っていたという。桐の頭が沢山あったが、すべて燃料として、燃やしたそうだ。初代。

松永　人と人との縁（ひととえ）ということで、名付けた。初代。

山口工芸　親父が人形の頭を瀬戸焼で作っていたので、私の代になって「山口工芸」とした。二代目。

森田人形　苗字をとって会社の名前にした。母の内職から始まり、五十年ぐらい前に木目込人形が、流行り始めた頃、本業になりました。二代目。

新井人形店　代表者の名前を店の名前にした。二代目。

岡野人形小道具　苗字と業種を合わせて店の名前にした。三代目。

佐野屋　初代は、佐野屋源身右衛門といい、屋号佐野屋を名乗っている。栃木県の佐野の出と聞いている。四代目鹿沼仙太郎の時代、毎月盗難にあって大変困り、鹿沼市の古峰神社にて、天狗の人形を開眼していただいてからは、以後難を免れたといわれている。その時のお札には、「明治三十三年十月二十一日開眼　宝玉齋　金子金弥」とある。七代目。

4

戦前の岩槻人形

産地としての基礎確立へ

■人形生産地としての地位をかためる　明治政府が、富国強兵・殖産興業を強く打ち出すと、埼玉県は牧畜、養蚕、樹芸、茶業等の奨励に乗り出し、明治六年（一八七三）五月一日オーストリアのウィーンの万国博覧会に県産品の釣上《かぎあげ》（旧岩槻町）産の糯米《もちごめ》など農産物や工産物が出品されている。

明治九年一〇月埼玉県は、県内の工芸品の進歩を図るため、県庁内に物産陳列所を設置し、常時県内の産物を自由に見ることができるようにした。

また、明治一〇年八月東京上野で開かれた第一回内国勧業博覧会に県内から一九一人が出品した。

岩槻町の回転広告塔

この頃は、江戸時代からの生絹、太織、二タ子縞、紺木綿、白木綿などの織物業が中心で、綿織物の生産額は全国第一位、絹織物の生産額は全国第八位と生産地を形成していた。当時の岩槻町周辺は白木綿の主産地で「各家数機ヲ具エ昼夜機声ヲ絶ヘズ甚ダ盛大」と県に報告されている。その後岩槻町の二八人は、資本金一二万円を募り、綿糸製造の岩槻紡績会社を設立した。

明治一一年以降政府の施策により、士族や廃禄士卒の就産組織が全国的に結成され、県内でも勧業資金制度を活用し、士族授産の模範的企業の育成を図っている。

明治二七～二八年（一八九四～九五）頃の岩槻の人形作りは、頭《かしら》だけでなく、二～三寸の裸人形作りも行っている。

明治三五年（一九〇二）に刊行された『埼玉県営業便覧』（以下『営業便覧』と略称す）は、埼玉県全体を網羅した史料として、広く活用されている。『営業便覧』に掲載されている人名の商標に玩具商、際物商、玩物商などの職種も含まれている。『営業便覧』をまとめると〈表1〉のようになる。岩槻町が三人と少ないのは、商標名が書いていない人がいたり、太田町が掲載されていないという事情がある。

〈表1〉明治35年「埼玉県営業便覧」にみられる人形関係者数

町　名	家数	町　名	家数	町　名	家数	町　名	家数
浦和町	3	小川町	2	志木町	2	騎西町	1
川口町	1	大宮町（秩父市）	2	川越町	9	岩槻町	3
草加町	1	本荘町	5	所沢町	2	菖蒲町	1
大宮町	1	熊谷町	4	忍町（行田市）	3	越谷町	6
鴻巣町	25	寄居町	1	豊岡町	2	大沢町	2
飯能町	1	加須町	9	入間川町	1	栗橋町	1
松山町	1	原市町	1	羽生町	1	幸手町	3

『営業便覧』に掲載されている人は、次の三人である。

久保宿　雛商　的場幸次郎
久保宿　雛商　大倉留五郎
渋江　　雛屋　柴田甚蔵

しかし、この頃の人形販売は、時期的に限られていたので際物《きわもの》商ともいわれ、右記以外にも人形を生業《なりわい》としていた人々がいた。（64頁岩槻町略図参照）。

明治四四年（一九一一）九月一日頃の岩槻の商業状態は、卸売商一一七軒、仲買商四一軒、小売商七〇四軒、質屋六軒、旅人宿三軒、木賃宿三軒、湯屋三軒、料理屋一〇軒、飲食市一七軒、芸妓家二軒、劇場席亭一軒、理髪店一〇軒を数える。商業戸数の中に玩弄物《がんろうぶつ》として卸売商二軒、小売商八軒があるが、仲買商がないのは交通が不便なためで「町の発展上一大影響有り」と指摘されている。

明治四五年六月の市は、「岩槻際物市盛況　去る一日は岩槻町の月送り五月節句市にて恰も晴天なりしより人出多く市中雑踏し、殊に紙善デパートメントストア式陳列場始め各店並びに仲見世等の五月人形、幟、鯉、凧の際物一層売行き能く近来稀なる盛況」とあり、月遅れの五月節句市は相当な盛況であったことが、窺い知れる。

明治末から大正期の様子について山田徳兵衛さんは、「明治四〇年から大正の初めにかけての岩槻の人形界は、まだまだ半工半農の状態であった。当時は岩槻に行くには、大宮から馬車か、歩いて行くしかなく、大宮から二里の道程を、てくてく歩いて注文に出かけていくと、田圃の中で作業をしている主人公を呼びに行くことも、しばしばあったものでした」と記している。

埼玉県行政文書には、「県下雛人形製造地は、南埼玉郡越谷町（製造家二戸）、岩槻町（一戸）、北足立郡鴻巣町（四〇戸）、入間郡所沢町・豊岡

『営業便覧』に掲載されている岩槻町略図

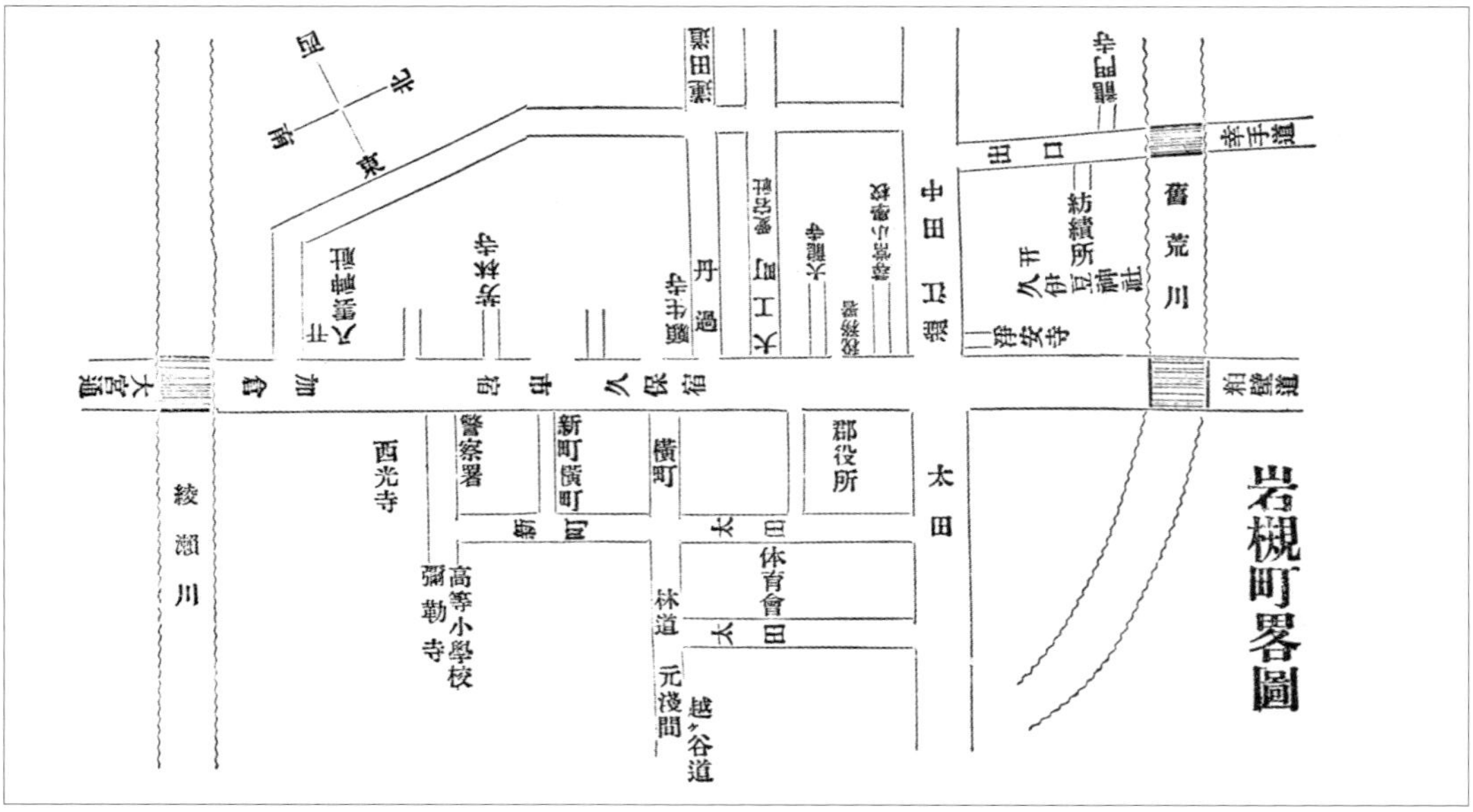

町（各一戸）等にして副業其他の従業者を算するときは鴻巣町八〇戸、岩槻町五〇有余戸の多きにあり」とあり、鴻巣に次ぐ生産地の地位をかためつつあることがわかる。

また、『埼玉県統計書』には、雛人形の職人数及び製造高などが記載されており、明治二五年は職人数がそれまでの倍以上に急増するが、製造高は減少傾向にある。

■明治から大正へ　大正初期になると胴の専門業者（衣裳）や仲買人（台付屋、製造問屋）が発生し、産地問屋の形態が出現するに至っている。

大正元年（一九一二）岩槻町の職業を見てみると、一二九五軒の中で雛人形製造は五五軒、雛人形の生産額は四万円である。

明治四〇年（一九〇七）一月の株式暴落に端を発した不況は大正期へと続き、大正三年七月第一次世界大戦が始まると不況はますます深刻化した。同年一二月川越に本店を置く第八十五銀行の取付け騒ぎは、金融業界を震撼《しんかん》させるものであった。

大正四年一二月四日の東京株式市場が暴騰し、これが契機となり大戦景気が始まり、不況から好況に転じた。景気回復に伴い農村部まで投機熱が浸透し、各種企業の払い込み資本金が、個人分の銀行預金を上回る状況となった。

このような中で、明治三三年に制定された産業組合法は、農村の疲弊《ひへい》を救済し、農業生産の増大を図る目的で、設立が奨励された。大正九年三月一五日の株価下落に端を発した経済恐慌《きょうこう》は、人々に激しい痛手を与え、生活の困窮を招いた。

この頃は、鴻巣町などの北足立郡や岩槻町などの南埼玉郡の製造戸数及び職人数が突出している。大正二、三年は第一次世界大戦の影響により製造数が減少したが、大正三、四年は戦後景気によっ

埼玉県物産陳列館全景

て一気に増産され、製造数が著しく増加し一四～五倍、価格の伸び率は四倍であり、一個当たりの単価が低いものが製造されていたと推定される。この伸びは、岩槻を含む南埼玉郡が中心であり、外地や米国・独逸《ドイツ》へ輸出されたためといわれている。

■埼玉県物産陳列館の開館　埼玉県では、明治三十年代中頃から商品の粗製乱造や不正取引防止を目的に重要物産同業組合を結成し、県産品の販路拡大を図っている。

展示品の数々。下の写真右には人形が見える

その中心的拠点として、埼玉県物産陳列館が、浦和町調《つきのみや》公園隣接地に大正三年（一九一四）一二月一二日開館した。陳列館は、二階建てで、一階は農産物・鋳物・農具・工芸品、二階は織物・学術教育の参考品などが展示されていた。

大正一〇年三月一八日埼玉県物産陳列館は埼玉県商品陳列所と改称したが、引き続きこの館が中心となり県下の産業振興に努めている。この頃の埼玉県下の雛人形の状況については、

雛人形玩具、羽子板、破魔弓、田舎雛については、「雛人形の産地は、北足立郡鴻巣町、南埼玉郡岩槻町、入間郡豊岡町、三ケ島、松井村、南埼玉郡越ケ谷町等にして特に世に知られたるは鴻巣町及び岩槻町とす。鴻巣人形は遠く天正年間、京都伏見の人此の地にうつり来たりて、土偶の製作を始めしに起因す。その後万治、寛文の頃に至り土偶の製造に加ふるに小雛を以てし降って明和、安永の頃に至り其技稍々進歩し練り物を以て所謂際物一切を製造するに至り、江戸方面より来たり伝習を

〈表3〉南埼玉郡勢一斑　際物

	製造戸数	職工	雛 数量（箇）	雛 価額（円）	人形 数量（箇）	人形 価額（円）	幟及び鯉	幟及び鯉 数量（旒）	幟及び鯉 価額（円）	紙製達磨 数量（箇）	紙製達磨 価額（円）	価格合計（円）
大正2	23	163	49,200	13,776	15,000	1,200		7,737	1,811	—	—	16,787
大正3	40	111	42,434	7,326	23,000	1,900	幟 鯉紙製 鯉布製	50 8,580 150	35 1,356 90	—	—	10,707
大正4	64	146	97,250	11,035	1,016,000	21,280		11,588	2,098	5,000	250	34,663
大正5	63	146	57.080	13,565	968,000	20,230		12,813	2,733	4,000	300	36,828
大正6	69	163	98,300	23,065	924,000	29,880		14,678	3,616	4,500	270	56,831
大正9	75	173 男 141 女 32	80,520	23,950	961,700	27,460	幟 鯉紙製 鯉布製	100 17,350 215	250 8,580 150	—	—	56,981

受くる者多く次第に鴻巣雛の名声を博するに至れり、現今製造せらるる主なるものは雛、人形、玩具類、造花、袋鯉、破魔弓、五月幟、羽子板等とす、岩槻町に於いては裸人形及びひな人形の頭部を製造するの技特に巧妙を極め其製造地域を近年岩槻町の越ケ谷町、河合、日勝村等に普及せり、その販路は、東京、群馬、長野、福島、神奈川その他関西及び東北地方台湾及び海外まで輸出するの盛況にあり

年産額　五十万円
組合所在地北足立郡鴻巣町
鴻巣雛玩具商組合（電話鴻巣二三番）

年産額　五十万円
組合所在地南埼玉郡岩槻町
岩槻雛人形製造業組合（電話岩槻一〇六番）

以上のように記載され、この頃の年産額を見ると、岩槻と鴻巣は同額であり、岩槻の全国展開や台湾への販路拡張が生産額に表れている。

■埼玉県物産陳列館の雛人形関係の活動　また、「埼玉県物産陳列館の雛人形関係の活動」は、次頁の〈表2〉のような展開をしている。

埼玉県商品陳列所において、次のような展示・即売会も実施している。

大正四年三月　雛玩具陳列会
大正七年二月二三日から　雛節句の即売
大正八年三月　雛玩具陳列会
大正一〇年二月　雛玩具陳列会
大正一〇年四月　座敷幟武者人形陳列会
大正一三年二月　雛玩具陳列会
昭和二年四月　武者人形陳列会
昭和四年二月　雛玩具陳列会
昭和四年四月　座敷幟武者人形陳列会

大正一二年（一九二三）岩槻町の三枝實園は、埼玉県物産陳列館において、雛人形の商品受託販売を実施している。なお、この年の県内の雛、玩具、五月幟、武者人形類の生産額は、三〇〇〇万円に及んでいる。

このように、岩槻の人形界は、この時期に全国

〈表2〉埼玉県物産陳列館の雛人形関係の活動

大正一〇年（一九二一）	松江市及び東京市へ雛人形販売業者を斡旋紹介 高松市へ玩具販売業者を紹介 松江市及び東京市へ鴻巣雛販売業者を紹介 高松市へ玩具販売業者を紹介 北海道商品陳列所主催教育玩具展覧会へ出品 和歌山県主催全国玩具及び土産品展覧会へ出品
大正一一年	五月七日今上陛下摂政宮の当時陳列所に御台臨 大分へ玩具菓子類製造販売業者を紹介
大正一二年	大阪市へ岩槻、鴻巣人形製造販売業者を紹介 県内人形製造販売業者へ大阪市における絵具商及び膠商を紹介 宮城県へ県内人形製造販売業者を紹介 島根県へ県内人形製造販売業者を紹介 島根県商品陳列所の全国土産品展覧会に県内の雛玩具を出品 列所の全国土産品展覧会に県内の雛玩具を出品 長野県商品陳列所の子供用品展覧会にて県内の雛玩具を出品 大分県商品陳列所の小児生活改善商品会に県内の玩具等を出品 秋田県商品陳列所の第二回家庭工業品展覧会に県内の雛玩具を出品
大正一三年	東京市へ岩槻、鴻巣人形製造業者を紹介 静岡市へ本場秩父、鴻巣玩具、水嚢製造業者を紹介 会津若松市へ五月人形取扱業者を紹介 熊本県へ鴻巣雛玩具製造業者を紹介
大正一四年	別府市へ岩槻、鴻巣雛玩具を紹介 徳島県へ各種玩具の製造販売業者を紹介
大正一五年・昭和元年（一九二六）	長野市へ岩槻、鴻巣玩具を紹介 福井県商品陳列所主催おもちゃみやげ品展覧会へ出品 長崎市へ雛人形並びに箪笥製造業者を紹介 岡山市へ雛人形製造業者を紹介 熊本県商品陳列所主催全国玩具陳列即売会へ出品
昭和二年	山形県熱海温泉地へ名産菓子玩具類製造業者を紹介 山形県商品陳列所主催全国名産土産品郷土雛玩具陳列会へ出品 富山市商品陳列所主催全国郷土玩具展覧会へ出品
昭和三年	大阪市へ岩槻及び鴻巣玩具製造販売業者を紹介 新潟県へ玩具製造及び販売業者を紹介 長崎市へ犬張子、福達磨の製造業者を紹介 郡山市へ玩具の製造販売業者を紹介 山形県商品陳列所主催全国雛玩具名産品展覧会へ出品 台南洲主催土俗玩具陳列会へ出品 姫路市へ人形製造販売業者を紹介
昭和四年	札幌市へ郷土玩具製造業者を紹介 長野県屋代町へ節句用雛製造業者を紹介 山形県商品陳列所主催全国節句雛玩具陳列会へ出品 茨城県商品陳列所へ秩父、川口鋳物、岩槻・鴻巣玩具を紹介 秋田県物産館主催郷土玩具陳列会へ出品 岡山県主催趣味の玩具展覧会へ出品 香川県工芸学校創立第三二回記念展覧会に人形玩具を紹介 横浜市及び横浜商工会議所共済本邦輸出玩具展覧会へ出品

〈表4〉南埼玉郡勢一班　雛人形

	移　出				移　入			
	数　量	価格（円）	単価（円）	県外移出先地　名	数　量	価格（円）	単価（円）	県外移入先地　名
大正3年	35,200	5,280			―	―		
大正6年	……	38,000			……	13		
大正9年	163,000	34,230	260	東京、横浜	100	100	1,000	東京

〈表5〉埼玉県勢要覧

年　度	品名	製造戸数	価　額
大正10年	際物類	300	686,319円
昭和7年	際　物		435,328円
昭和8年	際　物		440,163円
昭和9年	際　物		453,970円
昭和10年	際　物		744,426円

展開を開始し、販路の拡張に努め、生産額も増加させている。（〈表3～5〉を参照）。

■岩槻雛人形組合発足

御大典記念の事業の一環として、大正四年五月岩槻の人形製造業者四五軒が集まって「岩槻雛人形組合」が発足した。このうち四、五軒が完成品屋でその大半は頭作りの人々で、初代理事長に日露戦争の勇士加藤徳十郎が選ばれている。この時の発起人は、柴田甚蔵、加藤徳十郎、倉賀野隆信、若谷林之助、神田虎之助、額田長次郎、三枝實園の七名であった。

その後倉賀野隆信、若谷林之助、神田虎之助、斎藤浅之丞、星野福太郎、神田角太郎が組合長を務めている。組合の結成時は、五十数名であったが、その後二百数十名に増加している。

大正六年（一九一七）三月二六日例年の通り雛市が開かれ、「商人はいずれも前日から投宿し、当日の正午頃には全町を人々が埋める賑わい」であったと伝えている。

大正八年七月一二日南埼玉郡は、福岡市で開催される県外物産陳列会出品協議を岩槻町雛人形商組合と行っている。

大正一五年、岩槻町雛人形製造業組合に属する一二〇戸約五〇〇名の職人は、雛部、武者物部、人形部、ケシ頭部、生地部に分かれて活動しているが、不景気のため三割ぐらいの減収になったという。

関東大震災で焼け出された東京の職人は、岩槻に疎開してきたが、落ち着いてくると徐々に東京に帰っていった。岩槻を居住地とした職人が、岩槻の職人に技術を伝授したので岩槻人形の製品は進歩し、子供の顔を応用した人形が上等品として一般に歓迎された。東京方面からの注文が増加した。

丹過《たんが》の三枝人形は、「目先が変わって面白いが、昨年よりも一層不景気で困る」と、語っている。

■海外との交流　大正一五年四月四日人形組合は、埼玉県の指導を受け、輸出工業組合法による組合を作り、フランスへ輸出を進めることとなり、輸出用人形の研究に取り組んでいる。なかでも岩槻輸出玩具研究会は、岩槻人形の輸出用に改良品を製作し、その出来栄えに神戸や横浜の輸出業者から好評を博している。

昭和の初年（一九二六）、神田角太郎と大宮の福沢玩具店は、浅草人形を参考に高さ一四センチの日本舞踊の人形を製作し、昭和人形と命名し、販売すると新型の舞踊人形として好評であった。また、この頃に頭や手足と持ち物を別々に人形材料として関西方面に販売したが、これが今日の手芸人形材料の始まりである。

大正一五年アメリカでは、日本人移民排斥が起こり国際問題になっていた。このとき、世界児童親善会が「世界の平和は子供から」とのスローガンを掲げ、アメリカ市民に日米親善のため、日本

関東大震災と職人

大正一二年九月一日の関東大震災によって、東京を焼け出された人形師たちは、伝《つて》を頼って岩槻に疎開《そかい》してきたが、働き口を求めて、岩槻へ疎開してきた人もいた。疎開してきた人々は、大正一五年頃までにはほとんどが帰京したが、なかには岩槻に住み着いた職人もいた。

関東大震災までは、東京の職人が作るものは上等品、岩槻の職人の作るものは東京ものにかなわないといわれていたが、震災後は、東京の職人の技術を取り入れた人形作りを行って腕をあげている。また、東京の人形問屋が壊滅的な打撃を受けて取引不能となっていたが、岩槻の雛商人は、東京等を通さず直接取引をし、自ら全国的な販路拡張に乗り出していった。

岩槻小学校における日米人形交換会（昭和２年）

朝鮮・満州の調査団に参加した戸塚巌（昭和６年）

の子どもたちに人形を贈ろうという運動を起こした。これを受けて、日本側では渋沢栄一が中心となって日本国際児童親善会が結成され、アメリカ人形の受入準備にあたっている。贈られてきた人形は、文部省が中心となり各道府県に配分された。埼玉県には一七八体が配分されている。

埼玉県では、昭和二年（一九二七）四月四日埼玉会館で歓迎式が挙行され、来賓など約一七〇〇人が参加した盛大なものであった。岩槻小学校に配分された青い目の人形一体は、岩槻人形とともに雛段に飾られ、児童とともに日米人形交歓会が行われている。

青い目の人形の答礼として全国の子どもから一人一銭を目標に集められたお金で各道府県一体ずつの日本人形を贈ることになり、一体三百円という立派なものだった。埼玉県では、「ミス埼玉　秩父嶺玉子」と名づけられた日本人形を親善使節として送り出している。ミス埼玉は、チャールストン市のチャールストン博物館に保存されているという。この答礼人形は、岩槻で製造したといわれている。

昭和五年七月七日大連市で開かれた満州見本市で、岩槻人形は人気を博し、注文を受ける。満州も不景気だが内地ほどでなく、販路は有望であり、需要期に大量の注文が望めたという。しかし、打ち続く不景気は、製造業者五〇軒以上の廃業、失業者一〇〇余人を出している。

昭和六年、埼玉県では、当時の朝鮮・満州の市場調査を実施した。この調査団に参加した戸塚巌は、帰途、奉天に支店をつくり人形の販売を開始したという。

■人形作りは分業態勢　昭和初期の人形作りについて有坂与太郎は、『日本雛祭考』の中で「ひな人形の製作作業は分担であって、頭《かしら》から胴から、一切の付属品を単独で仕上げるのではない。生地を始め、頭、胴、其他付属品には各専門的な技能を有する工作者があって、之を取り纏めるのは主として卸問屋が従事しているのである。」とあり、分業体制で生産していることがわかる。全国雛人形問屋並製作者総覧（昭和五年一二月現在）から岩槻関係を抜粋すると次のようになる。

卸商の部（九二店内四店）

三枝實園（丹過）　丸芳蔵（市宿）　戸塚岩吉（太田）　井野徳次郎（久保宿）

製作者の部　胴師（八二店内九店）

平野専四郎（加倉）　遠山芳雄（新町）　森田新太郎（市宿）鈴木由蔵（久保宿）高橋耕作（久保宿）
吉田阿久太郎（太田）　福沢吉之助（太田）　重田孝（林道）平野庫之助（林道）

製作者の部　頭師（四五店内三二店）

藤塚秀之助　大竹芳蔵　秋葉村吉　吉田清治
増岡八朗　春山浅次郎　倉持磯吉　臼倉亀吉
熊ケ谷裏吉　園部栄吉　木村作蔵　関根子之助
若谷林之助　斉藤音松　岩築勇吉　鈴木定次郎
西田喜楽　田島弥一郎　河野市郎
神田栄吉　小川清助　新井忠一郎
星野平八郎　斉藤浜吉　吉田光三
井野伊之吉　栗原勇次郎　田口源蔵　星野三郎　石垣梅太郎　金子仲蔵　中村梅吉

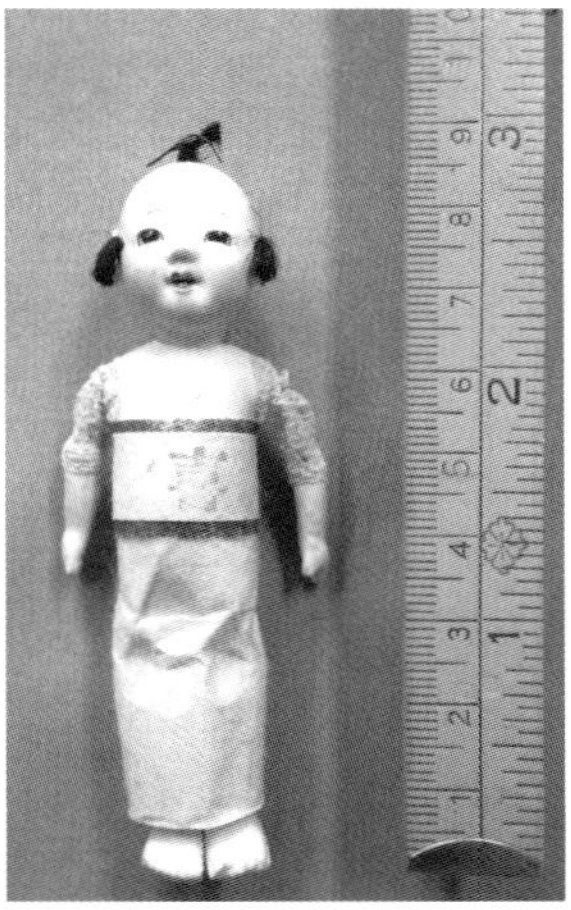

昭和９年頃のブラ人形（西田喜楽作）

製作者の部　生地師（四店内一店）

白石吉左衛門

以上のことから、岩槻地域は、これらの人々を中心に雛人形生産地としての地位が確立していたと考えられる。

■**品評会・即売会で販路拡大、活況を呈す**　昭和七年二月三越では、今まで都会向きでなく東京の市場からあまり顧みられなかった埼玉県産の三月・五月雛を、岩槻等の業者と契約した。その結果人形は、都会向きになり、三越で販売された。また、販路拡張のため全国特産品陳列大会（高岡市）、産業と観光の博覧会（金沢市）、貿易振興会（大阪府）、工芸品展覧会（東京市）に岩槻人形玩具として出品している。

昭和八年（一九三三）二月、東京の人形商工会の有志と人形の愛好家が、日本人形作家の美術・科学の基礎知識を養うことによって社会的地位の向上を目的に、日本人形研究会を設立した。

この会に岩槻から井野徳太郎、神田角太郎、関根源一郎、西田喜楽などが参画している。この会

組合人名簿の表紙

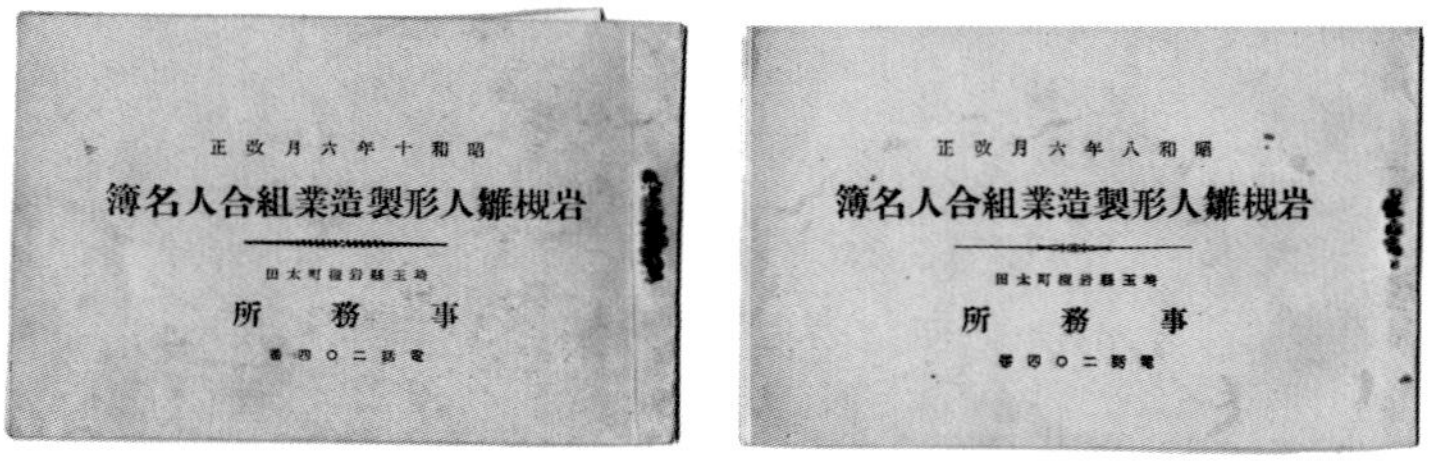

三越との書類

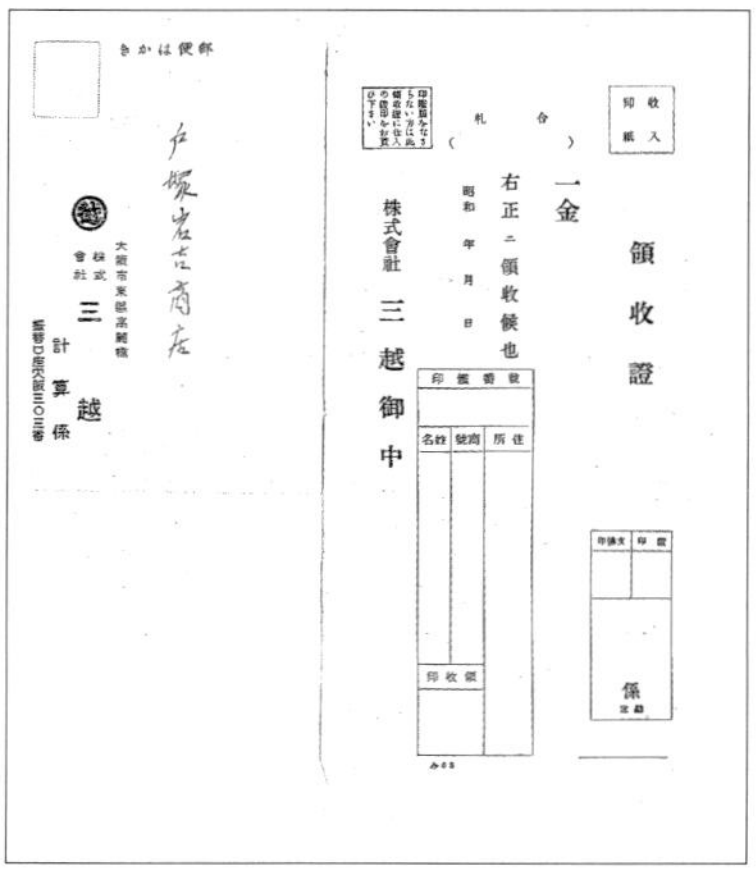

は、支那《しな》事変《じへん》（昭和一二年）まで続いた。

昭和八年六月に改正された岩槻雛人形製造業組合の事務所は組合長の星野福太郎宅におかれている。この時の役員及び組合員は、次頁の〈表6〉のようになる。

同年八月一五日より三日間にわたり岩槻小学校において、埼玉県主催による雛人形玩具品評会及び岩槻町物産陳列所即売会が開催された。その目的主旨は、

子を思ふ親心昔も今も変らざりけり又将来も変るまいが其の子の為にする祝品や玩具の選択は、スポーツ時代事変奇聞時代などと世想や生活様式の変遷につれて常に進んで居る
本県特産品たる雛人形玩具の製造業者が現代に向て如何に呼び掛けて居るか製造業の苦心を一堂に蒐めて見たい、どんなものが歓迎せらるるか、観衆は之に学び生産者は需用者に訴えて共存共栄の実を収めたいと思ふ
本会を計画せる所以も茲にある、生産者各位左記規定熟覧の上公衆に満足を与ふると共に将来に御利益を収めらるる様御出品せられん事を切望す

主催埼玉県

また、雛人形品評会規定第二条に「本会は現代の要求する嶄新なる際物人形を蒐集展示し政策上の改善を促すと同時にその真価を鼓吹し販路の拡張を図るを目的とす」とある。

陳列類別は、第一類際物、第二類人形・玩具、第三類同部分品、第四類参考品に分かれるが、全国の問屋並びにデパート筋から約二五〇名の列席のもとに、優秀品には褒賞を授与することになっている。出品点数は、六〇〇余点に及び、この品評会により岩槻人形の出来栄えを全国の問屋に知ってもらい、販路の拡大につながった。世の中は不況が続いていたが岩槻人形は活況を呈していた。この品評会のために当時の貴族院議員斉藤善八は五〇円を寄付したと伝えている。

昭和九年二月、岩槻雛人形製造業組合は、エチオピア皇帝の甥アラヤ・アベベ殿下とご婚約した黒田雅子様の前途をお祝いし鶴・亀古代人形を、埼玉県を経て、寄贈することになった。製作は、

〈表6〉「岩槻雛人形製造業組合人名簿」（昭和8年6月）

賛助員	三枝實園　戸塚岩吉　井野徳五郎
役員	
顧問	柴田甚蔵　加藤徳十郎　若谷林之助
組合長	星野福太郎
副組合長	西田喜楽
理事	平野専四郎　遠山芳雄　倉持五十吉
会計	関根源一郎　小木安治
書記	染井勇作　中島敏三
第一区長	青木靖忠
第二区長	渋谷倉吉
第三区長	吉田銀蔵
第四区長	木村作蔵
第五区長	中坪栄次郎
第六区長	河野市郎
第七区長	小見野市郎
第八区長	石井源次郎
第九区長	田中玄次郎
会員	
第一区	神田虎之助　増田豊吉　杉浦傳吉　押田忠太郎　大竹芳蔵　岡崎太郎吉　遠山芳雄　中島敏三　阿部真一郎　山本正明　山口房五郎　青木靖忠　越沼直一　多ヶ谷新三郎　多ヶ谷仲蔵
第二区	吉田清治　森田新太郎　吉田幸次郎　金子金弥　若林辰次郎　安生長三郎　吉原亀吉　井野長次　渋谷倉吉　横山惣吉　秋葉村吉　足立忠次　篠村芳三
第三区	臼倉亀吉　伊藤徳松　藤堂岩次郎　中西辰五郎　染井勇作　石井作五郎　吉田銀蔵　小木安次　齋藤辨蔵　織間八郎　熊ヶ谷浦吉　春山浅次郎　平野専四郎　高橋清七
第四区	金子七郎左衛門　守屋たき　室谷長太郎　高橋末広　関根子之助　高橋耕作　柴田甚蔵　木村作蔵　金井正一　増岡新治郎　梅田己之吉　倉持五十吉
第五区	齋藤音松　若谷林之助　中坪栄次郎　鈴木定次郎　新堀弥吉　鈴木由蔵　西田喜楽　田島弥一郎　松村重太郎　矢部初太郎　新井忠一郎　有山善之助
第六区	田島弥七　齋藤善吉　福田政吉　神田栄吉　吉田平八　小川清助　田島弥一郎　河野市郎　高橋勘次郎　白石吉左衛門　野口六右衛門
第七区	小林元三郎　太田大助　白石四郎　渡辺恒次郎　小見野市郎　木村松五郎　井野伊之吉　齋藤浜吉　松村浜吉　川崎西之助　金井章人　栗原弥太郎　小川末四郎　篠宮初林
第八区	加藤徳十郎　石井源次郎　木村竹次郎　吉田光三　長嶋近蔵　齋藤浅之丞　栗原勇次郎　古橋竜吉　福田房吉　田口源蔵　石垣梅次郎　星野三郎　福沢吉之助
第九区	井野藤蔵　星野福太郎　田中玄次郎　増岡藤吉　額田長次郎　平野千太郎　森田喜兵衛　重田孝　樋口市郎　鈴木貞　鈴木善太郎　本澤明　井野留吉　西澤幸雄

献上された太田道灌人形

総武鉄道全線開通祝いに出した広告（昭和５年）

広告に入っている人形のカットの拡大

組合長星野徳次郎、平山専四郎、遠山芳雄などが心魂を打ち込んで製作した。

昭和九年七月岩槻雛人形製造業組合公告に、「年産額一五、〇〇〇万個、生産品目は三月雛人形、五月武者人形、玩具人形、金太郎、やまと人形、小道具、付属品一切、事務所は岩槻町太田百拾壱番地、電話岩槻二〇四番」とある。

同年一一月、日中間の緊迫した時局を反映して、北関東を舞台に陸軍特別大演習が行われたが、この記念に埼玉県知事は、昭和天皇に太田道灌人形を献上した。この人形の製作者星野福太郎に感謝状が授与されている。

昭和一〇年、新製品並びに小工業品紹介宣伝の目的を以て東京丸ビル内地方物産陳列所において宣伝販売を行い、九月中の売却状況は、下記のようになる。

岩槻人形玩具	一六六点
鴻巣玩具人形	七八点
小川和紙	七二点
秩父織物風呂敷座布団地	三点
甘藷	一一四点
浦和漬	八点
粕壁桐小箱	一点
梱竿	二点
越生団扇	一点
川口鋳物	二点

昭和九年から昭和一二年にかけて岩槻人形界は、満朝見本市、満州見本市、対支対満輸出向商品見本市や全国特産品見本市、軽井沢避暑客に対する宣伝活動などを展開し、販路の拡大に努めている。

昭和12年頃の岩槻人形

このような中で東玉総本店は、満州奉天弥生町三二番地に支店を開設している。

この頃の岩槻人形の卸商・販売は、三枝實園、戸塚総本店、井野徳五郎、吉田光三、金子金弥、倉持五十吉、星野福太郎などが行っていた。

■好景気とその後…　昭和一二年（一九三七）二月、一時下火だった雛人形業界も盛り返し、人形に携わっているのは約二〇〇軒、千名に達している。この頃は、中国、満州から南洋、欧米方面に輸出され、年産額五〇余万円といわれている。

保守的だった岩槻人形も、時の流れに刺激され、大衆向けに改良したことが歓迎され、販売が盛り返したという。

昭和一二年七月、日華事変が勃発《ぼっぱつ》すると軍需産業を中心に好景気になり、その恩恵を受けるようになったが、人形の製品にも戦時色が反映され、爆弾三勇士や軍用犬の人形が登場している。

昭和一三年頃の主要な問屋、製造販売業者及び取り扱い商品は、次のようになる。

カネト井野徳五郎…雛人形、武者人形、座敷幟《のぼり》（三五節句用品　製造卸）

ヤマト東玉号戸塚岩吉…雛人形、武者人形、座敷幟（三五節句用品製造卸）

吉田光三…雛人形、武者人形、座敷幟（三五節句用品　製造卸）

星野福太郎…際物、人形（製造卸）

神田虎之助…際物、人形（製造卸）

吉田清次…際物、人形（製造卸）

金子金弥…際物、人形（製造卸）

岡崎太郎吉…人形（製造卸）

斎藤淺之丞…際物、人形、玩具（製造卸）

昭和一三年、南京陥落《かんらく》後各地に戦捷景気が沸き立ち東京、大阪、神戸方面から三月雛人形の注文が殺到し、てんてこまいの状況で、転業した人も人形屋さんに復活したという。また、米国からの注文も来て、二重の喜びに狂喜している。

五月人形は、馬上豊かな兵隊さんの人形や忠勇型の武者人形が歓迎され、注文が殺到し、目の回るような忙しさである。この頃には一大産業に発展していた。

胡粉《ごふん》などの材料を専売する店が現れたり、京都西陣の織物の業者が、岩槻に集まり金襴《きんらん》等の展示会を開催している。

（右）米国に渡った人形
（左）事変人形

昭和一五年七月、「欲しがりません、勝つまでは」の合言葉のもとに、贅沢品や不要不急の品の製造を禁止した「七・七禁止令」が出され、人形の衣装に用いる金銀糸が、製造禁止品目中の「金銀糸又は漆糸《うるしいと》の模造品を用いた織物及びその製品」の項に触れるので使用を中止するとの達しが、人形業界に伝えられた。

また、八月になると戦争の影響により、五〇円以上の高級物の人形製造ができなくなり、休業する業者や転職する職人が続出している。県下三〇〇〇名が失業の危機に陥っている。

商工省告示３４０号により一〇月七日以後左記の人形類は販売禁止となった。

三月節句用親王雛にして一対に付販売価格五〇円を超ゆるもの

三月節句用飾りセットにして一揃に付販売価格二〇〇円を超ゆるもの

五月節句用具足にして一揃に販売価格四〇円を超ゆるもの

五月節句用兜にして一個に付販売価格四〇円を超ゆるもの

五月節句用飾りセットにして一揃に付販売価格二〇〇円を超ゆるもの

羽子板にして一枚に付販売価格一〇円を超ゆるもの

玩具にして一個に付販売価格一〇円を超ゆるもの

人形（衣裳付のものを含む）にして一個に付販売価格二〇円を超ゆるもの

商工省は、九月三〇日玩具、人形、荒物、温床紙等一四種の公定価格を決め発表している。これに対し、埼玉県雛人形製作組合連合会は、知事及び商工大臣に再三の陳情を行い、手持ちの在庫品なら製造販売してもよいとされたが、価格は一体三〇円以下とされた。

昭和一七年一月一二日、岩槻人形組合は、埼玉県人形組合に統合され、その後埼玉県玩具組合に統合された。

この時期の岩槻人形は、東京への依存度が大きく、東京の問屋の下職的産地として発展してきたようである。東京からの技術指導とともに岩槻の頭職人の東京への修業者も多くなり、上物・大物は東京の職人が作り、並物・小物は岩槻職人が生産している。岩槻人形は、高級商品よりは安物の大衆商品を大量に生産する立場に甘んじていた。

これ以前の大正初期では、胴の専門業者（衣裳）や仲買人（台付屋、製造問屋）が発生し、産地問屋の形態が出現するに至っている。しかし、産地発展には、次のような転換期があった。

第一回目の転機は、関東大震災で、東京の問屋街が全滅し、この時に東京の職人が岩槻へ流入し、技術の向上と生産の増大をもたらした。

二回目の転機は、大正末期から昭和初期にかけて東京では舞踊人形が出現したことが大きな変革となった。従来の人形製作は、節句人形が中心であったため季節的な生産の合間に安物のブラ人形を生産していたが、舞踊人形の登場により、通年の生産となり生産量が飛躍的に増加し、昭和初期に産地としての基礎が確立をしたという説もある。

第二次世界大戦で移住してきた職人たち

戦局が不利になり東京も空襲されるようになると小中学校の生徒の強制疎開《そかい》、家を失った人や戦火におびえた人々が各地に疎開した。岩槻には取引の関係や同業のよしみで、多数の人形職人が東京から疎開してきた。疎開してきた人形職人に、人形製作の仕事はなく、軍需工場等に徴用されていた。

この頃の様子は岩槻人形連合協会長井野清次郎が『岩槻人形史』の中で、

> しかるに昭和一六年も暮れ近くになって、突然第二次世界大戦が勃発すると、軍や軍需工場への動員のため岩槻人形界も手薄となり、物資統制令のため人形衣装も製造禁止のうえに配給の途も絶たれ、業者も勢い製作中止のやむなきに至った。幸いなるか、戦前・戦時に東京から多数の人形師が岩槻に疎開し、終戦後は急速に人形製作の前途に光明が放たれた。これがそもそも、質・量ともに日本一と呼ばれる端緒を開く原動力となったのである。

と記している。

第二次世界大戦によって東京から疎開してきた人たちの中には、そのまま岩槻に定住した人もいた。

木村勝蔵はおさな人形の頭《かしら》つくり、新井環《たまき》はおやま人形、戸塚清晃は舞踊人形、杉村春豊は木目込人形の技術等を広め、岩槻人形は一段の進歩を見せている。その後、金子仁がわらべ人形、木目込人形では杉村春豊、高玉正敏等が岩槻人形の新境地を開いたといわれている。

5

戦後の岩槻人形

人形のまち岩槻として発展

■終戦後の立ち直り　第二次世界大戦により東京の市場は機能停止状況となり、問屋や職人が岩槻に移住し、東京の問屋の機能が弱体化した。

岩槻の産地問屋は戦時中のストックの大量販売による資本の蓄積及び市場の拡大が得られ、完成人形の部品が地元で容易に安価で調達ができた結果、市場・資本・生産の面で有利な体制を確立している。

人形の産地岩槻は、東京市場との結びつきにより伸びてきたが、戦後はさらに大きく飛躍して、東京の問屋と競争の対象になるまでになった。東京市場は、拡大する市場へ商品を供給するためには、岩槻の部品供給力に依存せざるを得ない状況であった。

大量販売と市場に直結した岩槻の頭《かしら》の生産は、全国需要の九〇パーセントを賄う時期もあった。手足、小道具は、ほかの産地から仕入れていたが、完成屋の発展とともに東京の技術が導入され、産地内で生産、専門化が促進された。分業と統合が確立し、岩槻人形の産地としての確立に貢献している。

戦争によって東京や大阪の人形問屋がほとんど崩壊したが、岩槻は東京から疎開した職人や従来からの岩槻職人等を要し、デパートからの注文に対応している。

昭和二一年（一九四六）、この頃の岩槻人形界のまとめ役として、人形作家協会（会長・西田喜楽）が作られた。

終戦後、岩槻人形は立ち直りが早く、一二三軒の業者は、資材不足に悩みながらも昔の名声を取り戻そうと張り切っていた。なかでも進駐軍向けの人形は好評で、活況を呈してきた。

しかし、物品税により内需品としての大衆性を失い、悩みの種となっていた。玩具人形組合では、この打開策として、物品税改正運動を起こし大蔵・商工両省及び浦和・粕壁・忍の各税務署に陳情を行っている。

（左）屋外で生地抜き（右）日当たりのよい部屋での頭作り（『日本の人形』より）

■海外へも進出、新しい息吹　昭和二二年、人形組合は、アメリカ向けの人形を工夫し、試作品を作り輸出へ向けて張り切っていた。また、「岩槻町雛人形のできるまで」の映画を作成し、宣伝活動を展開している。

昭和二二年、埼玉県節句品商工業協同組合は埼玉県節句品協会と改称し、岩槻支部長に吉田光三が就任した。

昭和二七年六月振袖姿の日本人形がアメリカやインドに輸出されることになり、全国の九割を生産する岩槻の人形界は、新しい息吹が迫ってきたことを感じ取り、前町長神田角太郎、中島徳次郎、町会議員川﨑阿具らが発起人となり有力業者八軒、資本金五〇万円で岩槻雛人形組合を組織した。組合は、海外向けの人形製作と生産過程を研究し、将来は共同作業場作りをめざしたという。

同年八月、岩槻町の人形製造業者二〇〇余名は岩槻人形商工協同組合を結成し、岩槻人形の発展を図ることになった。会長戸塚巌、専務理事中島徳次郎、理事川﨑阿具氏ら五人が役員となっている。銀行融資もその目的のひとつで、連帯責任で対応した。

桃の節句を間近にひかえた昭和二八年二月二四日午後一時三〇分からＮＨＫラジオ「私の見た事、聞いた事」の中で担当の秋山ちえ子が、「雛人形の町岩槻訪問記」を日本全国に放送した。その中で雛人形生産の日本全国の半分を占める岩槻に人形の町らしい面影が全然見られず、役場や駅頭にお雛様の一つもおいていないのは淋し過ぎると語っている。できれば「人形会館」でもあって、道行く人に自由にみられる場所があって欲しいと力説している。

同年九月九日、岩槻町は、郷土の特産雛人形を紹介する人形会館の建設を計画し、建設委員会を組織して具体案の検討を協議している。

また、西田喜楽町会議員を中心とした町の有志によって、駅に近い通りで、人形店や頭師が居住していた地域に「人形町」という名称が付けられ、今日に至っている。

■岩槻雛人形組合の設立、好景気に沸く　昭和二九年六月一五日、アメリカ太平洋保全司令部写真クラブ一行二三名が市内二十数軒の業者を訪問し、雛人形の工程を写真に収め、お土産に人形をどっさり買い込んで帰宅した。

昭和二九年九月一〇日、午後二時から岩槻中学校において、岩槻雛人形組合の設立総会が開かれ、吉田光三が初代組合長に推挙され、副組合長に井野清次郎、鈴木隆倉が選任されている。この時の組合員は四五〇名、組織及び役員は右の〈表7〉のようになる。

〈表7〉岩槻雛人形組合組織及び役員（昭和29年）

顧問	山本勝市
組合長	吉田光三
副組合長	井野清次郎　鈴木隆倉
会計	安生長三郎　杉村作一
完成部部長	神田角太郎
完成部副部長	豊住昇一郎
完成部会計	吉田繁
完成部班長	下島省吾　金子明　井野喜一
	菱沼とよ　今井武好
頭部部長	鈴木柳蔵
頭部副部長	村岡政一　齋藤改之助
頭部会計	井野伊之助　小川清助
頭部記録	大竹芳蔵
頭部班長	浜野寅蔵　石井長次郎　吉田清
	西田清五郎　春山浅次郎　藤堂岩次郎
	鈴木善太郎　金井鋭一　三村明
	河野市郎　金子三之助　齋藤丑松
	桑原正二　齋藤浜吉　田中玄次郎
	小林竹次郎　平野千太郎　鈴木貞
衣装部部長	松永一男
衣装部副部長	重田孝
衣装部班長	横田正　増田幸次
小道具部部長	神田昇之助
小道具部副部長	岡野栄吉
小道具部	関根愛司　桑原正　豊田善治
手足部部長	伊藤昌次
手足部副部長	多ケ谷一男
手足部班長	新井繁
納税部部長	中島徳次郎
納税部副部長	川島阿具
労基部部長	金子一郎
労基部班長	岡野栄吉　吉原亀吉　鈴木柳蔵
	新井環　今井武好

同年一一月一八日人形師鈴木柳蔵は、人形頭の塗装仕上げに石膏による仕上げを考案している。

人形の全国生産量の九割以上を占める岩槻人

凧づくりに忙しい岩槻町の業者

岩槻人形案内（昭和40年）

形は、一般の不況をしり目に戦後最高の好景気にてんてこまいの忙しさを呈していた。輸出はハワイ、沖縄などに相当量が出されドルを稼いだという。この要因として、一般には不景気とはいえ、戦後の混乱経済がようやく落ち着いてきたことと、これに伴う日本古来の習わしが盛んに行われてきていることが挙げられている。

昭和三一年（一九五六）六月の「岩槻雛人形組合人名簿」（82頁〈表8〉）には、多数の人々の名前が見られる。組合事務所は、岩槻市本町四丁目二四八六、松口宅に設けられていた。役員の任期は、二年なのでこの年は改選期に該当し、昭和二九年の役員が大幅に変わっている。

昭和三二年、五月人形は神武ブーム（神武景気）のせいか今までパッとしなかった神武天皇の人形がひっぱりだこで、鍾馗様を押しのけて一躍トップ商品になっている。また、鯉のぼりや凧《たこ》も注文が増加している。よく売れたのは、中級品であったという。

昭和三二年一〇月五日、カナダバンクーバー市のドソンベイ百貨店で開催された第二回日本雑貨工芸文化展に風俗人形一〇体が展示され、その後ブリティッシュ・コロンビア大学博物館で保存されることになった。

昭和三三年一〇月、岩槻雛人形産地における生産紀行、市場、生産技術等における問題点を総合的にしらべ、これを分析して問題解決の具体策を見出し、産地将来の発展に役立てることを目的に、岩槻雛人形産地診断調査が、実施された。

昭和三四年六月、岩槻市民総合会館と産業会館が完成し、産業会館内に郷土物産陳列室、同研究室などが設けられた。

昭和三六年五月三日からカナダで国際見本市が開催され、岩槻特産の人形の実演が大好評を博した。実演をした星光人形店の木村勝信社長は、実演会以外に日系人のために講習会を開催したところ、希望者が殺到したという。

昭和四〇年埼玉県では、札幌のサンデパートにおいて埼玉県物産展を開催。また、埼玉県節句品協会は、福島市の県商工会館ホールで、人形展示会を開催し、約七〇〇点が展示され、販路の拡大に努めている。

〈表8〉「岩槻雛人形組合人名簿」（昭和三一年六月）

顧問	山本勝市　平野廣
相談役	遠藤隆寶　斎藤定吉　中島正信　星野福太郎 神田角太郎　戸塚巌　吉田光三
組合長	井野清次郎
副組合長	星野平八郎　川﨑阿具
会計	杉村作一　岡野栄吉
完成部部長	井野喜一
完成部副部長	増田由雄
完成部会計	金子明
完成部班長	下島省吾　木村勝信　井野喜一　川﨑阿具　今井武好
完成部第一班	マルイ硝子店　青木商店　神田虎之助商店　村匡商店 豊住本店　下島人形店
完成部第二班	明玉人形店　金子一郎商店　星光　戸塚商店　吉田繁
完成部第三班	井野清人形店　矢作人形店　井野徳商店 増田紙器製作所　①硝子店
完成部第四班	川﨑人形店　菱沼人形店　中島人形店
完成部第五班	今井武好　埼玉人形株式会社　戸塚清晃　杉村人形店 人形の小山
頭部部長	石垣三五郎
頭部副部長	安生仁一　村岡正夫
頭部会計	増岡藤吉　田中正造

頭部記録	小林元三郎
頭部班長	斎藤俊信　吉田慶三郎　若林辰次郎　関根太三郎　鈴木正治郎　當間三代市　村田新太郎　松口三好　石渡正三郎　井野時夫　永浦健　石川潤平　新井忠一郎　田中廣　小花留吉　藤塚眞之助　小見野留吉
頭部第一班班員	増田豊吉　阿部慎一郎　山口房五郎　石井正一　浜野寅造　中坪栄一　斎藤俊信　押田忠太郎　田口三蔵
頭部第二班班員	石井喜一　黒須三郎　黒井周吉　米山英吉　越沼直一　石井長次郎　斎藤次左衛門　小林留吉　堀江徳也　島田三郎　星野新一郎、鈴木昭次、吉田慶三郎
頭部第三班班員	吉田清　渋谷倉吉　大竹芳蔵　若林辰次郎　黒須六三郎　篠村芳蔵
頭部第四班班員	増岡藤吉　新井富久太郎　西田清五郎　大塚喜一　吉原亀吉　足立忠吉　安生仁一　関根太三郎
頭部第五班班員	田中正造　斎藤辯蔵　小木安次　鈴木正次郎　山口信一郎　園部栄吉　浅子國太郎　春山浅次郎　中西徳
頭部第六班班員	斎藤改之助　小久保信夫　村岡正夫　伊藤伊三郎　細田辰雄　藤堂岩次郎　倉持宗四郎　熊谷芳雄　大塚昇　小見野市郎　當間三代市
頭部第七班班員	村田新太郎　鈴木善太郎　関根源一郎　藤井惣次郎　木村加平次　高橋弘　西沢幸雄　松口甚五郎　木村作蔵
頭部第八班班員	高橋子之吉　渋谷忠雄　松口三芳　吉田銀蔵　金井鋭一　鈴木柳蔵　熊谷義一　岡野正一　臼倉ゆき　高橋

	清七　鳥羽敏一　中村静
頭部第九班班員	井野留吉　石垣宇三郎　井原一郎　石渡正三郎　大塚大五郎　若谷朝雄　中坪栄次郎　松村重太郎　江野沢正　斎藤音松　三村明　関野正二　鈴木周三郎
頭部第十班班員	田島弥七　河野市郎　田中宏樹　金子兼次郎　加藤安太郎　田中九四　高橋勘次郎　荒井金吾　井野時夫　野口六右衛門
頭部第十一班班員	永浦健　金子三之助　村田清　鈴木勇吉　小川清助
頭部第十二班班員	荒木与四郎　井野伊之助　斎藤丑松　飯山次郎吉　小林元三郎　桑原正一　斎藤茂雄　岡崎太郎吉　石川潤平
頭部第十三班班員	秋森好太郎　高橋繁夫　村岡政一　矢部宗太郎　栗原勇　斎藤浜吉　小林汪光　新井忠一郎
頭部第十四班班員	田中廣　飛田清　安生頭専門店　古橋龍吉　田中玄次郎　星野平八郎
頭部第十五班班員	小林竹三郎　小花留吉　安生梅吉　斎藤弥市　福沢吉之助　石垣梅次郎　田中徳次郎　波多野忠一　石垣三五郎
頭部第十六班班員	清水敏一　星野福太郎　田口房二郎　平野仙太郎　藤塚真之介　鶴見祐
頭部第十七班班員	小見野留吉　清水正吉　中田長吉　小木喜一　鈴木貞小島栄吉
衣装部部長	長谷川誠蔵
衣装部副部長	中島清太郎
衣装部班長	針ヶ谷耕作　川島竹次郎
衣装部班員	遠山芳雄　針ヶ谷耕作　中島政太郎　長谷川誠蔵　増田幸次　松永一男　神谷政義　川島竹次郎　重田孝　吉田阿久太郎、横田正、鈴木秀吉　菊井森蔵　斎藤藤八　増田國三郎、土田福太郎、大出禎二
小道具部部長	神田昇之助
小道具部副部長	岡野栄吉
小道具部班員	太田大助　神田小道具店　岡野小道具店　鈴山人形材料店　三木みつ
手足部部長	多ケ谷新三郎
手足部副部長	新井繁
手足部班長	伊藤昌次
	多ケ谷新三郎　新井手足店　伊藤昌次　石川伸一郎
	本田嘉兵衛　鈴木一太郎　野本喜代
対税部部長	神田角太郎
対税部副部長	杉村作一
労基部部長	金子一郎
労基部班長	小山圭治　安生仁一　村岡政一　菱沼とよ　今井武好

パレードの鼓笛隊

人形塚竣工祝い　人形仮装パレード

昭和四十年代になるとプラスチックで加工した人形の頭が出現し、すさまじい勢いで浸透した。そのため岩槻人形の市場占有率は後退していった。そこで、岩槻雛人形組合は、完成問屋、頭、手足などを独立した単体の組合を作り、その連合体として岩槻人形連合協会を結成し、初代会長に井野清次郎が就任した。

昭和四五年（一九七〇）大阪万国博覧会に岩槻人形を出品し、実演も行い好評を博した。

また、岩槻ひな人形組合（会長・金子仁）と岩槻ひな人形組合青年会（会長・井野義平）は、人形の日（一〇月一五日）のPRを大宮駅、浦和駅、川口駅で街頭活動を行っている。

同年岩槻ひな人形組合青年会（会長・金子利夫）と京都人形組合青年会（会長・福田真二）との交流会が始まり、人形工程の見学会や懇談会等で意見交換を行っている。

同年一二月「岩槻人形業界のあり方」について、岩槻市長や岩槻人形業界の代表者による座談会が開催され、次のような事項を話し合っている。

・伝統の技術を生かす
・合理化と新製品の開発
・若い技術者の養成
・高級品の量産体制
・価格の安定
・良い製品をもっと安く
・一般家庭にも普及

■人形塚の完成　昭和四六年一〇月一五日、この日は、にんぎょう祭（人形展、人形供養）の最終日で、人形塚の除幕式が開催された。

秋晴れに恵まれ、商店街は造花等で飾り付けられ、正午からは岩槻小学校の鼓笛隊と岩槻中学校のブラスバンド、人形組合主催の十五人揃いの仮装行列の一行二〇〇余人が岩槻駅前から人形塚までの約二・六キロをパレードした。

城址公園黒門前に、総工費七五〇万円をかけて建設していた特産の雛人形を象徴する人形塚が完成し、全国から来賓二百余人を招き、除幕式の塚の前では、人形供養の焼香と献花が行われた。

当時の日本ひな人形協会は、十五日を人形の日と定め、これを契機に、組合では次の四点を事業

人形塚除幕式　仮装パレードの面々

人形供養祭

の重点項目とした。

①従来、業界はPRに消極的であったのを計画的、大々的に実施する。

②人形塚完成を機会に、十月十五日を「人形の日」として、十五人揃いの仮装行列を中心とした人形パレードをする。

③岩槻人形の見学者や全国から集まる業者、報道機関の便宜をはかるとともに、人形会館の建設を促進する。

④若手技術者を育成するとともに、新製品の開発研究と伝統的技術を追求、将来は「人形学院」の開校をめざし、文字通り人形のメッカとする。

人形仮装パレードの役柄等は、以下の通り

1	親王殿	矢作　努
2	親王姫	高橋タカ子
3	官　女（長柄）	前島　恵子
4	官　女（三宝）	有山　富子
5	官　女（銚子）	土井恵美子
6	五人囃（太鼓）	金子　純
7	五人囃（大鼓）	本橋　正
8	五人囃（小鼓）	武藤　健治
9	五人囃（笛）	山口　薫
10	五人囃（謡）	佐藤　清晧
11	随　臣（若）	中島　満夫
12	随　臣（老人）	豊住　実
13	仕　丁（台笠）	松永　孝治
14	仕　丁（沓台）	井原　良平
15	仕　丁（立笠）	岡崎　英雄
16	桃太郎	金子　進
17	金太郎	井野　仁
18	神武天皇	土淵　貞治
19	鍾　馗	渡辺　隆男

槙皓志は、「人形塚によせて」次のような詩を寄せている。

男雛　女雛　ほほえみに
三月の　桃の花は　はなやぎ
もののふの　さわやかな眉に
五月　みどりの風は　かおる
岩槻　白鶴の　城跡に
十月　人形たちの　ねむる秋
九天の鶴も　千草の虫も
檜扇のかげに
尽きぬ　黒土の宴を　ことほぐ

■**多彩な試み**　岩槻駅一番ホームに岩槻市産業物産陳列所が完成し、昭和四七年一一月から陳列品を展示することになった。この陳列所は総ガラス張りで、幅一〇《メートル》、奥行二《メートル》、高さ三《メートル》。総費用八九万円、うち市が六三万円と東武鉄道に対する年間賃借料二〇万円、管理主の商工会が二六万円を出している。半分以上は、特産の岩槻人形が陳列された。

昭和四八年三月岩槻人形連合協会は、県立寄居

第１回世界一ジャンボ雛段（昭和63年）

ニクソン大統領への献上品

養護学校黒浜分校に、一五人揃いの段飾りセットをプレゼントし、教室に飾り付けられ、子供たちは大喜びで、大はしゃぎをしていたという。

昭和四八年末に土屋義彦参議院議員は、日米親善の一助として、ニクソン大統領に岩槻人形を贈呈した。また、昭和五〇年一月六日、同議員は、フォード大統領の来日記念と夫人の病気全快を祝い、麻布の米国大使館で、夫人に贈呈する岩槻人形をスミス公使に手渡した。この人形は、本町の石川潤平作である。

この頃、日中平和友好条約締結を前に中国婦人代表団が来日し、各地で婦人団体と交流していた。昭和五〇年（一九七五）一月二六日午後、岩槻を訪れた一行は、岩槻連合婦人会関係者の出迎えを受けている。岩槻駅前の東玉人形ビルで頭《かしら》の作りかた、衣装の着付けなどの工程を見学し、作業中の人形を手に取って、職人に質問をしたりして熱心に見学をした。

完成品の展示場で関根岩槻市長から市松人形をプレゼントされた一行は大喜びであった。

昭和五一年一一月二七日、市内の人形製造業その関連企業が協同組合化を図り、国の「伝統的工芸品」としての指定を受けて、人形産地としての基盤を確固たるものにするために、岩槻人形協同組合の設立総会が開かれ、一三〇名が加入した。理事長に川﨑阿具が就任した。

同年、団体が主体となり人形組合を中心とした商工第一回「人形のまち岩槻まつり」が開催された。岩槻城下の自然と歴史、伝統や文化を伝承する一大イベントとして定着したが、城下町・人形のまちならではの企画で現在も盛り上がっている。なかでも幅一〇メートル、高さ八メートルの「ジャンボ雛段」が岩槻まつりのメインとなっている。

昭和五一年頃から、はとバスの「ボーイズ・フェスティバル・ツアー」の一行が、市内の人形工房を訪れている。

参加者は、日本在住の米、英、独など七ヵ国の人たちで、人形工房で、頭づくりや振り付けを見物したり、鎧の段飾りの前で和服姿の日本の子どもたちの歌を聞き、紙兜《かみかぶと》を折るなど、日本の伝統行事に青い目を輝かせていたという。参加者の一

人形の町岩槻シンボルタワー

人は、「ニッポンの端午の節句とてもめずらしいですね」と語っている。

この頃の岩槻人形協同組合は、岩槻ひな人形部、岩槻ひな人形頭部、岩槻人形協同組合衣装部、岩槻ひな人形小道具部、岩槻人形木目込部、岩槻ひな人形手足部、ひな人形部会青年会、婦人部の組織があり、活発な活動を展開している。

昭和五三年、岩槻と東京の木目込人形が、「江戸木目込人形」として通産大臣から「伝統的工芸品」に指定されている。また、同年岩槻人形（雛人形、木目込人形）が、埼玉県の「伝統的手工芸品」に指定されている。

昭和五六年一一月一八日、東京都雛人形工業協同組合と併願していた江戸木目込人形の商標登録出願の完了公告が出される。

昭和五七年一月二七日、中央職業能力開発協会主催第二回「現代の名工展」が北ノ丸公園科学技術館において開催され、鈴木柳蔵に感謝状が授与された。当時の理事長は、「岩槻人形の評価を高める大きな要素となる」と述べている。

■人形のまち岩槻シンボルタワー　昭和五七年四月五日、岩槻駅前広場で「人形の町岩槻シンボルタワー」の除幕式が挙行された。

このシンボルタワーは、昭和五四年一一月二二日に実施されたシンポジウム「人形のまち岩槻　地場産業と地域社会」の中で人形のまちを標榜するにふさわしく、新しいシンボル事業を打ち出すべきという提言があり、これを受けて岩槻人形協同組合が、岩槻を訪れる人々また市民に親しまれるようにとの主旨で設置された。高さは七メートル。

人形のシンボルは、岩槻城址に建立している人形塚モニュメントをそのまま縮小、再現しそれを人形ケースの構造体に設置。男雛は金色、女雛は銀色のスコッチカル仕上げにして気品を高めている。色彩は、セピア、白、紺と日本の伝統的なカラーでシンプルにまとめ、夜間はアーム付水銀灯により公共の場を明るくするとともに、人形ケースの上部の照明で人形が浮かび上がるようになっていた。

6 （仮称）「岩槻人形博物館」実現へ

世界に向けて人形の文化を発信

（仮称）岩槻人形博物館完成イメージ図（さいたま市提供）

■物産館としての人形会館　『岩槻人形史　埼玉百年記念（岩槻人形連合協会編）』（昭和四六年＝一九七一）に刊行された「岩槻人形連合協会各委員会名簿」には、人形会館委員会として委員長の井野清次郎氏をはじめ五名の名前があがっている。

昭和時代の岩槻は、日本有数の人形産地に成長し、節句人形からケース入りの衣裳人形、木目込人形まで多様な種類の人形を生産していた。これら岩槻産の人形の総称としての「岩槻人形」の名は、全国に広く知られるようになっていた。

「人形会館」の構想は、この「岩槻人形」を紹介する物産館として誕生したもので、その構想は、長く人形組合のなかで温められてきた。

■地域センターの構想　徳川譜代大名の城下町、日光御成道の宿場町という歴史を有する岩槻には、老舗の商店も多く、人形をはじめ、ダルマや組紐、神棚など特色ある特産品が生み出されてきたが、商工振興や観光振興の拠点となる施設がなかった。そのため、町のシンボルとなる地域センターの必要性が早くから問われていた。

岩槻人形産地診断（昭和四九・五五年）や、岩槻商工会の岩槻市地域ビジョン策定事業（昭和六〇年）のなかでも産業振興会館の必要性が言及され、昭和六二年（一九八七）には岩槻市、岩槻人形組合、岩槻商工会の三者による「地場産業振興センター設置推進委員会」が設置された。

地場産業振興センターは国が示した地場産業総合振興対策にもとづく事業で、岩槻の地場産業全体の振興を担う施設であったが、実質は人形が中心であり「人形会館」の構想が込められていた。しかし、諸事情により実現せず、人形会館の構想は持ち越された。

■西澤笛畝コレクションを岩槻に　人形組合において平成一六年（二〇〇四）、人形研究家・収集家

引き継ぎのためご遺族から説明を受ける組合員

として著名な故西澤笛畝《にしざわてきほ》の人形コレクションの取得の話がもちあがった。

このコレクションは埼玉県の越生町《おごせまち》にあった「笛畝人形記念美術館」の収蔵品であった。同館は笛畝のご遺族が運営していたが、高齢のため、閉館が検討されていた。コレクションは江戸時代、明治時代の人形が大半を占め、日本を代表する優れた作品が多く含まれており、個人が収集した人形コレクションの金字塔というべき存在であった。そのため、人形会館の建設の目玉としてこのコレクションを引き継ぐという構想が新たに生まれ、以前から遺族と親交を持っていた組合が交渉に奔走した。散逸を恐れていたご遺族は、一括して人形組合が購入することを望んでいた。

平成一六年一一月、人形組合は、さいたま市長に資料購入の補助金交付と人形会館建設の要望書を提出した。さいたま市はこれを引継ぎ、合併記念事業の一環として、組合の笛畝コレクション購入に対し補助金を交付した。人形組合の努力が実を結び、ついに笛畝コレクションは岩槻にもたらされたのである。

優れた美術品であり、歴史民俗的価値を持つ笛畝コレクションの取得は、これまでの産業振興、観光振興を目的とした地域センターの構想を超えて、文化振興の殿堂となるミュージアム構想へと拡大する契機となるものであった。

■**さいたま市の人形博物館**　平成一八年、人形組合は人形会館の開設を願い、さいたま市に笛畝コレクションを寄贈した。さいたま市では、盆栽、漫画、鉄道など市内の貴重な地域資源の活用を図る文化芸術振興計画を平成一三年に策定しており、人形会館の構想も、この計画にもとづく文化事業という形で引き継がれた。岩槻の人形を歴史のなかで培われてきた文化資源ととらえ、調査研究にもとづき、展示普及事業を展開する人形博物館として整備を進めることになったのである。

平成二八年四月からは、施設名称も「(仮称)岩槻人形会館」から「(仮称)岩槻人形博物館」に変更され、東京オリンピック・パラリンピック開催の年である平成三二年、旧岩槻区役所敷地で開館することに決定した。

人形博物館では、岩槻の人形作りと産地の特色を紹介するほか、西澤笛畝コレクション、浅原革《あさはらかく》

西澤笛畝（『日本の人形』より）

犬筥（さいたま市蔵）

世《よ》コレクションなど著名な人形コレクションから歴史民俗的価値の高い人形が展示される予定である。また、郷土人形、世界各国の人形、近現代の創作人形など多様な人形が企画展で紹介されるほか、様々な世代が楽しめるワークショップの開催も予定されている。

かくして物産館からはじまった構想は、地域センターの構想へと広がり、さらに日本初の公立の人形博物館の誕生に繋がっていったのである。

東京オリンピック・パラリンピックの競技会場はさいたま市内にも存在しており、広く世界の注目が集まる好機となろう。

「人形のまち・岩槻」から世界に向けて、人形の奥深さが発信される未来もそう遠くはない。

（菅原　千華）

西澤笛畝コレクション

西澤笛畝《にしざわてきほ》は、明治二二年（一八八九）東京浅草で生まれる、旧姓は石川昴一という。一六歳の時に日本画家荒木寛畝に入門する。大正二年（一九一三）人形玩具収集家西澤仙湖の長女勝子と結婚し、西澤姓となる。

コレクションは、人形玩具収集家西澤仙湖と西澤笛畝の二代にわたって収集した人形玩具や西澤笛畝の描いた人形玩具絵など膨大な点数を有するもので、埼玉県の越生町で公開されていた。

岩槻人形協同組合は、平成一七年七月笛畝人形記念美術館から人形を購入した。

さいたま市が計画している（仮称）岩槻人形博物館の展示品として保存・活用を図ってもらうため、西澤笛畝コレクションをさいたま市に寄贈した。

この中には、御所人形や嵯峨人形など江戸時代の人形が中心であるが、徳川家の葵の御紋の入った犬筥《いぬばこ》なども含まれている。

7

皇室・皇族のご見学と献上品

興味深くご覧になって

■戦前において　戦前においては、大正九年（一九二〇）一〇月、皇后陛下の氷川神社行幸に際して、岩槻からは蓮根、胡麻油、菜種油とともに三枝實園の雛・雛羽衣・玩具三寸人形、岩槻小学校からの図画習字が陳列され、供覧されている。この行幸を記念して、大正一〇年、楠木正成の人形が献上されている。

大正一一年五月七日、今上陛下は、摂政宮の当時埼玉県物産陳列所に御台臨され、県下の物産を供覧している。

■戦後のご訪問　高松宮殿下が、昭和二三年（一九四八）七月一二日岩槻雛の製作工程を御台覧し、ひとつひとつ製品をお手に取り、親しく工匠にお声をかけられた。工程を一巡すると婦人会の給仕によりお茶を飲まれ、餅菓子をおつまみになり、談笑せられている。この時のご視察会場は東玉総本店。餅菓子などは春華亭でご用意したという。

昭和三九年一一月一八日、皇太子殿下・妃殿下が、岩槻においでになり、県立青年の家で人形職人と完成した岩槻人形をご視察した。この時のご

天皇・皇后両陛下への献上品。
土屋埼玉県知事より（平成５年）

高松宮殿下をお迎えした時の記念写真（昭和 23 年）

皇太子殿下（今上天皇）ご視察記念献上品（昭和40年）

浩宮親王殿下献上品　わらべ人形（昭和40年）

来訪を記念して両殿下ご希望の高砂人形とわらべ人形を、昭和四〇年（一九六五）一月、東宮御所へ献上し、お褒めの言葉をいただいている。

昭和四四年一一月二五日、日本赤十字埼玉県支部大会（岩槻市立福祉会館）が日赤名誉総裁三笠宮殿下をお迎えして開催され、閉会後に岩槻人形をご覧になっている。

昭和四六年三月、三笠宮殿下及び妃殿下が、岩槻人形の製作工程をご視察される。

昭和五五年一二月二日皇太子殿下、妃殿下は、埼玉県立民俗文化センター竣工の際岩槻人形をご視察される。

昭和六三年四月一七日美智子妃殿下及び清子内親王殿下が、東玉人形会館にお越しになり、岩槻人形の製作工程をご視察される。妃殿下は雛人形に関心が高く、職人に細かな質問をされ、最後に職人たちにねぎらいとお礼の言葉をかけられている。

平成二年（一九九〇）一一月八日、三笠宮寛仁殿下が、岩槻人形の製作工程（東玉）を視察される。

平成五年五月、天皇・皇后両陛下が埼玉県内を行幸された記念に、埼玉県知事から岩槻人形が献上された。

平成一九年三月二八日、天皇・皇后両陛下は、国賓として来日中のスウェーデンのグスタフ国王ご夫妻を川越市にご案内し、この時川越市立美術館において県内の伝統産業の一つとして江戸木目込人形の製作実演を有松寿一、及びご説明を戸塚隆（当時の理事長）を行っている。

平成二〇年一〇月一一日高円宮妃殿下が、岩槻人形の製作工程をご視察された。

皇太子殿下・妃殿下ご視察の際の役員と製作実演の職人たちと（昭和39年）

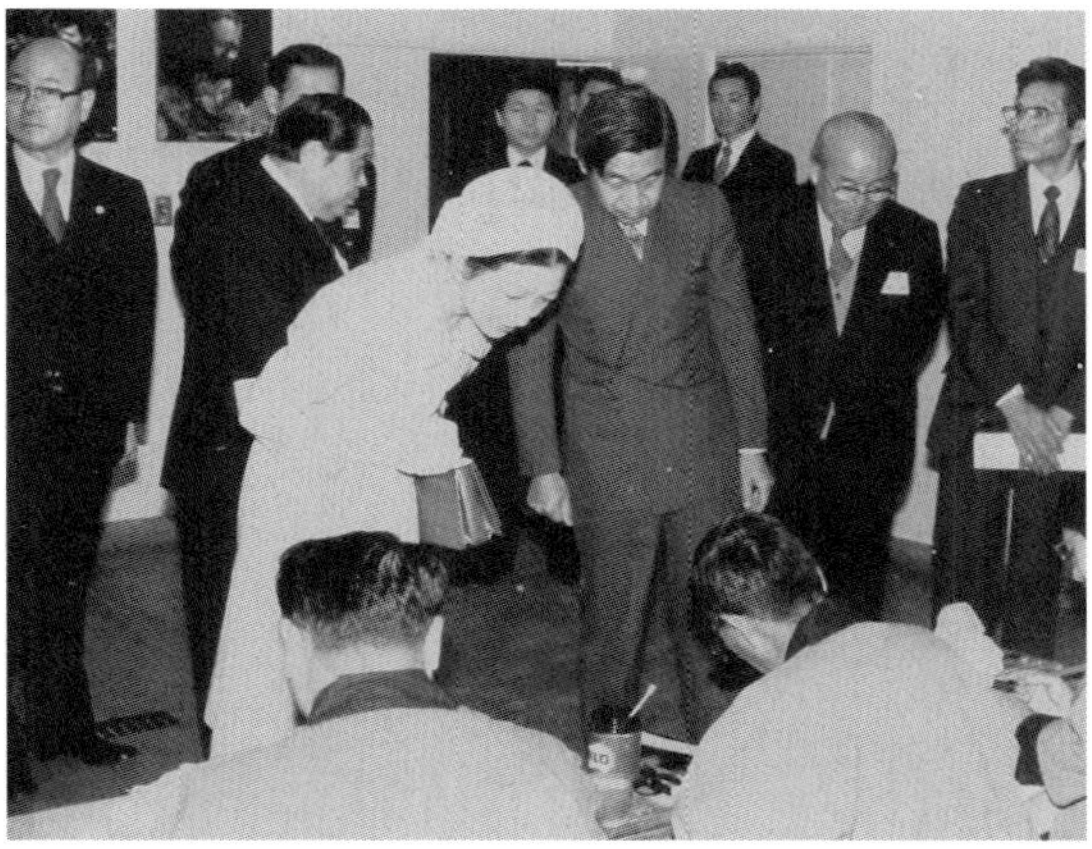

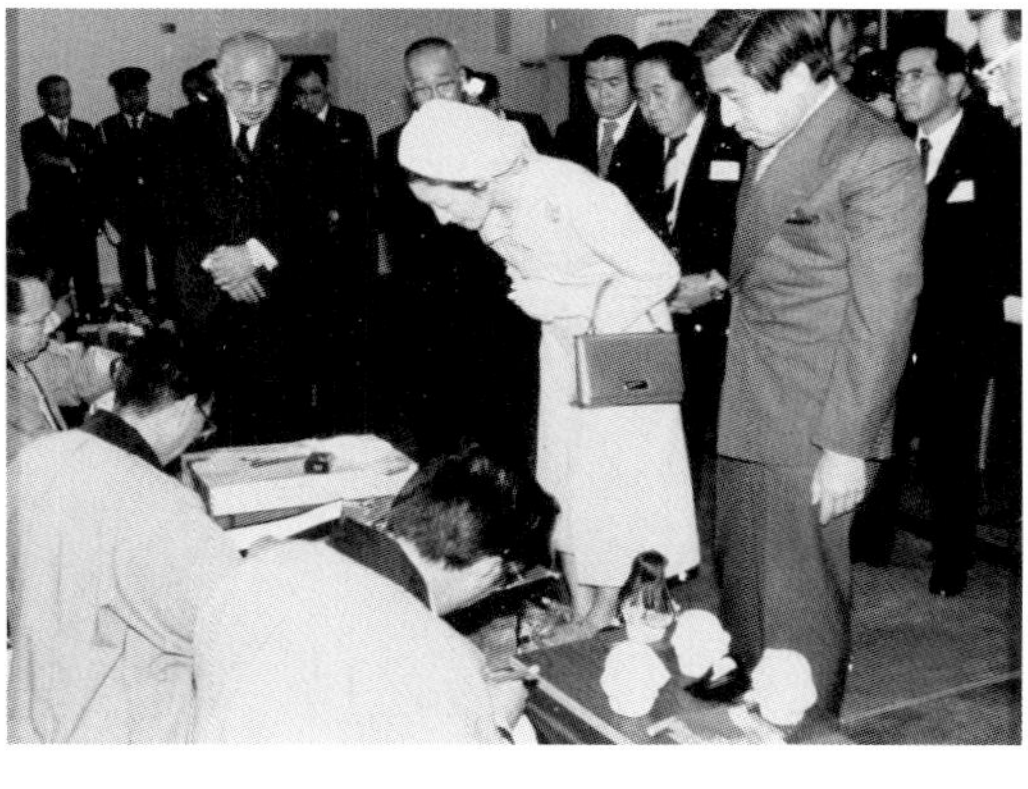

皇太子殿下（今上天皇）妃殿下ご視察（昭和 55 年）

ご視察中の美智子妃殿下、清子内親王殿下（昭和 63 年）

皇太子殿下（今上天皇）・妃殿下 頭作りご視察（昭和 39 年）

（左）三笠宮寛仁殿下のご視察
（平成 2 年）
（右）三笠宮妃殿下のご視察
（昭和 44 年）
（下）三笠宮殿下・妃殿下のご視察
（昭和46年）

8

伝統産業の岩槻人形

着実な発展を遂げてきた産地

■優れた岩槻の技術　伝統産業、特産業、在来産業、地場産業と称するわが国固有の産業は、各地域において自生し、地域社会の中で育ち成熟したもので、歴史性・伝統性にもとづく産地集団を形成する地方的色彩の強い産業というイメージがある。また、伝統産業のもつ一つの特色として、起源がはっきりしない、記録類もほとんどないのが通例である。

人形製作の内容は、大部分が手作業で指先の技術で行われている。人形の生産工程は複雑で高い技術が必要とされ、特に頭《かしら》の生産は人形の生命であり、岩槻の技術は優れているといわれる。

岩槻人形の発展を資源的に支えたのは、岩槻周辺に桐材《きりざい》を多数産出したことやこの地の水質が胡《ご》粉《ふん》の発色に適していたためといわれている。

岩槻人形の製造品は、多種におよび、他の産地にはみられない特長がある。

埼玉県では、有数の歴史と伝統を持ち、節句人形の特産地として着実な発展を遂げてきた岩槻人形の産地診断を、昭和三四年（一九五九）、昭和四九年（一九七四）、昭和五五年（一九八〇）に実施している。

昭和三四年の産地診断報告書の中で「新しい産地組織の確立」について、

事業協同組合としての法人組織
輸出マーケッティングの実施
商品技術研究
検査制の実施
技能養成の実施
経営管理、近代化の研究

が要請されている。

課題として、取引ルートの問題等が指摘されている。

昭和四九年の産地診断では、

人形製造業における岩槻産地
岩槻市の経済における人形産業の地位

木目込人形（杉村春豊）

岩槻産地のシステムとその問題点
産地の方向
岩槻産地の全国的な地位
岩槻産地の流通の実態
最近の流通の変化と問題点
将来の展望と対策
の八項目について検討されている。

特に「将来の展望と対策」の項では、需要の動向、流通から見た産地展開の方向、流通に係る三つの提言がなされている。

三つの提言は、①販売戦略の確立　②岩槻産人形の個性化の強化　③流通面においては悪い意味の職人気質からの脱皮をすることとある。このなかで「岩槻産地の製造問屋の経営者は、東京の人形専門店問屋の老舗を勉強することが大切だ。古いノレンの中で近代的経営が生き生きと展開していることをぜひ学び取り、参考にしていただきたい」と結んでいる。

また、岩槻の各界の人々を集めてシンポジウムも開催されている。

■岩槻人形界発展と課題　昭和五八年当時の理事長・川﨑阿具は、「新春に想う」との一文を組合報に寄せているが、当時の岩槻人形界の気持ちがよく表れている。その文面は、次のとおりである。

組合員各位には御家族皆様共々御機嫌よろしく迎春の事とお喜び申し上げます。

うすもやの中に迎え、送ったというのが昨年の実感と申せましょうか、何としても需要の伸び悩みが著しく、生産過剰傾向が顕在しており、これは業界全体としての動向と申せましょう。

企業レベルでみますと、その格差が、広がっているように思われます。従って競争も激化しており新製品の開発に各メーカーとも鋭意努力を致しており、製品そのものは一段と良質化しておりますことは産地岩槻として喜ばしいことと存じます。

人形のまち岩槻と致しましては、そのうすもやの中にささやかではありますが、光を見出しております、と申しますのは、江戸木目込人形研修会、桐塑頭研究会グループの方々が過般審査会に参考品として展示され、来場者各位より多大のご好評をいただいたことであります。伝産振興の業にようやく蕾を得たと思います。今後一層のご精進をお願いする次第です。過般、厚生省人口問題研究の推計発表によりますと、昭和六二年までは出生数は減少傾向をたどるであろうといわれております。しかし、日本の美しい伝統行事である「ひなまつり」節句祝を家庭で楽しみ、祝う、すなわち愛児の健康と成育を祝う行事が昔日の如く行われるならば如何でしょうか、我々日本人形にたずさわる者として真剣に考究すべきではないでしょうか。日本ひな人形協会を主柱として日本の伝統行事である「ひなまつり」節句祝を復活すべく国民的行事となるよう強力に展開すべきものと思慮致します。

我が業界も横ばい傾向が続くものと思われますが、悪ければ悪いなりにこれを突き破る活力ある努力が尚一層求められるのではないでしょうか。組合員一同それぞれの立場において組合発展の為協力一致暖い光をつかもうではありませんか。

これらの取り組みは、平成一九年三月九日の伝統的工芸品の指定という成果につながっている。

岩槻市広報（昭和31年）「岩槻人形の今昔」の記事

岩槻市広報　昭和31年3月21日（水曜日）（2）

桃の節句とひな祭り

岩槻人形の今昔

「暑さ寒さも彼岸まで」と云われて居りますが、春の彼岸が過ぎますと、子供達に喜ばれる月おくれの桃の節句がすぎ、キレイに飾られた雛段に白酒を汲んでいる可愛い子供達の姿が目に映ります。そのひな人形の生産地として全国一を自他共に許す岩槻人形について、おひな様の起源、又ひな祭りの発端等について歴史をひもといて見ましょう。

岩槻雛の歴史を知る前に我国における雛の起源を知っておかねばなりません、昔から人身の無事息災を祈る方法として、禊祓と云うものがあります。即ち人の形を作って自分の罪穢れを負わせて身代りとして河に流すのです。その形代、即ち人形（ひとがた）が玩具としても遊ばれる様になり平安朝時代にはキレイな人形が出来る様に成りました、この時代の人形は多くは紙で作られ、他に木や鉄で作ったのもあり、大きさは八寸位から、等身大のものもありました。

宮廷に又信仰関係から人形に天児（アマカツ）と這子（ハイコ）があります。出産の時枕辺において子の健全をいのるので、雛の発達にはこれも影響して居ると思われます。

雛祭りの起源

雛遊びは京都から始まって、貴族の間に行われました。その当時の雛遊びには期日と云うものがなく、ふだん幼ない小児が雛を玩んだものなのです。それが三月上巳の日即ち三月三日に行われる様になり確定的なものとなりました。雛祭りの起源は、禊祓に発しているのですが、之れに小児の遊びと、節句とが併合して発達し、後には全く三月三日の節句化したと云われて居ります。雛遊びを京都から江戸へ移した媒介者の一人に春日の局が居ります春日の局は関東と京都との間に、往復をしておりましたので、雛遊びの行事を移して採用したのであろうと想像されて居ります。

岩槻の雛人形の始りは日光廟御造営にあたり、諸国から召寄せられた工匠等が、やがてあの荘厳華麗な殿堂が竣工落成して、それぞれ郷国に帰ったのですが、中には日光、或は日光街道の宿駅に留って、永住の地を見出して、住んだものです。わが岩槻にもそうした工匠の或る者が住居して雛の頭を業とした事に初まったと云われて居ります。

岩槻雛をして今日の隆昌をなさしめた人に額田長次郎氏が居りました、氏は武士を父に持ちましたが、幕末頃の武士の生活と云うものは極めて苦しいものでありました、身分の低い者は定禄だけでは生活が出来ず、いづれも内職をして居りました。そうした関係から、額田氏は明治維新によって、その子長次郎を東京へ出して、雛作りの修得をせしめたのです額田長次郎氏は親王雛、浮世雛の頭作りを修得して帰郷し、初めて岩槻で浮世雛と云ふものを伝へた元祖なのです。

明治二十七八年の日清戦争、明治三十七八年の日露戦役には岩槻雛もひどく苦境に落ちましたが、日露大勝後にはめざましく世界に進出して、文化産業の発達と共に比類なく隆盛を遂げ今日の雛の町を造りあげたのです。

昭和に入ると製作の技術が一段と進歩し、これ迄の節句用許りでなく、舞踊人形、きめこみ雛が出来て参り、顔の方も随分様坊になり元禄面から発達した関係から雛の顔は現実離れがして居りましたが現在は写実的になって居ります。昔の美人は瓜実顔を尊ばれ、宮廷式でありましたが、今は丸顔が喜ばれ田園式となりました、そして雛に生気があり、やはり写実主義自然主義と云う芸術主潮の影響によるものでありましょう。

以上極く簡単に岩槻雛の歴史を記しましたが、岩槻雛の発達は第一期上下雛時代、第二期浮世雛時代第三期舞踊人形時代、第四期芸術人形時代と四段階の発達をして居る訳ですが、文化の向上と共に岩槻雛も研究に研究を重ね、岩槻人形の発展を希ひつつ。（商工課）

岩槻のひな人形

9

職人と技術

卓越した技術とその伝承

人形の作り方は、従来一人の職人によって初めから終わりまで仕上げていた。現在では頭《かしら》、衣裳、小道具、手足など別々の職人によって作られ、それぞれが問屋に集められ、完成品として出荷している。

■**頭づくり**　頭を作るには、まず木彫りの原型を作る。今は粘土、石膏《せっこう》なども使用されているが、昔ながらの方法は、すべて木製で逆目《さかめ》の少ない銀杏、桐、朴《ほお》などを主として使用していた。

原型は、型抜きのことを考えて、抜きやすいことを十分に考慮して刻むことが重要で、能率のうえからも大いに異なってくる。顔の表情なども時代により異なり、その時代に即応したものを取り入れ、絶えず新しい工夫をしている。この原型を「タネ」と呼んでいる。

生地抜き（「毎日グラフ　昭和40年）

生地を抜くカマ

次に木を素材としてタネが入る「カタ」（カマ）を作る。頭《かしら》の前半分と後半分を分けて作り、二つ合わせてタネを入れて、隙間があればできあがりである。その彫った内部にタネを入れておき、カタの上部から黒松の脂又は硫黄を溶かして入れる。冷めてからタネをはずせば型（カタガマ）ができあがる。現在では、樹脂で作る型が主流になっている。

このカタガマに柔らかい生地《きじ》を入れて、前半分と後半分を合わせていると頭の素材ができ、これを乾燥したものを、「頭生地《かしらきじ》」と称している。生地の材料は、桐のおが屑（桐粉）で、生地には縦引きと横引きのものがあり、縦引きの方が使いやすいといわれている。この桐のおが屑に生麩糊《しょうふのり》を入れて練ると生地のもとができあがる。生麩糊の量が少ないと、できあがりが弱

古い頭のタネ

人形づくりの様子

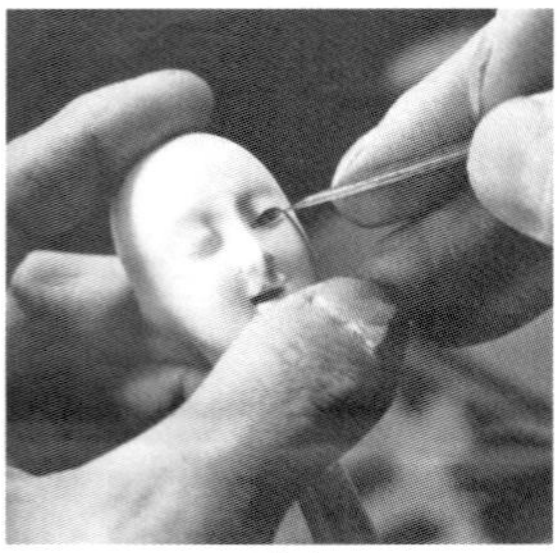

目きり

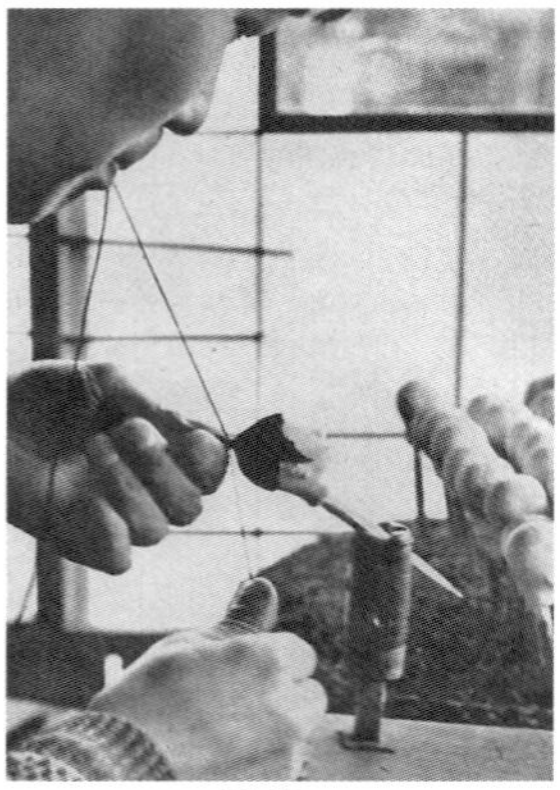

髪結い

巻藁に並べられた頭

かごに入れて次の工程に運ぶ職人たち

く、多いとひびが入る原因となる。

このカタガマによって大量の頭や手足の生産が可能になった。

今では、桐粉のほかに陶器、石膏などの頭が作られている。

型抜きをした後に、頭の後ろ合わせ目に材料のはみ出しができるが、このはみ出しを「ヘチ」とか「バチ」と称している。このヘチを刃物かやすりで削り取る。ヘチを取った頭生地に、竹串または木串を差し込み、眼入れなどを行った後に、胡《ご》粉《ふん》と膠《にかわ》をとかしたものを塗る。昔は、強い膠を入れて薄く何十回も塗り重ねたというが、通常は「地塗り」といって二回ほど胡粉を塗り、形を十分整えてから「上塗り」をして仕上げる。塗りの中でも、最も技術を要するものは、「置きあげ」で、胡粉をよく練って重ね塗りをすることによって、顔の上に高低を出すのである。微妙な高低を出せる利点がある。

「上塗り」が終わると、「ほお紅つけ」（摺り込みともいう）、磨き、毛彫り（毛を植え込む溝を彫る）をした後に面相つくりが行われる。面相つくりは、眉毛、まつ毛、口紅などを描く作業で最も神経を使う作業である。

人形の頭を作る作業台を「毛《け》吹《ふ》き台」と称している。将棋盤ほどの木の台で、樫木《かたぎ》がよく使用されている。多くは四角で対角線上の両隅にセンが埋め込まれている。一つの台に二つのセンがある。このセンに道具を用いて人形の串を差し止めて、毛植え作業をするものである。「毛植え」は、「髪ふき」ともいわれ、ふき方には割毛《わりげ》と大垂髪《おすべらかし》がある。割毛は、左右に分けるように付ける。大垂髪は、全体を後ろに流すようにしたもの。

髪は、スガイトとよんで機場《はたば》から出る織りじまいの糸が使われている。大型の人形には、ベラといって人毛が使われている。今は、化繊が占めているが、上等品には絹糸が使用されている。

小道具づくりの工房

手足の乾燥

頭の乾燥

人形の町・岩槻　工房の様子（98 ～ 99 頁掲載写真「毎日グラフ」昭和 40 年より）

頭に胡粉を塗ったり、髪を吹いた後などに乾燥させるために差しておく台があり、これを「巻藁《まきわら》」と称している。これは小麦藁を束ねたものを縄などで強く締め、その外側に稲藁を巻き、その上に縄をかけたものである。直径五〇センチほどの束になっている。現在は別な材料が使用されている。

衣装は、胴作りから入り、胴は稲藁で作る。藁は良質のものでないと虫が付くので、近年ではこれに代って新素材なども使用している。衣裳の表地は、西陣や桐生の金糸や人絹を使用しているが、ごく良いものは本絹が使用される。

■修業の日々　昔は、人形職人になるためにはほかの職と同じようによその人形店に年季奉公に入った。一三歳ぐらいから徴兵検査の二〇歳までの七～八年勤めあげて、そのあと一年間はお礼奉公をして独立するのが普通であった。

弟子入りすると、親方から手取り足取り教えてもらうことはなく、見よう見まねで苦労して自分で次第に仕事を覚えていく。兄弟子が仕上がっていくと、その兄弟子がしていたことを次のものがしていくということで、順に上の仕事をさせてもらう。寝る前などには、それぞれ研究などをして仕事を覚えていったという。

弟子入り早々の時期は人形などまったく触らせてもらえず、奉公中は、住み込みで、正月は、三月雛の真最中で忙しいときは家にも帰れなかったという。

初めのうちは、誰でもできる人形の頭の生地抜きや頭の後ろ前についたヘチをキリダシで削り取る作業などをやらされる。次に頭の地塗りなどができるようになる。この初歩的な作業で一年が終わる。一年もすると大体の流れがわかってくる。

仕事は、朝五時に起き、忙しいときは夜の二時、三時までやることもあった。弟子のうちは、食後の休みもなく、食べ物を噛み噛み仕事に取り掛か

昭和40年頃の岩槻駅前通り

昭和初期の丹過の井野徳本店

らなくてはならない。便所と風呂が最高で、湯につかっていると寝てしまうほどであったという。

二年目になると中塗りをしたり、鼻に筆で胡粉を盛ったり、鼻の周り、口のまわりなども塗れるようになった。眼入れ作業もできるようになり、小さい人形の目切りもできるようになったが、大きい人形のものはやらせてもらえなかった。

三年目になると上塗りや顔の仕上げもさせてくれるが、最も難しい面相書きは、最後になる。面相書きが、上手にできると一人前になってしまうので、なかなか教えないばかりか最後までやらせてくれない家もあった。

弟子の着るものは、親方が全部心配して買ってくれる。給金は、一年目は一か月五十銭ぐらいで、二、三年すると仕事もできるようになるので、それに応じて増額になり、通常倍ぐらいは貰えるようになる。一円五十銭をもらって大宮に出て、何かを食べると、帰りの電車賃がなく、歩いて帰ってくるようになってしまうという。年に三回ぐらいあった。

年季奉公を勤め上げる人は何人もいなかった。このように頭の製作などを行う職人は、体力の限界をつくして、心身ともに鍛えあげられていった。小僧の時の苦しいことを思えばどんなことにも耐えられる。この体験が、独立してからめぐってくる数々の困難にも負けないで乗り越えていく力になったと先人は語っている。今では、昔の語り草となっている。

明治・大正期には、西行と呼ばれる渡り職人がいて、一定期間住み込みで手足、胴、頭などを作り、技術を伝授していることもあった。岩槻人形の型抜き技法は、関西（御坊）から西行によって伝えられたという。大阪の住吉神社に、岩槻人形関係者の名前を刻んだ常夜灯が、奉納されている。

■職人の系譜　岩槻人形の頭師《かしらし》の師弟関係は、橋本重兵衛の流れを組む柴田荒次郎、矢部鉄次郎、高橋武兵衛の三人がいる。この流れを受け継いだ職人たちが、昔ながらの技法を守りながら、頭作りを行っている。重兵衛の技法が優れている点は、

人形師 柴田甚蔵

人形師 柴田荒次郎

胡粉の塗りのよさで、顔の発色が御所人形の名人面吉、面武などに劣るものではなかったという。

的場氏は、岩槻裃雛《かみしもびな》の創設者橋本重兵衛（一説には権兵衛）の流れを汲み、橋本重兵衛 → 高橋武兵衛 → 的場幸次郎 → 的場利八 →的場正郎 → 的場健一と続く。的場健一は、昭和三〇年岩槻の頭師石坂精一に弟子入りしたが、一年足らずのうちに石坂が病没してしまったので、石坂の弟子安生仁一の弟子となり、五年間の修行の後、一人立ちして今日にいたっている。

柴田家は、江戸時代末期から人形の製造をやっていたが、明治三七年三月一五日に銭湯を開業し、銭湯の屋号を「雛の湯」と名付け、親子で人形の製造と銭湯の両方をやっていた。

柴田家では、荒次郎、甚蔵、房蔵らが代々人形製造に携わっている。柴田家六代目の荒次郎は、天保六年（一八三五）岩槻宿の久保宿町で生まれ、一六歳の時に久保宿町の旦過に居住していた岩槻裃雛の創設者橋本重兵衛のもとに入門し、二二歳（安政四年＝一八五七）の時に、年季が明け、人形師として独立し、裃雛を作っている。

七代目甚蔵は、安政五年二月四日生まれで、父のもとで修業し、裃雛や古今雛、童、弥次喜多、暫などを製造している。人形組合の役員などを歴任し活躍したが、昭和一五年（一九四〇）二月一九日八三歳で没した。写真をよく見ると甚蔵が作った裃雛を手に持っている。

■岩槻裃雛　岩槻裃雛は、岩槻の久保宿に居住していた橋本重兵衛が考案した。

原型は、室町雛で一般の雛のように一対だったが、やがて裃姿の一人の人形になり、広く関東地方に普及した。蚕《かいこ》やお米がたくさん取れるよう作神様として飾ったり、子供の誕生祝いにも使用され、毎年買い替えるのが習わしだったので、よく売れたという。

大正時代の裃雛は、頭髪を結わずに「おかっぱ」で、裃を来て正座し、手足なども簡素な作りで値段も内裏雛の五分の一ぐらいといわれている。雛

岩槻で作られた裃雛

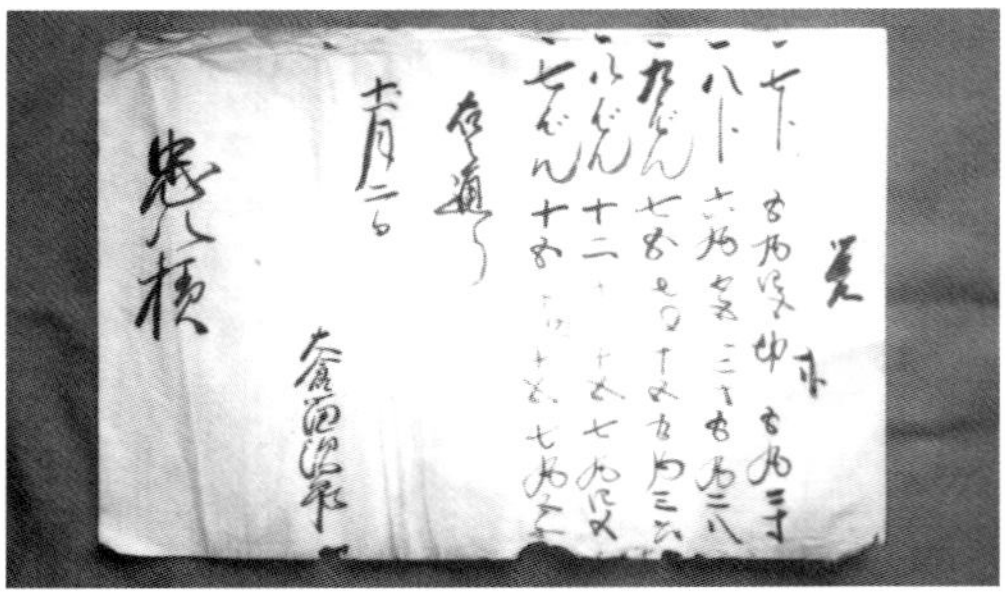

大倉留次郎が大宮宿雛屋忠兵衛に宛てた覚（人形の送り状）

段の二段目に飾る家が多く女の子のいない家でも雛節句には必ず飾ったという。「節句に作神様のために飾る」と、代々言い伝えられている。

　裃雛は、近郷近在は勿論のこと、水戸や上州・東北地方にも出荷されている。上州方面では、裃雛を「三角雛」と称している。

■木目込人形　木目込人形の技術は、京都からもたらされた技術で、岡本玉水系と名川春山系の二流がある。

　岡本玉水系の初代小林鉄之助は、幕末の頃、職人を招いて創業した。また、名川春山系の初代名川岩次郎は、天保三年（一八三二）浅草須賀町の人形師瀬山金蔵より独立して本所両国で創業したと伝えられている。その後、両系統の弟子たちによって人形製作の技術・技法が継承されている。

　岩槻地域の江戸木目込人形が伝統的工芸品の指定を受けているが、これは東京の名川系統の弟子が戦争により、岩槻へ疎開し、それとともに技術も伝えられたものである。

　その一人、杉村作一は、東京向島の木目込人形師名川春山に師事し、昭和一〇年（一九三五）五月春豊の号を許され、浅草今戸に独立した。しかし、昭和二〇年三月一〇日空襲により被災し強制疎開のため岩槻に移住し、木目込人形の発展に尽くした。

　また、伝統的工芸品産業振興協会においては、伝統的工芸品産業の後継者確保育成対策の一環として、昭和五〇年度から通産大臣指定の伝統的工芸品及び伝統的工芸用具または、材料の製造に従事する者のうちから高度の伝統的技術を保持し、また、二〇年以上（法律改正後一二年以上）の経験者であり、かつ産地振興事業に於いて、優秀な技術者として指導的な役割を果たし得る者を対象として認定試験を行い、認定者には「伝統工芸士」の称号を贈りその社会的評価を一層高める事業を実施している。

■着付け　着付けでは、大倉大膳、留次郎父子がいた。大倉大膳は、越後高田藩の家中榊原家に仕えていたが、故あって職を辞し、江戸に出てきて商売を始めた。その後岩槻に居住し、人形の衣装着付けをしていた。七九歳で没し、墓所は、東京谷中三崎町正運寺に葬られている。

大倉留次郎は、大倉大膳の長男で、東京馬喰町三丁目で雛人形商をしていた。父とともに岩槻に移り住み、人形の商売をしていたといい、大宮宿の雛屋忠兵衛など近隣の人形屋との取引があり、商売は繁盛したという。七九歳で没する。岩槻区本町五丁目の浄安寺に葬られている

留次郎の長女とみについて井野清次郎（宝玉）は、「岩槻の願生寺の隣に住んでいて、その頃すでにかなりの老齢であったが、武家の出らしく教養があって、立ち振舞いにどことなく気品が漂っていた」という。とみは、井野清次郎からの注文を受け人形の衣裳付けをしていた。

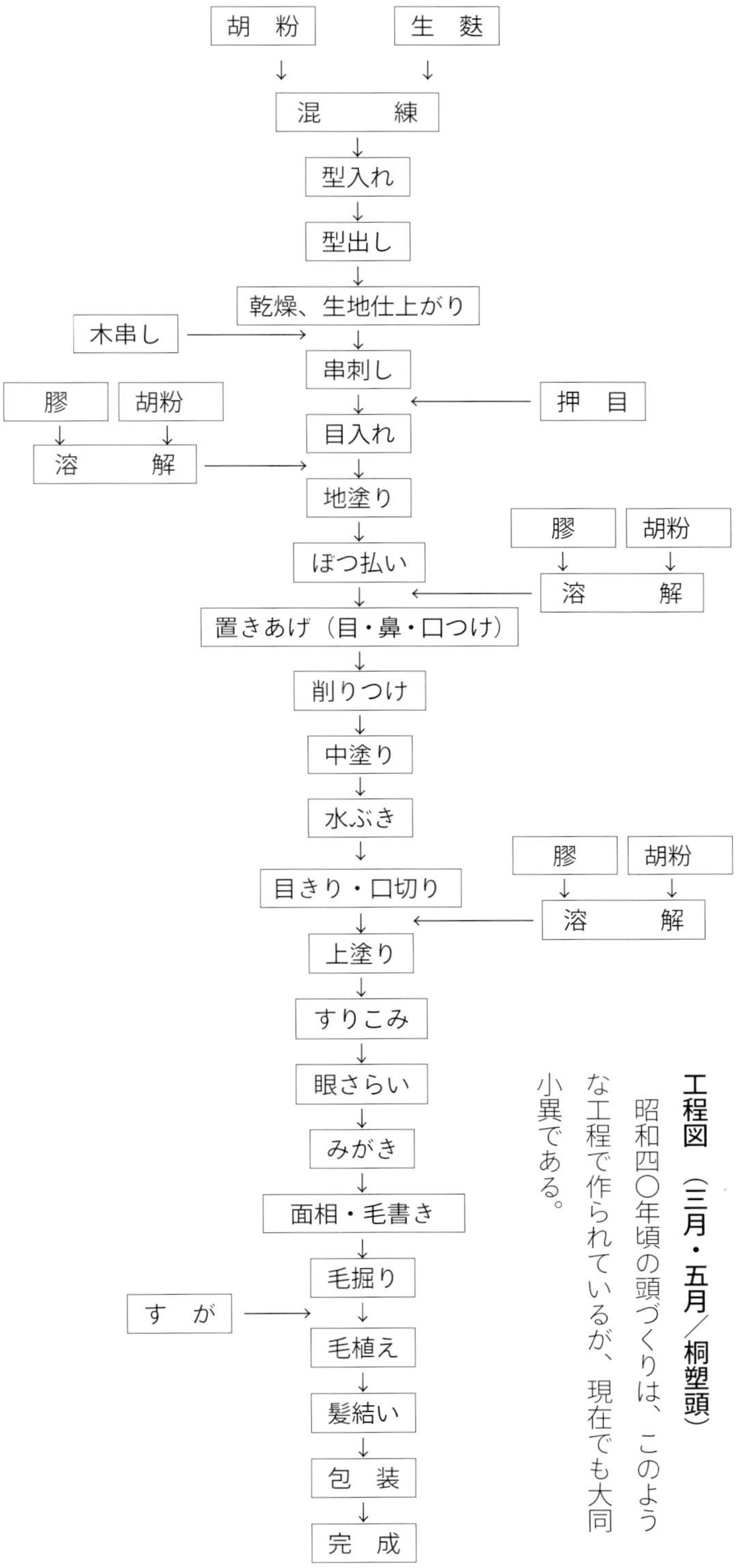

工程図（三月・五月／桐塑頭）

昭和四〇年頃の頭づくりは、このような工程で作られているが、現在でも大同小異である。

胴づくり工程図

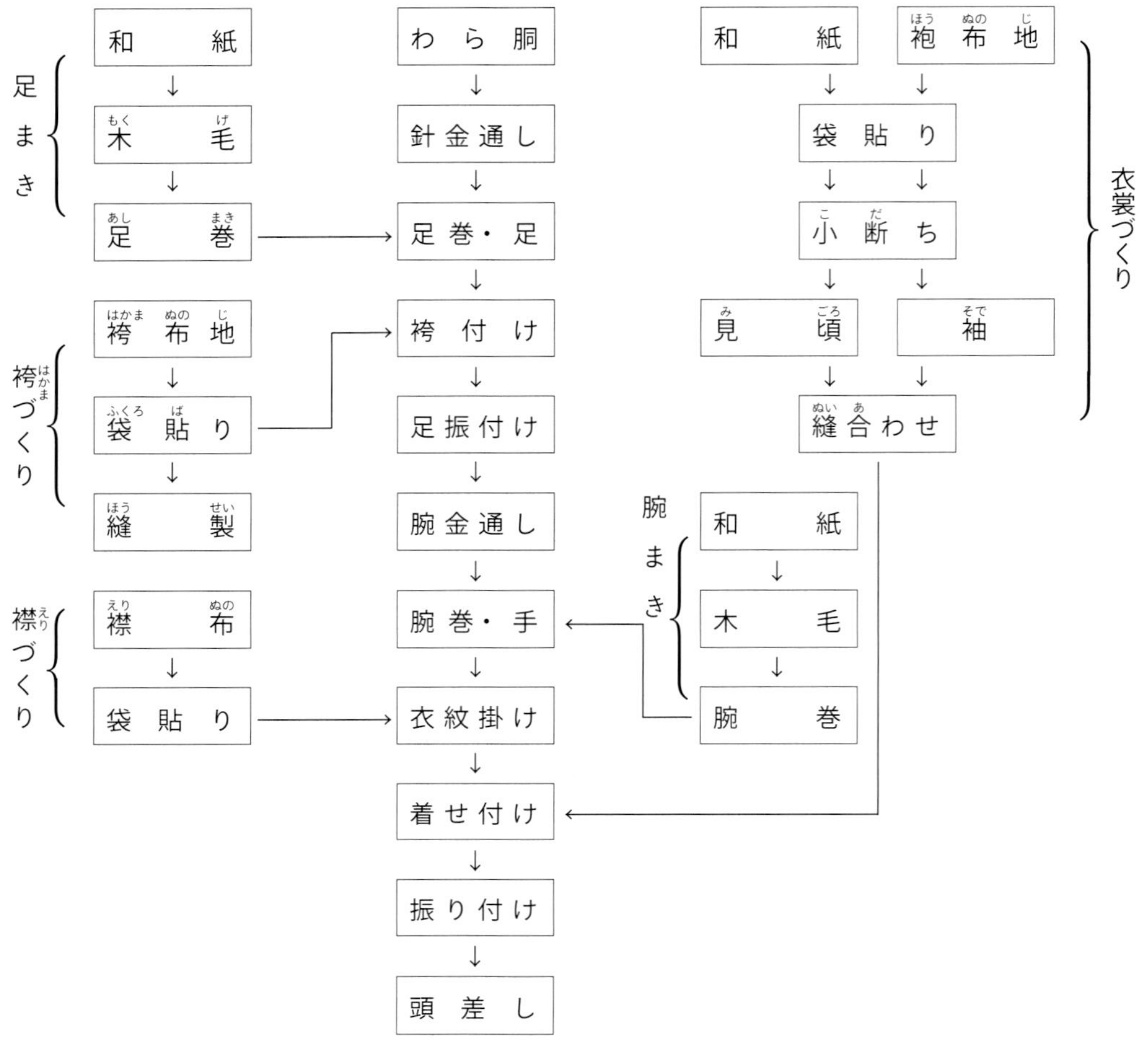

工程略図

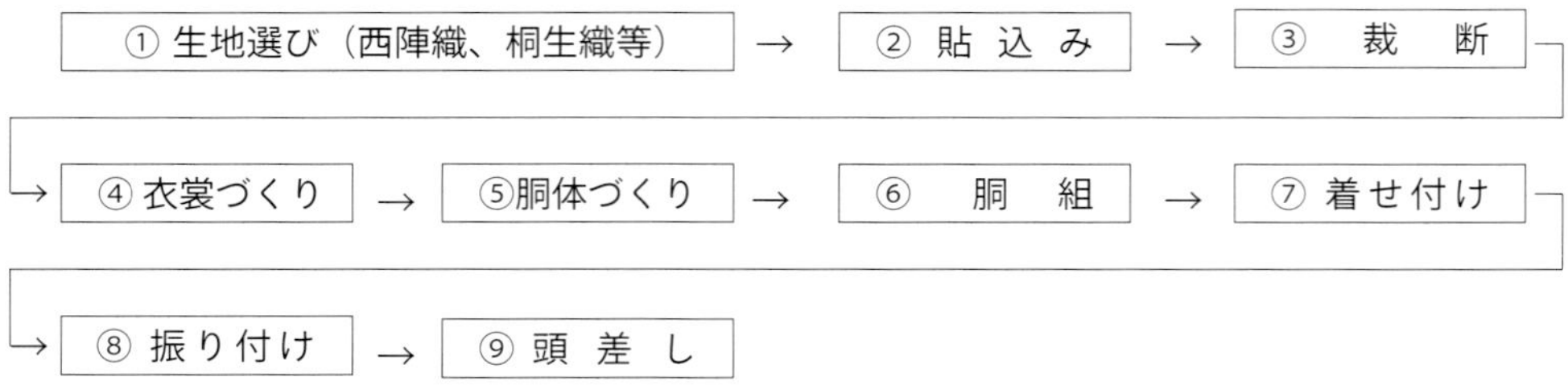

II 団結と開拓

組合の事業と活動

1

組合の組織化

岩槻雛人形組合の発足

■岩槻雛人形組合発足から岩槻人形協同組合へのあゆみ

大正4年5月	岩槻雛人形組合が発足。組合長加藤徳十郎
大正15年	岩槻雛人形組合は、「岩槻雛人形製造業組合」と改称
昭和2年	輸出人形研究会発足する
昭和8年2月	日本人形研究会が発足する
昭和17年1月	岩槻雛人形製造業組合は、埼玉県玩具人形商工業組合に統合される。その後、埼玉県玩具人形商工業組合は、埼玉県玩具組合に統合される。岩槻には、支部が置かれる
昭和21年	岩槻人形作家協会が発足する
昭和22年	埼玉県節句品商工業協同組合は、埼玉県節句品協会に改称し、岩槻支部が置かれる
昭和25年3月	岩槻雛人形組合が再発足する
昭和29年	岩槻雛人形組合が一本化して再発足する
昭和43年6月	岩槻雛人形組合が解散する
7月	各部門別に五組合ができる 岩槻ひな人形組合（完成）が発足する

	岩槻雛人形頭組合（頭）が発足する 岩槻人形衣装組合（胴）が発足する 岩槻人形小道具組合（小道具）が再足する 岩槻人形手足組合（手足）が再発足する
昭和44年9月	各部門別五組合が合同して、岩槻人形連合協会を、結成する 岩槻人形製販協会（小売）が発足、岩槻人形連合協会に加入する この時期は、次のような団体等が活発な活動を展開している 岩槻人形卸商協同組合 岩槻ひな人形組合青年会（会長井野儀平） 岩槻人形連合協会（会長井野清次郎→会長川﨑阿具） 岩槻ひな人形組合（組合長金子仁） 岩槻人形頭組合（組合長鈴木柳蔵） 岩槻人形製販協会（会長戸塚健蔵） 岩槻人形研究会頭作家グループ（会長井野時夫）
昭和51年11月	27日。岩槻人形協同組合の設立総会が開催され、理事長に川﨑阿具が就任し、今日の基礎が確立する

■大正四年、岩槻雛人形組合が発足　御大典記念事業の一環として、大正四年（一九一五）五月岩槻雛人形組合が結成された。当時は岩槻における人形製造業者四五軒が集まり、これまでの半工半農から専業化への道を拓くことを主眼としていたが、「一年一回の総会を開いて業者の懇親の場を温める程度の親睦団体であった」という。頭《かしら》作りの業者が大半を占め、四～五軒が完成品を扱っていたという。

初代理事長に加藤徳十郎が選ばれている。この時の発起人は柴田甚蔵、創立委員は加藤徳十郎、倉賀野隆信、若谷林之助、神田虎之助、額田長次郎、三枝實園の七名であった。

その後、倉賀野隆信、若谷林之助、神田虎之助、斎藤浅之丞、星野福太郎、神田角太郎が組合長を務めている。組合員は結成時、五十数名であったが、その後増加し二百数十名に至っている。

大正一五年岩槻雛人形組合は、「岩槻雛人形製造業組合」と改称し、一二〇戸、五〇〇人の組合員が雛部、武者部、人形部、ケシ頭部、生地部に分かれ活動をしている。

昭和八年（一九三三）六月の名簿の表紙には「岩槻雛人形製造業組合人名簿　事務所埼玉県岩槻町太田　電話二〇四番」とあり、組合長宅が事務所となっている。組合については、

抑々本組合は大正五年初めて柴田甚蔵の発起に依り先づ左記九名の者創立委員となり協力卒先して之が組織に多大なる苦心と辛労とを致し其の成立を見る本組合の今日隆々として在るは之れか為にして洵に其の功績はなはだ尠深く感謝する次第なり。

発起人柴田甚蔵　創立委員加藤徳十郎、神田虎之助、額田長次郎、三枝實園、若谷林之助、故宇田川倉吉、故高橋武兵衛、故落合又五郎、故西沢仁三郎

とある。

その後の流れについては、「岩槻雛人形製造協同組合発足から岩槻人形協同組合のあゆみ」（106頁）を参照のこと。また、組合長、理事長については、「岩槻人形協同組合年表」（181頁）に記載がある。組合員の地区別業種者の推移については、次頁の表のようになる。

地区別業種の推移

業種・年次 / 地区		ひな人形		頭		衣 裳		小道具		木目込		手 足		合 計	
		53年	62年	53年	62年	53年	62年	53年	62年	53年	62年	53年	72年	54年	62年
岩槻	本 町	30人	29人	43人	17人	13人	3人	6人	4人	11人	12人	2人	2人	105人	67人
	仲 町	8	5	12	3	1	1			1			22	9	
	東	2	2	2	1	1		1	1	1	1			7	5
	西	4	3	9	3	1			1	2	2			16	9
	愛宕町	2	2	8	4	2		1	1	1	1			14	8
	日の出町	2	2	2						1	1			5	3
	美幸町			5	2	2	1	1	1	1	1			9	5
	宮 町		1	5		2		2	2	1	1			10	4
	岩 槻	4	4	12	7	1	1	3		1	4			26	16
	太 田	1	1	2	1	1					1			4	3
小 計		53	49	100											
柏崎	加 倉	4	3			2		1	1	2	2			9	6
	柏 崎	1	1											1	1
	真福寺			3	1									3	1
	浮 谷			1	2									1	2
	横 根						1								1
小 計		5	4	4	3	2	1	1	1	2	2			14	10
和土	笹久保			1	1									1	1
	南下新井			1	1									1	1
	飯 塚			1										1	
	村 国				1										1
小計				3	3									3	3
慈恩寺	南 辻	1												1	
	表慈恩寺	1	1				1							1	2
	東岩槻	1	1		1									1	2
	上 里		1		1										2
	諏 訪			1										1	
小 計		3	3	1	2		1							4	6
河合	金 重			1										1	
	平林寺	1	1	1	1									2	2
小 計		1	1	2	1									3	2
春日部市											1				1
合 計		62	57	110	47	26	7	16	11	26	28	2	2	242	152

2

岩槻町雛人形組合旗の発見

職人たちの気概と意気込み

発見された組合旗

■**偶然の発見**　平成一八年一二月、組合長を務めたことのある人形店の倉庫から桐箱に入った一棹の旗が発見された。この旗は、昭和二年（一九二七）一月に当時の組合員だった職人たちの寄付で製作されたものである。

倉庫を整理をしていた際に偶然見つけたもので、発見当時、この旗の存在を知る組合員は誰一人いなかった。

すでに八〇年近くの歳月を経て、さすがに色褪せてはいたものの「岩槻町雛人形組合」と金糸で縁どられ刺繍された立派な旗は、新調された当時、さぞ衆目を集めたことであろう。

この組合旗が、どのような経緯でどこで作られたかは、残念ながら今は知る由もない。丸芳蔵寄贈と墨書がある桐箱のふたの裏面には、「旗銘」と寄付した組合員一〇四人の氏名が書かれており、それぞれ五円から三〇銭まで、一人当たり約一円二〇銭で合計一三二円七〇銭の寄付により作られたことがわかる。

「旗銘」には、「組合員の団結そして業界、組合

発見された組合旗の桐箱

旗　銘

本旗ハ和親共同ヲ主トセル組合精神ノ
表徴トシテ組合今日ノ發展ヲ
嘉シ併セテ将来益々隆域ニ到達スベキ
進路ヲ示スモノナリ
即チ是乃作製ヲ図ルヤ組合員一同ノ熱
誠ニ依ル醵金ヲ以テス
故ニ組合ヲ離レテ本旗ノ存在スルナク
本旗ノ存在以外ニ組合ナシ
組合光明ノ天地ハ常ニ本旗乃下ニ在リ
苟モ雛人形ノ在ル所本旗ノ領有タラザ
ル無キヲ期ス可キナリ
則チ記シテ組合精神ト具ニ傳スル者也
昭和二年一月

（原文ママ）

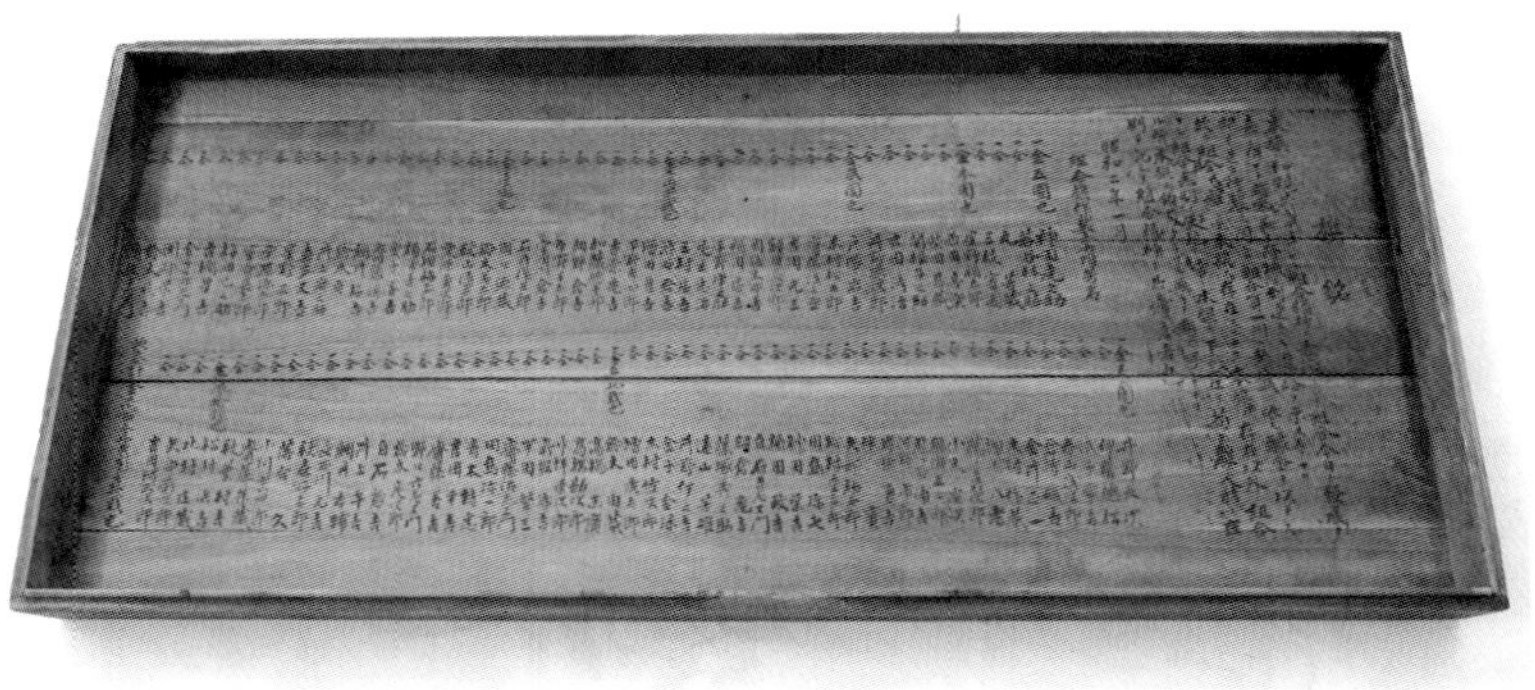

桐箱のふたの裏面に書かれた「組合旗作製寄付芳名」

神田虎之助
若谷林之助
丸　芳蔵
三枝賓園
星野福太郎
西田喜楽
柴田甚蔵
関根子之助
吉田清治
井野徳次郎
戸塚岩吉
木村松五郎
齋藤浅之亟
吉田光三
額田長次郎
岡崎太郎吉
福田房吉
平野庫之助
足立忠治
三村房吉
渋谷倉吉
増田豊吉
平野専四郎
吉原亀吉
加藤徳十郎
細野倉吉
原野千太郎
宇田川倉吉
石井作五郎
田口源蔵
鈴木善太郎
秋山清太郎
栗原勇次郎
石垣梅太郎
福澤吉之介

金子音吉
齋藤浜吉
細井梅吉
鈴木　貞
井上岩之助
嘉多又吉
星野三郎
栗原弥太郎
室谷長太郎
梅田巳之助
高橋豊吉
金子七郎左エ門
園部栄吉
鈴木熊吉
高橋半左エ門
井野長次
伊藤徳松
浅子常吉
春山浅次郎
倉持磯吉
金井正一
木村作蔵
増岡八老
藤堂岩次郎
小木安次
稲瀬丑五郎
熊ケ谷浦吉
河野市郎
岩築勇吉
伴　賓
矢部福太郎
松村重太郎
田島弥七
神田栄吉
稲田政吉

白石吉左エ門
臼倉亀吉
藤塚秀之助
遠山芳雄
井野伊之吉
金子金弥
木村竹次郎
増田彦太郎
鈴木由蔵
高橋末廣
高橋勘次郎
中坪栄次郎
新堀弥吉
半田繁三
齋藤治左エ門
田島弥一郎
青木靖忠
吉田平吉
齋藤善吉
野口六左エ門
鈴木定次郎
白石惣吉
井上午吉
細井孝輔
長谷川元吉
秋森好太郎
落合　久
小川末四郎
齋藤弁蔵
秋葉村吉
松村浜吉
北村庄蔵
矢部菊次郎
吉田阿久次郎

惣合計金　壱百参拾弐圓七拾銭也

の将来の繁栄の願いを込めて製作する」という趣旨の旗の製作意図が記されている。まさに、人形産地の確立を目指した職人たちの気概と意気込みを具現化したもので、当時の組合の状況を知る上でも大変貴重な資料である。また、桐箱の中には、

組合旗発見の新聞記事（平成18年1月12日付読売新聞）

岩槻人形組合 80年前の旗

倉庫から見つかる

岩槻人形協同組合（さいたま市岩槻区、戸塚隆理事長）が、1927年（昭和2年）に当時の組合員だった職人の寄付で製作した組合旗が、同区内の人形店の倉庫から見つかった。組合旗は、12日に同区の市民会館いわつきで開かれる組合創立90周年記念の新年会で披露され、その後は補修を行い、2008年度に開館予定の「岩槻人形会館（仮称）」で展示される予定だ。

戸塚理事長によると、組合旗は先月、同区内の人形店「埼玉人形」の倉庫を同店の従業員が整理していたときに偶然見つかった。

組合旗を持つ戸塚理事長。桐箱（左）には、当時寄付した人の名前などが記されている

組合旗には、当時の自治体名の「岩槻町」、岩槻人形協同組合の前身である「雛《ひな》人形組合」と刺しゅうされている。旗が納められていた桐箱の内側には「組合員の団結と、将来の繁栄の願いを込めて作製した」との内容が書かれ、5円から30銭までの寄付金と、寄付者の名前が記されている。104人で132円70銭を寄付したことが分かる。

同組合の前身の「岩槻雛人形組合」は1915年（大正4年）に設立。27年は、渋沢栄一の日米親善の一環で「青い目の人形」のお返しとして岩槻人形が初めてアメリカへ渡った年でもあり、岩槻に「輸出人形研究会」が発足し、岩槻人形が世界市場へ乗り出した年でもある。

戸塚理事長は「寄付を寄せた人だけでも104人に上る。人形産地を築いた先人に恥じない仕事を今の組合員が団結してしなくてはと思う」と話している。

折りたためる旗竿も添えられているので、雛人形組合の象徴として組合の式典や各種の催事の際に掲出したものと考えられる。

旗のデザインは、現在の岩槻小学校の校章のように「岩」の文字を「槻《ツキ》」（ケヤキの古名。昭和五二年に旧岩槻市の市の木として制定された）の若葉で囲むように配されており、組合の将来の発展への願いが込められているかのようである。

組合旗発見当時の新聞記事には、戸塚隆理事長（現相談役）は、「寄付を寄せた人だけでも一〇四人に上る。人形産地を築いた先人に恥じない仕事を今の組合員が団結しなくてはと思う」と話している。

■組合旗が作製された頃の世情　この組合旗が作製された昭和二年は、金融恐慌で不況の嵐が吹き荒れていた時期でもあり、当時の五円といえば、営業が始まった東京地下鉄（上野・浅草間）の運賃やもりそば一杯が十銭前後だったことからみれば、かなり高額であったと思われる。

また、現在の組合の前身である「岩槻雛人形組合」が、設立された大正四年から十二年目にあた

り、渋沢栄一が、日本国際児童親善会を創設した年でもあった。岩槻小学校では、日米親善の一環で人形の交換会が行われ、「青い目の人形」のお返しとして岩槻人形がこの時、初めてアメリカに渡ったのである。新調なった組合旗の掲出された写真等の資料はないが、会場にひときわ華を添えたに違いないであろう。

また、このようなことがきっかけとなり、岩槻に「輸出人形研究会」が結成され、岩槻人形が、世界に販路を拡大することとなった記念すべき年でもあった。

日本国際児童親善会

日本国際児童親善会は昭和二年（一九二七）に設立され、前年より始まる日米人形交流に関わった団体。

渋沢栄一自身も養育院などで、児童教育に力を入れていたことから、シドニー・ルイス・ギューリックの提案した「doll project（人形計画）」に共感を覚え設立した。渋沢は児童とともに、「青い目の人形」を連れて各地をまわり、大きな反響を呼んだ。

シンボルマークの由来

岩槻人形協同組合
シンボルマーク

昭和四六年（一九七一）、埼玉県の県政一〇〇年を記念して、岩槻城址公園に関根将雄画伯がデザインを施し、当時の若き職人が原型を作り、立派な人形塚が完成した。

この立体の人形塚を図案化したのが当組合のシンボルマークである。

発見された組合旗のように、大掛かりなものではないが、組合員の団結の証でもあり、さまざまなシーンでシンボルマークとして使われている。

旧岩槻市をはじめ各団体がこのマークを、当組合の許可を得て使用していただいている。

旧岩槻市の封筒

3 青年会活動・研修会活動

次代を担う青年たち

■青年会活動

◇岩槻ひな人形組合青年会

昭和四四年（一九六九）一一月発足し、井野義平（宝玉）が初代会長となった。

二世の会（一八～四〇歳）として一二名で発足し、例会は月一回（のち二回）行っていた。相互の親睦・交流を通して業界のさらなる発展を進めること。人形のPR、アンケートなど組合活動に協力し、寄与すること。他の産地青年会と交流を深め研鑽を深めることなどを目的とした。

この頃、人形組合員同士の交流は盛んに行われていたが、人形への消費者の関心が年々薄れ、人手不足も加わり生産も頭打ちになっていた。

岩槻ひな人形組合長金子仁の勧めと励ましを受け、こうした状況にもっと積極的に発言し、業界への〝カンフル剤〟の役割を果たしたいと二代目たちが結成したものである。

商品開発、販路開拓、最新の情報交換などの勉強会を通して知識の習得を行うとともに同業だけでなく、異業種の工場見学や産地見学も行い、全国各地との交流も実施した。

また、人形づくりの参考とするため歌舞伎の見学や他市町村にも出向くなど、若者らしく形式にとらわれない取り組みも積極的に行った。

昭和四九年には、スペイン、ドイツ、フランス、イタリアなどのヨーロッパにも自費で研修旅行を行うなど行動力があった。

昭和四六年の人形塚完成を記念して行われた「人形仮装パレード」を企画し、実現させた。この時の様子が、昭和四六年一一月一日発行の岩槻ひな人形組合の「お知らせ（15）」の〈人形祭り祝賀行事と経過報告〉の一部として、次のように掲載されている。

主にPR活動は、青年会が受持った。10月13日よりキャラバン隊に分れて、県内各市にて人形

青年会による街頭キャンペーン・アンケート実施（「広報いわつき」昭和45年11月より抜粋）

岩槻は「人形の町」

知っているが約九十パーセント

当市には現在約千軒のメーカーがあり、主として三月、五月の節句人形や日本人形などが生産されています。特に頭（かしら）は全国の大半をしめ、最近では観光バスの見学コースにも入っており、産業観光としても一躍脚光をあびるようになりました。

そこで、十月十五日の「人形の日」にちなんで岩槻ひな人形組合青年会では、十月三日に川口・浦和・大宮で街頭宣伝を行ない、岩槻人形に関してアンケートを行ないました。アンケートは、アンケート用紙二千枚を川口、浦和、大宮の街頭で配布し回収したものです。

回答数〜一千一百十六枚

問一　十月十五日は「人形の日」です。

A知っている三十一・二%
B知らない六十八・八%

問二　岩槻は「人形の町」です。

A知っている八十九・九%
B知らない十・一%

〈何で知りましたか

A公の報道三十四・四%
B業者のPR二十二・七%
C知人・友人から聞いて四十二・九%

問三　あなたのご家庭には人形がありますか。

Aある九十三・七%

〈どういう種類の人形ですか

A日本人形三十九・七%
B西洋人形十五・七%
C三月人形十五・二%
D五月人形十九・六%
Eその他の人形九・八%

B無い六・三%

問四　岩槻で人形を買った事が有りますか。

Aある四十五%
B無い五十五%

問五　日本人形は贈り物に最適です。

A知っていた八十九%
B知らなかった十一%

当せん者五十名に豪華な日本人形

人形アンケートについて、お答えくださった一千一百十六名のうち抽せんにより五十名の方々へ岩槻ひな人形組合、岩槻ひな人形組合青年会から市価一万円相当の豪華な日本人形が贈られました。

この好運な人たちは、横浜市の大貫寿美さん、大宮市の田中静子さんらで、十月十五日の「人形の日」に午後三時から福祉会館において贈呈式が行なわれました。人形を手にした人たちは「こんな豪華な日本人形がいただけるなんて夢のようです」とみんな大喜びでした。

人形塚完成を記念しての人形仮装パレード
（昭和46年10月）

祭りのPR活動を展開した。尚、15日は、京都の時代祭にちなんだ仮装行列パレードを人形の15人揃として行ったことは、まさに首都圏において注目の的となるアイデアであると思われた。当日は、前日の雨天もどこへやら秋晴れの絶好の好天に恵まれ、花火の爆音とともに数百の鳩が飛び立ち、岩中のブラスバンド、岩小鼓笛隊に続いて青年会による19名のおひな様仮装行列が目を引いた。

この活動が、大きな自信となり、昭和五一年（一九七六）に開催された「第一回人形の町岩槻まつり」の人形仮装パレードに結実し、後の青年部会に引き継がれ、組合の大きな事業として現在に至っている。

◇岩槻人形協同組合青年部会

岩槻人形協同組合は昭和六〇年、すべての職人の組合をカバーし、青年層の交流の場づくり、意思の疎通、組合活動への一層の協力を図るため青年部会設立準備会を立ち上げた。

埼玉県商工部の指導で、特定産地の指定を受けて岩槻人形産地振興事業五カ年計画を策定した。同年一二月一六日に岩槻人形協同組合青年部会の設立総会を開催した。初代会長に吉田正則（埼玉人形）が就任し会員は四四名であった。

その後、青年相互の連携を密にし、組合の事業と活動に数多くの成果をあげた。

研究会にて創作人形に取り組む。（左）は指導する鈴木賢一（昭和 51 年頃）

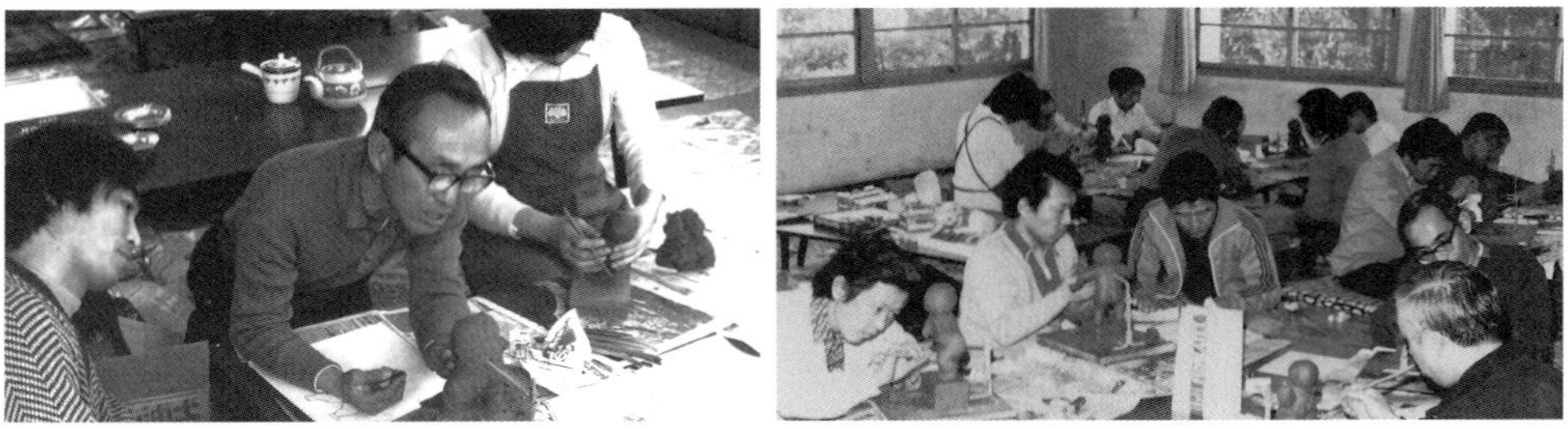

■研修会活動

◇岩槻人形研究会頭作家グループ

昭和五〇年八月二一日～五六年九月

会長　井野時夫　二〇名

岩槻市商工業経営者共同研究グループの指定を受け発足。直接人形を離れて粘土（油土）による石膏彫刻の模写から始め、頭《かしら》づくりだけではなく人形全体を作れるように創作人形の製作に励んだ。

講師には、和紙張人形に綿貫萌春《わたぬきほうしゅん》、御所人形に鈴木賢一、能面作りに木彫家神保豊《じんぼゆたか》などを迎え、指導していただいた。

県内先進地の視察には、川越市喜多院の五百羅《ら》漢《かん》、秩父の五百羅漢、新座市野火止の平林寺や岩槻の史跡めぐりなどを行った。

石造物である羅漢の表情から人形づくりのヒントを得るなどあらゆる機会を人形製作に活かせるように工夫を重ねた。また、日光東照宮や喜多院を建築工学の側面から研究するといった幅広い視野から研究する意欲的なグループであった。

活動は、岩槻市商工業共同研究グループの更新を受けて三期六年、昭和五六年九月まで継続した。

◇岩槻人形組合木目込部会・研究会

昭和五三年四月～五六年三月

部会長　森田義治　一二名

岩槻人形組合木目込部会の中に独自の研究会を立ち上げ、木目込頭、木目込胴作りの原型製作を続けた。

◇江戸木目込研究会

昭和五六年五月～平成二五年四月

会長　森田義治、石川佳正、井藤孝　一五名

昭和五四年（一九七九）江戸木目込人形として国の伝統的工芸品に認定され、江戸木目込研究会として後継者育成事業や技法及び技術の継承に努めるとともに桐塑により頭・胴作りを進めた。

後継者育成事業終了後も木目込研究会として、時には、彫刻家島田忠恵氏を講師に迎え、平成二五年四月まで活動を継続した。

◇岩槻人形桐塑頭研究会

昭和五六年一一月～平成一七年三月）

会長　松口一栄、平野礼道、斉藤武　二八名

昭和五六年一一月九日、岩槻人形商工業経営者

共同研究グループ第４号に指定され発会。

長い歴史と伝統を持つ岩槻人形は、埼玉県内の特産品、市の地場産業として今日に至っている。近年は、出生率の低下、景気低迷、頭においては、新素材による大量生産が進み桐塑頭《とうそがしら》の生産は、全体の一割にも満たない現状がある。そこで、研究会では、随時講師を迎えて技術の習得に努め、新素材の人形と共に手作りの良さと桐塑頭の生産安定を図り、積極的に岩槻人形の発展に寄与するものである。という趣意のもと頭つくり、特に胡粉《ごふん》の置き上げ、目切り、面相《めんそう》などは、及川映峰、木彫りによる頭の原型作りには、彫刻家の羽石庄治先生と木彫家福本晴男、人形全体の創作人形は、鈴木賢一にご指導いただいた。

その間、研究会として、東京晴海の日本人形見本市にも出展した。

◇作家グループ新翔会

昭和五六年一二月〜六三年九月

会長　古暮杏庵、　関根忠夫　一〇名

昭和五六年一二月から頭作家グループ解散後も講師に鈴木賢一を招き、毎月一回の勉強会を開き創作人形の製作を続けた。その間、銀座浜の家画廊においてグループ展を開催した。

◇岩槻人形新製品開発研究会

平成六年

会長　平野聡路　　一三名

毎月一回の勉強会を開き、岩槻人形の活性化を図ることを目的に発足した。

木目込人形の親王立雛をモチーフとした陶製の酒容器の製作を発表し、地元の醸造蔵に採用されるなど大きな成果を上げた。

◇岩槻人形研鑽会

平成一七年八月〜平成二〇年八月

会長　金子久一　有松寿一　二一名

平成二〇年九月に岩槻人形研修会と改称〜現在

会長　有松寿一　　二六名

平成一七年（二〇〇五）八月、組合員を対象として、新たな、ひな人形製作技法の向上を目指し、毎月一回の勉強会を進めていた。平成一九年岩槻人形が、国の伝統的工芸品に認定されたことを契機に「平成二〇年九月、岩槻人形研修会」と改称

胡粉づくりから完成品まで。技術・技法を継承する目的で取り組む

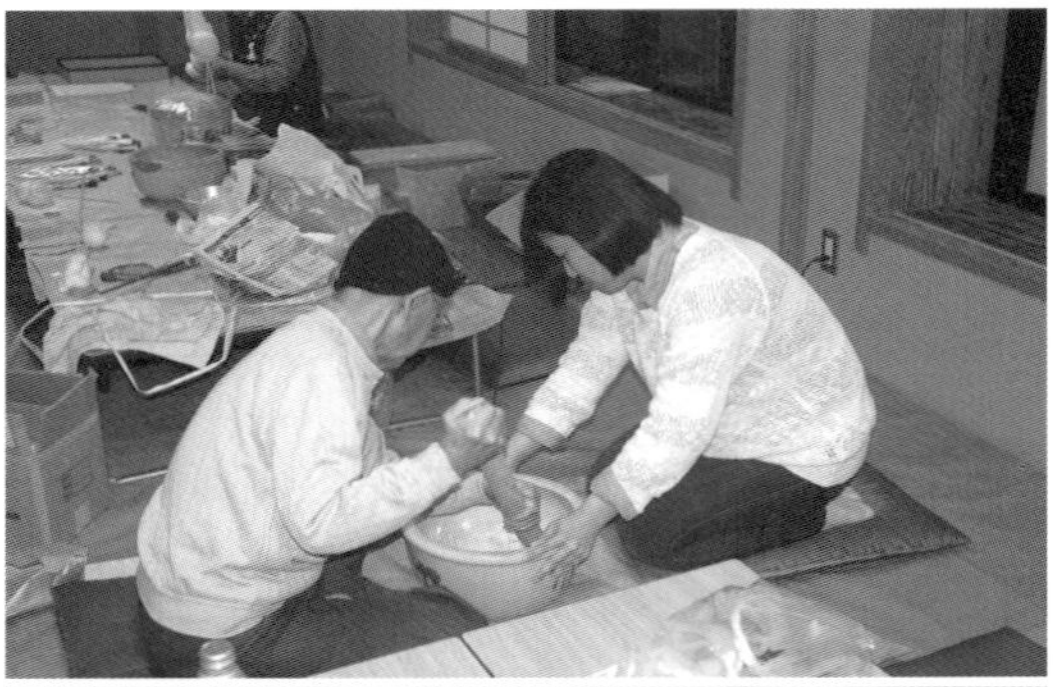

し、国の第一次振興計画の後継者育成事業により技術及び技法の継承を目的として再出発した。

市松人形の頭を桐塑《とうそ》で作る、手足、胴の胡粉《ごふん》仕上げや面相彩色《めんそうさいしょく》、結髪《けっぱつ》、そして着せ付けまでを各自で行い、市松人形を完成させた。

平成二五年第二次振興計画として、さらに胡粉の技術・技法の勉強を重ね後継者に伝承するべく平成二七年も御所人形の製作に取り組んでいる。

■鈴木賢一の指導　各種の研修会活動は、参加者個々の努力は、勿論であるが、その活動を支援してくれた方々の存在を忘れてはならないであろう。

特に、野口光彦の御所人形の作風を伝える第一人者であった鈴木賢一が、昭和三九年に東玉工房の専属作家として東京から岩槻に転居してきたことは、向上心に燃える若手作家グループのレベルアップに大きな影響を与えた。ちょうど東海道新幹線が開業し、東京オリンピックが開催された年であった。

「私の知っていることはみんな、ひとつ残らず教えます」「技術なんていうのは、死んであの世にもっていけるもんじゃないんだから」という姿

講師に鈴木賢一を迎え研究会を開催（昭和54年1月）

勢で気さくに指導してくれたそうである。

わからないところがあるというと、よくバイクでダダダッと家に駆けつけ「わかんないとこ、どこだ、どこだ」とただ口だけで説明するのではなく、現物を手にして小刀《こがたな》で削ったり、ノミで彫ったりと、とにかく指導は、文字通り実技指導で気軽に教えていただいたという経験のある研究会のメンバーは多い。

当時の研究会のメンバーには、井野時夫、松口一栄、木村智憲、西澤一雄、石川佳正、古暮杏庵、平野礼道、村岡眞二、福野勇、井野清次、田中弘一、有松寿一、関根忠雄、加藤友三郎、坂本和雄、志水利市、井原一明、田中利夫、平井義男、関根香、小花國雄、新井信男、井野三郎、金子久一、金子友紀、小林明夫、山口智布、大豆生田昭、田中誠穂、吉田広幸などがいた。ほかに野村嘉光、河地佳美、荒井紀久子、大野福司、中田喜久絵、斉藤由香利など多数の人形師が鈴木賢一の指導を受け研鑽《けんさん》に励んだ。

小檜山俊は、「人形界二百年36　埼玉・岩槻(7)」（昭和55年6月号№62）で若手グループの活動に寄せて次のように記している。

ひな人形に限らず、あらゆる種類の人形を作る産地として発展した岩槻の土壌は、（中略）多様な模倣によって培われてきた、ともいえる。模倣は、しょせん、いくら多種多様でも模倣にすぎない。それが、この若手グループによって、ようやく模倣からの脱却が試みられようとしている、私には、そう思えるのである。とはいえ、模索はまだしばらくは続くだろう。しかし、この研究会が、前向きに、現在のエネルギーを持続する限り、いつかは、模倣からの脱却に成功する。そしてそのときが、岩槻がほんとうの「人形の町」として〝独立宣言〟する日である。（中略）創造の意志が働いて時間は、歴史にかわるはずである。

その意味では、岩槻人形の歴史は、研究会が新しい伝統工芸を生み出そうと、意思表示したときからはじまるのである。研究グループに、その意味からも期待したい。

4 人形塚の建設と詩碑

岩槻人形業界のシンボル

■建設の経緯　岩槻城址公園の城門前に建つ人形塚の建設は、岩槻の人形業界のシンボルとして組合の長年の悲願であった。昭和四五年（一九七〇）の総会により承認された待望の「人形塚」建設計画が、いよいよ本格的に始動した。建設の経緯については、昭和四六年一一月一日の岩槻ひな人形組合の「お知らせ(15)」には、次のように掲載されている。

岩槻市に名所が一つ増えた。しかもその場所は、岩槻城を記念する大手門の前だ。人形のまちとしての名所を紹介する為には、先づ第一に挙げられる絶好のシンボルであろう。業者を中心とした関係者各位の努力が永久に岩槻城跡と共に残され、多くの後輩からさまざまな価値として考察されることを思うとき、尚一層の喜びと決意がみなぎります。

昭46・6・18岩槻ひな人形組合総会に於てその完成を決議、7・17岩槻人形連合協会の総会で協会の事業とすることに決定、直ちに委員会を結成、8・1関根画伯の指導により、組合マークを造形したブロンズ像のモニュメントに決定、台座には、お雛様を模して縦縞の御影石、中段を白光石、下段を城跡にちなんで石垣風と決

岩槻ひな人形組合「お知らせ（14）昭46.7.15」

人形のまち岩槻　登録商標　岩槻ひな人形組合

お　知　ら　せ　（15）

昭　46.　11.　1

今回のお知らせは、10.15人形の日を記念して行われた第7回岩槻人形展、埼玉100年記念、人形塚完成、人形史発刊人形祭り祝賀行事、の概要をお知らせします。

(1)第7回岩槻人形展開催

10.13～.15まで岩槻福祉会館5階に於て、第1会場、展示品24社（店）、2組合の出品、第2会場審査品39点を展示して行われた、例年と異りお祭り行事として一般客を多数向えて盛大に行われた。広く岩槻人形を紹介する為に欠かす事の出来ない大切な事業であるが、大変有意義でしかも楽しい行事として成功した事を感じる。招待された来客は年に一度のお祭りに招待されたという嬉しい気分でわざわざスケジュールを立てゝ遠方から訪れた人が多かつた事が伺われた、たゞ残念だつたのは15日が正午で終つた事と土曜、日曜がはさまれていなかつた事だろう。

(2)人形塚完成と経過報告

岩槻市に名所が一つ増えた。しかもその場所は岩槻城を記念する大手門の前だ。人形のまちとしての名所を紹介する為には先づ第一に挙られる絶好のシンボルであろう。業者を中心とした関係者各位の努力が永久に岩槻城跡と共に残され、多くの後輩からさまざまな価値として考察される事を思う時、尚一層の喜びと決意がみなぎります。

昭46.6.18岩槻ひな人形組合総会に於てその完成を決議、7.17岩槻人形連合協会の総会で協会の事業とする事に決定、直に委員会を結成、8.1関根画伯の指導により組合マークを造型したブロンズ像のモニュメントに決定、台座にはお雛様を模して縦縞の御影石、中段を白光石、下段を城跡にちなんで石垣風と決定した。8.10銅像作りを岩槻の若手頭師で創型会同人の、有松寿一、井野清次、松口一栄の三氏に依頼した。8.11関根画伯のデザインに従い、岩槻市都市計画係長小林忠男氏の設計図並に工事仕様書に依り、台座と詩碑焼却炉の工事一式を石忠、田中石材店に発注した。8.15埼玉県文芸協会理事、槇晧志先生に「人形のうた」の作詩を依頼した。9.1.モニュメント原型仕上る。先の三氏は寝食を忘れて製作に没頭した。かいあつて、その作品は誠に見事な出来ばえで品位自ずと備る秀作であるので石膏像は後日市庁舎に飾らせて頂き永く保存する事となつた9.9岡宮美術鋳造株式会社にブロンズ像作製を依頼鋳造に着手した。9.10埼玉県知事に人形塚の題字を頂いた。

9.22槇晧志先生より「人形のまち」の作詩を頂いた。人形のまちの作詩は詩碑に刻まれ、人形の街岩槻のイメージを永久に皆様の記憶に止められるような傑作で口ずさみ思い浮べざるを得ない様な作詩である。10.5人形塚台座完成。10.10ブロンズ像据付け。10.13詩碑完成。10.15除幕式。昭39.10.15第一回人形祭にて白木の柱を建て人形の碑として、毎年人形供養を行いつゝ今日あるを希望し乍ら7年目の完成である。

(3)岩槻人形史発刊と経過報告

私どもが誇りとするものに岩槻城がある、そして又岩槻人形がある、両者を永く後世に遺すために人形の碑と共に人形史を刊行した。内容は＝表紙カバー岩槻城の絵、埼玉県知事の題字内表紙人形塚のデザインとおいたち、口絵カラー6頁白黒グラビヤ4頁本文及び附録120頁、遠く太田道灌公築城のエピソードから岩槻人形の生いたちを細かく採録挿入した写真は100を越え、岩槻500年史とも言うべき内容を持つて、特に巻末の頭師系統図表は全国初の試みで岩槻人形の伝統をよく表現しております。

昭45.6.11岩槻人形組合総合の席で岩槻人形史の編集を議決、10月編集委員会を結成、古老の談話をもとに記録を整理する事から始つたが調査の段階で次次と新事実が発見され内容に一

完成した原型と（前列右から）関根将雄、井野清次、（後列右）松口一栄、有松寿一

懸命に取り組む

人形塚仕様書

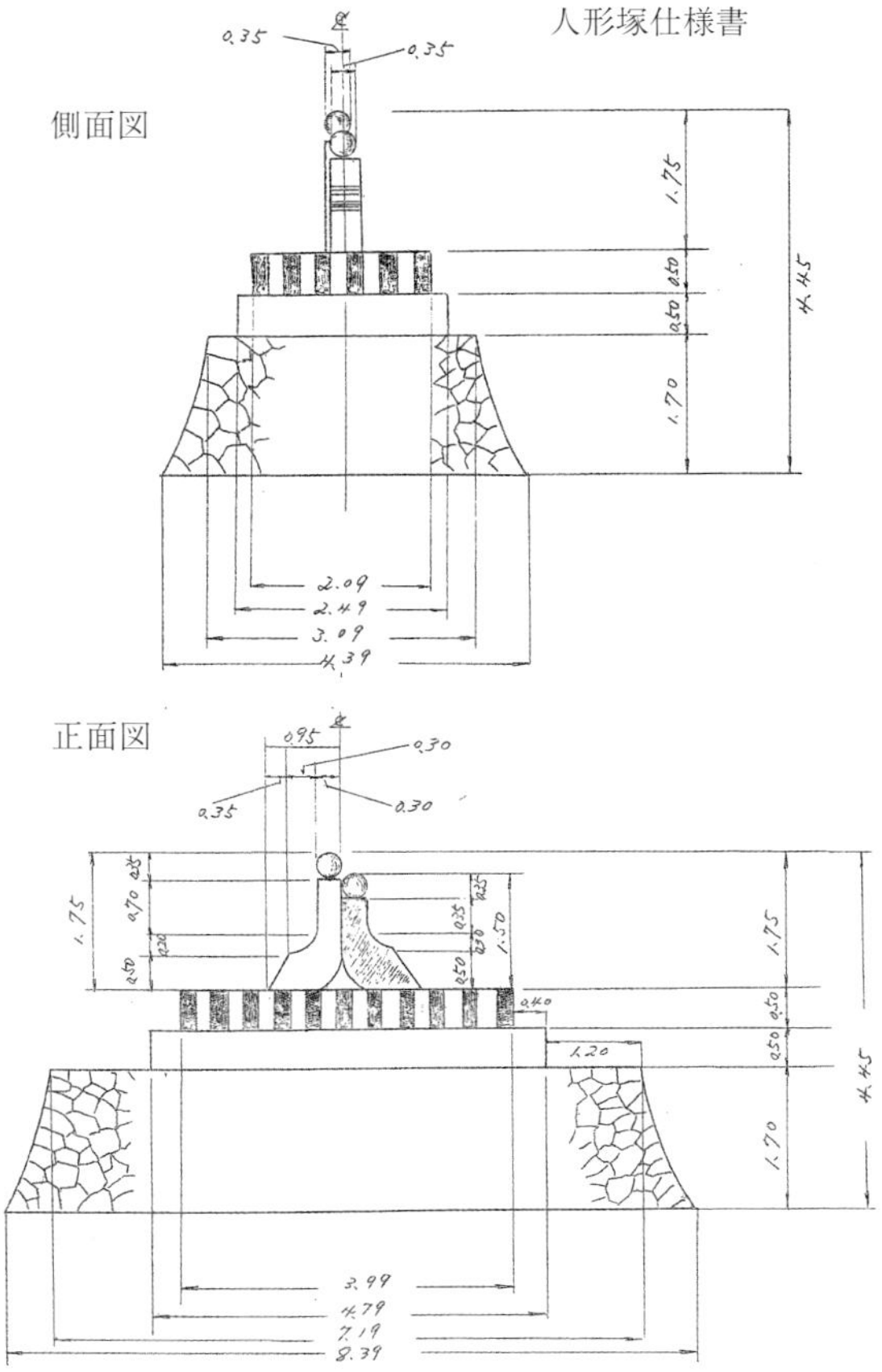

定した。8・10塑像作りを岩槻の若手頭師で創型会同人の有松寿一、井野清次、松口一栄の三氏に依頼した。8・11関根画伯のデザインに従い、設計図並びに工事仕様書、台座と詩碑、焼却炉の工事一式を石忠、田中石材店に発注した。8・15埼玉文芸協会理事、槇皓志先生に「人形のうた」の作詞を依頼した。9・1モニュメント原型仕上がる。先の三氏は、寝食を忘れて制作に没頭した。かいあってその作品は、誠に見事な出来ばえで品位自ずと備わる秀作であるので石膏像は、後日、市庁舎に飾らせて頂き永く保存する事となった。9・9岡宮美術鋳造株式会社にブロンズ像作製を依頼、鋳造に着手した。

9・10埼玉県知事に人形塚の題字を頂いた。

9・22槇皓志先生より「人形のまち」の作詞を頂いた。人形のまちの作詞は、詩碑に刻まれ、人形の街岩槻のイメージを永久に皆様の記憶にとどめられるような傑作で、口ずさみ思い浮かべざるを得ない様な作詞である。

岩槻城址公園の城門前に建つ人形塚全景

10・5人形塚台座完成。10・10ブロンズ像据付け。10・3詩碑完成。10・15除幕式。昭40・10・17第一回人形祭にて白木の柱を建て人形の碑として、毎年人形供養を行いつ、今日あるを希望しながら6年目の完成である。

■**短期決戦で成し遂げた功績**　人形塚の建設については、当時の岩槻人形連合協会長と岩槻ひな人形組合長の連名による「人形塚建設趣意書」を作製して各方面に配布した。なお、順調に建設を進めるため井野連合協会長を委員長とする二一名で実行委員会を組織した。

七五〇万円の予算の六割の資金は、会員及び賛同者からの寄付金で賄《まかな》うため精力的な活動が行われた。

明治百年記念にあわせた六月の事業決定から一〇月の完成まで、わずか四か月間のいわば、短期決戦で長年の懸案を人形史の発刊や人形展開催等と共に一気に成し遂げた当時の関係者の気迫は、想像に余りあるものがある。

・人形モニュメント

高さ一・七五《メートル》

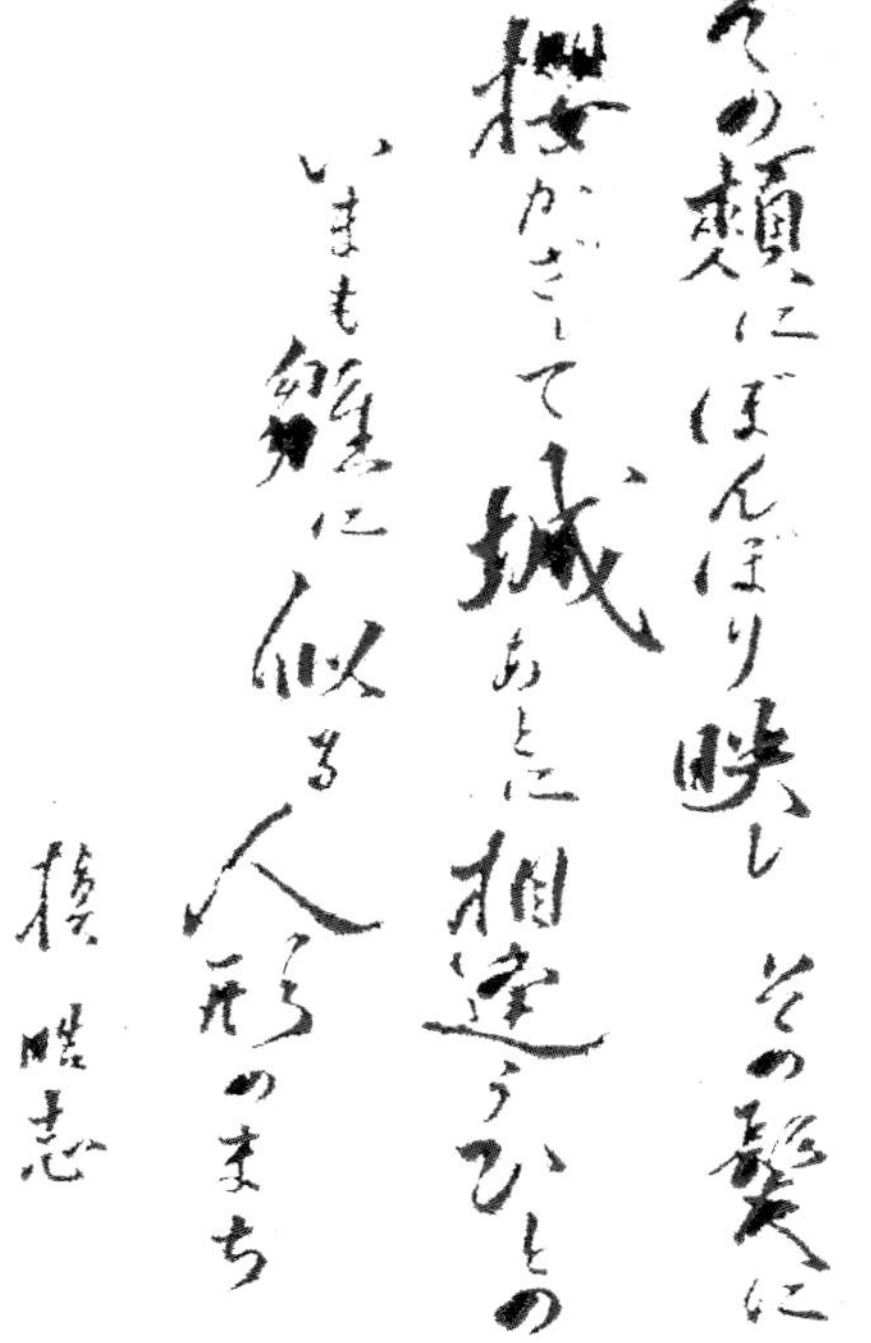

岩槻城址公園の人形塚の隣に建つ詩碑（上は裏面）と刻まれた詩

ひな段の幅二・二五×奥行二・六五《メートル》
基壇の幅八・四×奥行四・四×高さ二・七《メートル》
・石碑裏面の賛同者名一覧
岩槻ひな人形組合
岩槻雛人形頭組合
岩槻人形雛衣裳組合
岩槻人形小道具組合
岩槻人形手足組合
岩槻人形連合協会
市内協力団体
関係業者各位

■**「人形のまち」詩碑**　槇晧志の「人形のまち」と題した詩碑は、人形塚の南隣に建てられている。
埼玉詩人懇話会に所属の詩人で山村女子短期大学等の教授を務めた。組合員との縁により作詞を依頼した。

人形のまち
その頬に　ぼんぼり　映し
その髪に　桜かざして
城あとに　相逢うひとの
いまも　　雛に似る　　人形のまち

人形塚除幕式　初めての人形仮装パレード

人形塚竣工記念パレード・岩槻駅前

その胸に　檜扇ひそめ
その袖に　山吹《やまぶき》染めて
七重八重　相寄るひとの
いまも　みどりなす　人形のまち

その眉に　陽の芒《のぎ》やどし
その面輪　月にうかべて
きしみゆく　小車のゆめ
いまも　笛に乗る　人形のまち

その腕に　岩城きずき
その腰に　太刀とり佩いて
天翔ける　白鶴のうた
いまも　風に鳴る　人形のまち

■造形のことば

詩碑の裏面には、人形塚をデザインした岩槻出身の日展委嘱の日本画家・関根将雄の「造形のことば」が刻まれている。

人形は　母のかおり
心のふるさと
日本民族のうるわしき
心の宿り
人形の根源は
とおい祖先の埴輪《はにわ》か
われわれの民族の
心を心として

人形塚除幕式当日の
関根将雄画伯（右）と槇晧志先生

人形塚除幕式当日の賑わい

男雛女雛を組合せ
〝人〟を形象し
その和を基に
人の世の安泰と
限りなき発展を
三角錐に表徴した
ものです

と人形塚のおいたちと題して造形の意図を述べている。

■除幕式と祝賀会　昭和四六年一〇月一五日の除幕式当日の様子を翌日の埼玉新聞では、「この日、商店街は造花などでかざりつけられ、正午から岩槻小の鼓笛隊と岩槻中のブラスバンド一行二百余人が岩槻駅前から市内をパレード、あとに人形組合主催の十五人揃いの仮装行列が古式の衣装や帽子を身にまとい、きらびやかないでたちで続き人目を引いた。」と伝えている。

除幕式は、午後一時から多数の来賓を迎え、盛大に行われた。開式の辞に続き、除幕は当時の小学生代表児童二人の手により花火とともにくす玉の割れるなか執り行われた。

引き続き開眼《かいげん》、招待者による献花、焼香、井野清次郎岩槻人形連合協会長の主催者あいさつ、人形供養、閉式と約一時間で滞りなく終了した。

当日の招待客には、記念品の額と感謝状、『岩槻人形史』、紅白餅、昼食を用意して感謝の意をあらわした。

記念式典終了後の午後四時からは、福祉会館（現市民会館いわつき）のロビーで来賓多数の出席を得てパーティを開催し、一同で式典の成功を祝った。さらにパーティ終了後には、料亭二か所をそれぞれ第一、第二夕食会場として設営し、バス二台で送迎を行った。夕食の宴席は、業界始まって以来の盛大な祝宴となり、長時間にわたり、担当役員は、それぞれの料亭を往復して感謝の意を尽くすべく接待に努めたという。限られた時間と人員で、一大事業を成し遂げた当時の関係者の苦労がしのばれるエピソードである。

関根将雄画伯と槇晧志先生の手になる除幕式の記念品の額

人形塚除幕式　参列者

『岩槻人形史』発刊と経過報告

岩槻が、誇りとするものに岩槻城がある。そしてまた、岩槻人形がある。両者を永く後世に遺すために人形の碑と共に人形史を刊行した。

内容は、表紙カバーに岩槻城の絵、埼玉県知事の題字、内表紙には、人形塚のデザインと生い立ち、口絵カラー六頁、白黒グラビア四ページ、本文及び附録一二〇頁、遠く太田道灌公築城のエピソードから岩槻人形の生い立ちを細かく採録、挿入した写真は、一〇〇を超え岩槻五〇〇年史ともいうべき内容を持って、特に巻末の頭師系統図表は、全国初の試みで岩槻人形の伝統をよく表現している。

昭和四五年六月一一日、岩槻人形組合総会の席で岩槻人形史の編集を議決、一〇月編集委員会を結成、古老の談話をもとに記録を整理する事から始まったが、調査の段階で次々と新事実が、発見され内容に一段と厚みを加えうる自信が出た。

昭和四六年六月一八日組合総会で埼玉一〇〇年を記念して発刊させるべく決議した。その後、連合協会総会にて人形塚と同じく協会の事業とされた。九月一〇日埼玉県知事より題字を頂く。九月二五日岩槻人形史最終稿の校正を完了、印刷にかかる。この間、叢文社の伊藤氏は、東京〜岩槻間をお百度参りの如く往復して記述の正確を期されたという。

一〇月一一日人形史一万五千部仕上がる。展示会並びに人形塚式典の招待客に各一部宛提供した。

（岩槻ひな人形組合お知らせ（15）
昭和四六年一一月一日）より

刊行した『岩槻人形史』
カバーには岩槻城の絵が描かれている

5

展示会華盛り

岩槻人形を全国レベルへ

■展示会はいつから…　岩槻人形の展示会開催は、いつの頃から始まったのであろうか。埼玉県では、昭和初期から人形や和家具、草加せんべい、繊維製品、鋳物、足袋などの県内の特産品を集めて、全国各地で物産会を開催し大きな成果を上げてきた。

昭和七年（一九三二）四月九日の東京朝日新聞では、県同業組合連合会が、県特産品の宣伝、販路拡張の一環として岩槻人形が秩父・所沢の織物や狭山茶などと出品されたことが掲載されている。

四月一〇日から富山県高岡市の全国特産品陳列大会が、一二日からは、金沢市で産業と観光の博覧会、一五日から大阪府で貿易振興会、五月二日からは、商工省主催による東京市商工奨励館と相次いで岩槻人形の出展が行われたことを伝えている。

しかし、それよりさかのぼること一四年前の大正七年（一九一八）二月二四日の東京日日新聞では、陳列館の雛《ひな》陳列として「岩槻町よりも多数の出品ある由」と報じているので、相当早い時期から展示会が開かれていたと推測される。世情では、この年の一〇月から翌年にかけて全国の死者一五万人といわれるスペイン風邪が、大流行した時期でもあった。

また、昭和五年七月七日から三日間、当時の満州の大連取引所で開かれた見本市では、県内からの出品は、岩槻人形のほかに箪笥《たんす》、秩父銘仙、こいのぼりがあったが、「全国から出品参加人員五五〇名で参観商人は、日本、中国、ロシアから合わせて四七二九名に達し、すこぶる盛況であった。」と一月五日の東京朝日新聞では報じている。

■「埼玉県物産大品評会」の開催　岩槻では、昭和八年八月に岩槻人形発展のために県とタイアップして「埼玉県物産大品評会」を開催した。会場は、岩槻小学校の校舎を借り受け、県の技師、問屋筋やデパートの代表者からなる審査委員が審査を行った。そこに全国各地から問屋を招待したのである。

この品評会の開催が、岩槻人形の発展のためにどれほど大きな役割を果たしたか計り知れないものがあった。岩槻・鴻巣・比企の人形や秩父の郷土人形等六〇〇点に及ぶ作品の中から、岩槻の木村作蔵氏が頭《かしら》の部で一等賞を獲得したことも大きな自信となったに違いない。

『岩槻人形史』（昭和四四年＝一九六九年発行）では、この様子を、次のように記している。

> 全国の問屋は、初めて岩槻人形の全貌を知ることができた。今まで岩槻は、東京の陰にかくれて、その存在さえも知らぬ問屋があったのである。ところが、来て見て驚いたことに、岩槻の職人たちが作った人形は、予想をはるかに上回る出来栄えであった。
>
> その彼らの驚嘆と尊敬の入りまじった顔に接したとき、私どもは初めて客観的に評価された自分たちの作品が、自分たちが自負していた以上に、好評であったことにさらに自信を深める結果ともなり、それまでの小さなわくから、さらに大きく広く世の中を客観的に見る眼を開いたことであった。

加えて岩槻人形のさらなる発展の願いを込めて、当時、すでに野崎小唄などで知られた売れっ子の大村能章に作曲を依頼した「岩槻音頭」（176頁参照）の製作を行い、大々的にＰＲに努め大いに販路拡大を目指した。

■日中戦争による影響　ところが、その後、日中戦争が拡大するにつれ、人形に使用する針金や布製品などの材料の使用禁止令が公布されるなど、徹底した統制時代になり、これまでのような物産大品評会は、開催されなくなった。人形職人たちも軍需産業の工員に転じたり徴用により思うような活動ができない困難な時代を迎えることとなった。

戦後、人形は、平和のシンボルとして求められ需要が急速に伸びたが、供給がなかなか追いつかない状況が続いた。

しかし、昭和二六年（一九五一）頃には、人形の人気が高まり、刺激されて大量に人形が生産されるようになった。

その結果、一時、人形の安売り合戦が起こった。その原因は、戦後、統制が解かれるにつれて、自由競争になる風潮が生まれ、協同して事に当たることをやらなくなったためといわれている。

■「岩槻人形展」の開催へ　こうした反省を踏まえ、昭和二九年岩槻雛人形組合が再出発した年に「第一回人形展技術審査会」を岩槻中学校で開催する運びとなった。そして、昭和三一年（一九五六）に、この人形展技術審査会を毎年開催することに決定した。

昭和三九年には、産地岩槻の全貌を紹介し、業界の今後一層の発展を願い、あわせて顧客の便宜を図るために期間を統一し、参加者それぞれが、新作見本品を展示することを目的にした「岩槻人形展」と名称を改め第一回目を開催した。

昭和四六年一一月一日の「お知らせ」(15)には、次ように記されている。

「第七回岩槻人形展」は、昭和四六年一〇月一三日から一五日までの三日間、岩槻市立福祉会館の五階で開催された。第一会場は、展示品

人形展示会

人形の製品を一堂に展示し、衣裳の振付の改良、斬新なデザインの考案等、製作技術の向上をはかると共に郷土文化の保存と産地を広く宣伝紹介し、販路の開拓に資すると云う目的にて十二月九日、十日の両日、埼玉県主催、岩槻市、岩槻市商工会、岩槻市雛人形組合が後援し、岩槻中学校講堂において開催された。

この日の展示出品物は完成人形の部一四九点、人形かしら部で一六〇点、人形関係用具（装飾小道具、ケース等）で三〇点、出品され日展審査員西沢笛畝氏他多数審査員により、つぎのものが入賞表彰された。

【知事賞】木村勝信、西沢幸雄、小林元三郎

【埼玉県商工部長賞】金子一郎、戸塚臓、井野満次郎、田中玄次郎、鈴木梅蔵、中島徳次郎

【埼玉県節句飾品商工業組合長賞】星野平八賀、松永一男、増岡藤吉、石渡正三郎、小山圭治、市川一

【岩槻市長賞】川崎阿具、矢作広守、関根宏、小林荘光、矢部宗太郎、渡辺与市

【岩槻市商工会長賞】石垣三五郎、市川一、戸塚満晃、杉村脊鷲、鈴木周三郎、荒木与四郎

【岩槻市雛人形組合長賞】田口三蔵、大竹芳蔵、村岡政一、神田虎之助、河野市郎、中島政太郎

「岩槻市広報」（昭和31年12月）掲載の展示会の記事

支部ニュース

埼玉支部

◇岩槻人形連合協会、岩槻ひな人形組合主催で第十回岩槻人形展が八月二十六日から四日間開催された。展示会出品四十三社、千百点。審査会入賞五十点。二十八日、午後三時より県商工部長、岩槻市長ほか多数の来賓を迎えて表彰式を行なった。主な入賞者は次の通り。知事賞＝折原人形店、志水利市、横田正、岡野人形、井上午吉。県商工部長賞＝㈱森田人形店、㈱東久、㈲鈴木人形材料店、飯塚重男、多々谷利平。社団法人日本ひな人形協会長賞＝藤木隆、手島博、関根勇、加藤友三郎、小寺武男。

◇鴻巣節句品協会で「ひな人形」（伊藤正夫著）を発行した。A5判八五頁、表紙はカラー人形、カラーグラビア十二頁に、伝統ある鴻巣びなの発生から現在までを人形史としてまとめたもので非売品であるが、特に希望者には頒価千円でおわけする。

◇岩槻人形連合協会では毎年恒例の「人形の日」に、岩槻公園人形塚において、人形交換、人形供養会を行い、古い人形を新らしい人形と交換、集った人形を供養する。

静岡支部

◇さる七月七日、静岡地方をおそった集中豪雨は、実に八百ミリにも達する地区もあるなど、業界にも大きな被害をこうむったところもある。協会においては、さっそくお見舞状をたまわり、また各地の取引先よりもお見舞品を多数いただきましたことは組合員一同感謝いたしておりま

日本人形協会の「にんぎょう日本」より
（昭和49年10月）

二四社（店）、二組合の出品があり、第二会場では、審査品三九点が展示された。例年と異なり、お祭り行事として一般客を多数迎えて盛大に行われた。広く岩槻人形を紹介するために欠かすことのできない大切な事業であるが、大変有意義でしかも楽しい行事として成功したことを感じる。招待客は、年に一度のお祭りに招待されたといううれしい気分でわざわざスケジュールを立てて遠方から訪れた人が多かったことが伺われた。ただ残念だったのは、一五日が正午で終わったことと土曜、日曜がはさまれていなかったことだろう。

と次年度度への反省を行っている。

昭和四九年の「第一〇回岩槻人形展」では、前年の第一次オイルショックの影響を受け、商品の生産が間に合わないという噂《うわさ》がたち、展示会開催の数か月前から人形の注文が殺到していた。展示会では、すでに商談も後半戦という状況であった。

また、昭和五〇年（一九七五）以降は、全国各

岩槻人形展が開かれた岩槻市立福祉会館

岩槻人形展会場内の展示

岩槻人形展会場内の様子（広報「いわつき」昭和 47 年より）

地で人形見本市展示会が活発に開催されるようになってきた。

昭和五三年には、埼玉県内の人形産地である岩槻・鴻巣・行田・加須・越谷・川越・狭山・所沢の有力メーカー一四七社が「埼玉節句人形見本市協会」を発足させ、九月からショールームにおいて各産地の力作が一堂に会する統一見本市を開催した。

これまでは、県内の各メーカーの展示会の開催日は、まちまちで流通・販売の関係者に大変な負担をかけていたが、統一期間で開催されるようになり、この展示会は、各地で大いに賑わいをみせていた。

■画期的な「人形展」を展開　昭和六二年の「第二三回岩槻人形展」では、人形の産地としての特徴を活かし、展示会場において職人たちの実演を取り入れるなど、ふだん目の前で見る機会のなかった職人たちの技を披露しながら見学者に感動と驚嘆を与える当時としては、画期的なユニークな展示会となり好評を博した。

昭和六三年からは、「第二四回岩槻人形審査会

「人形の町・岩槻　工匠たちの人形展」
開催の挨拶状（昭和63年8月25日）

各　位　　　　　　　　　　昭和63年8月25日

岩槻人形協同組合
理事長　星野一夫

貴殿益々御清栄のこととお慶び申し上げます。

常日頃業界発展のため御尽力を賜り誠にありがとうございます。

第24回　岩槻人形展示審査会が装いも新たに“人形の町・岩槻　工匠たちの人形展”として開催されます。貴殿には大変ご多忙と存じますが是非とも御来場ご高覧下さいますようお願い申し上げます。

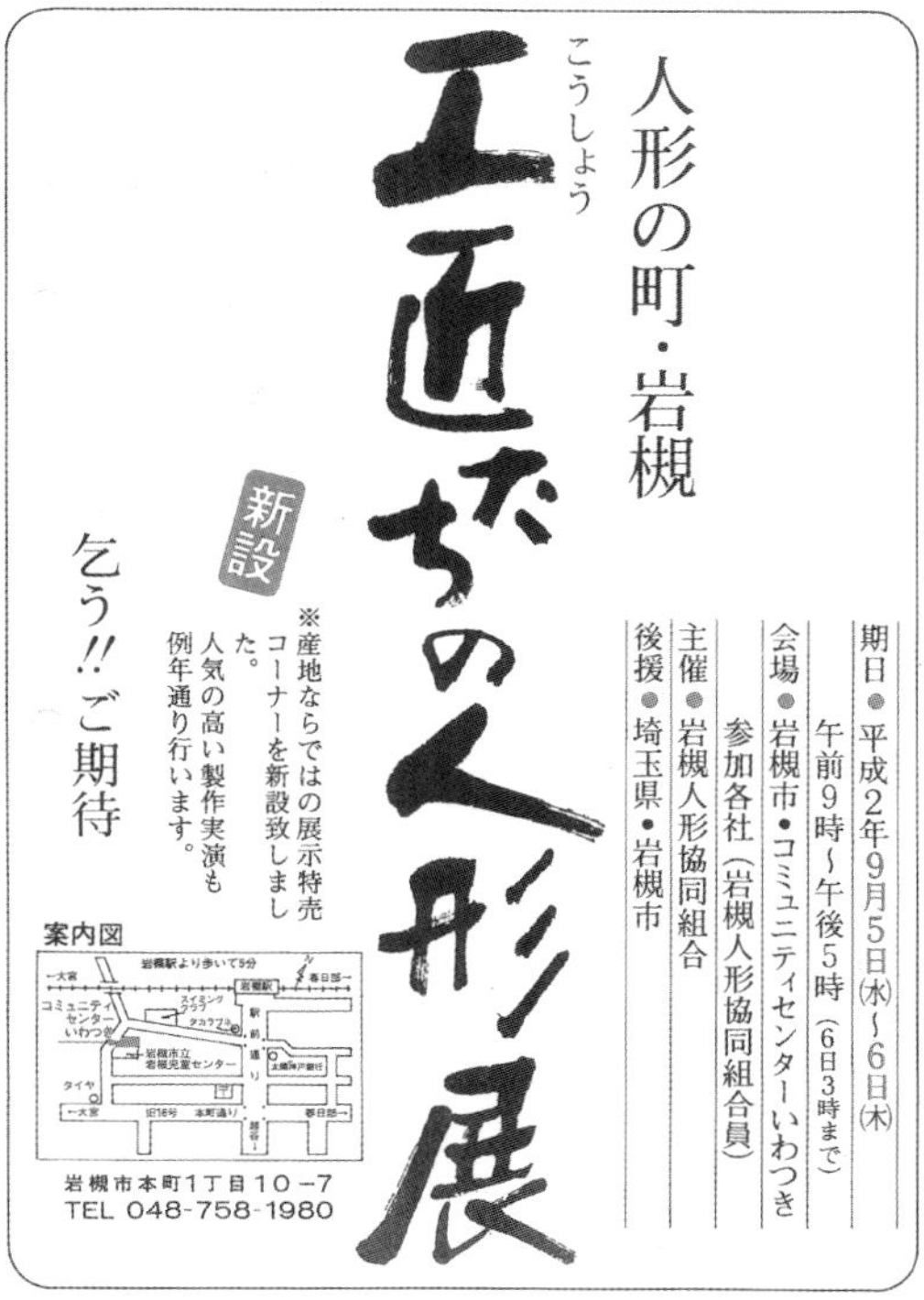

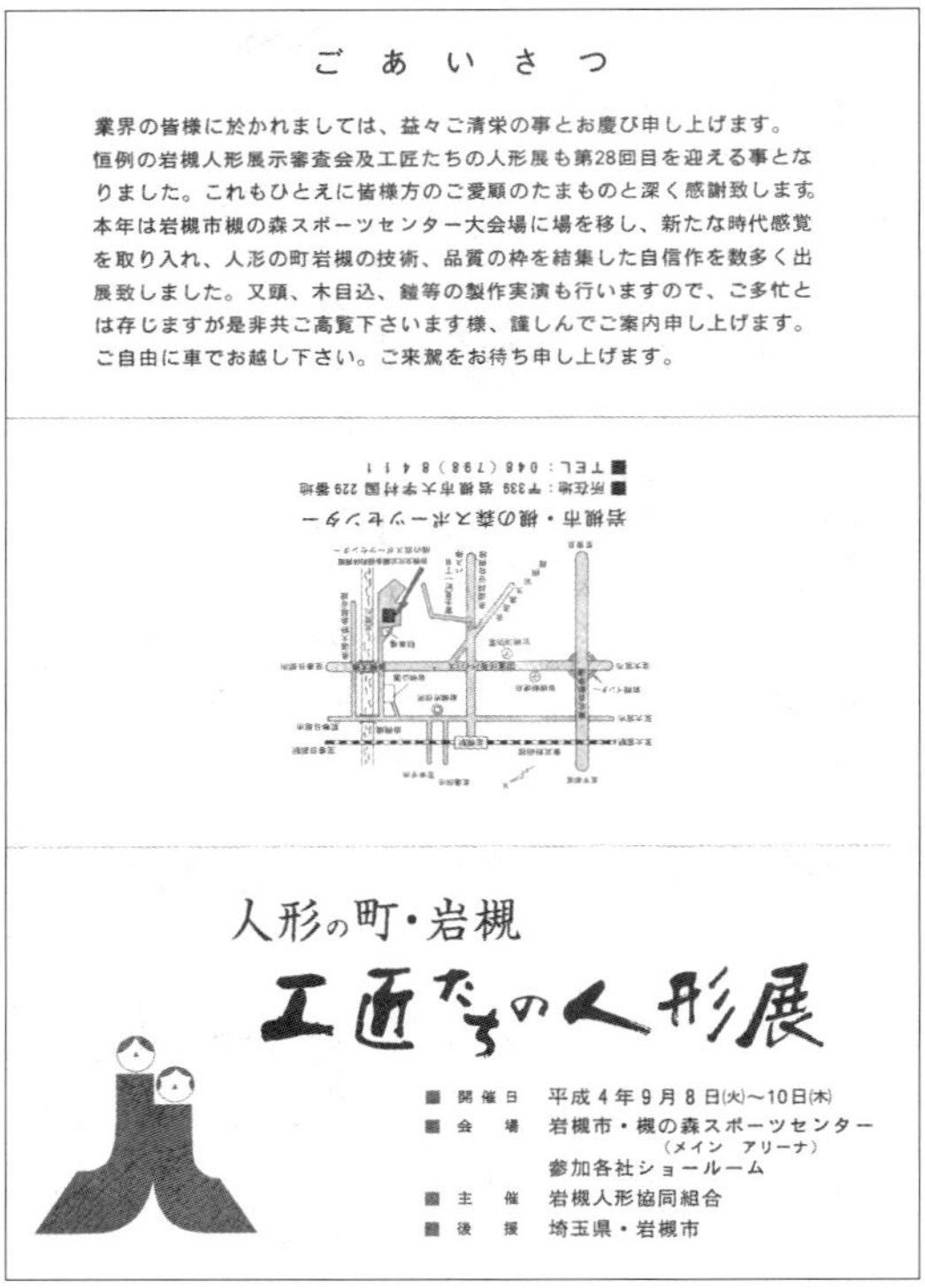

ご　あ　い　さ　つ

業界の皆様に於かれましては、益々ご清栄の事とお慶び申し上げます。
恒例の岩槻人形展示審査会及工匠たちの人形展も第28回目を迎える事となりました。これもひとえに皆様方のご愛顧のたまものと深く感謝致します。
本年は岩槻市槻の森スポーツセンター大会場に場を移し、新たな時代感覚を取り入れ、人形の町岩槻の技術、品質の枠を結集した自信作を数多く出展致しました。又頭、木目込、雛等の製作実演も行いますので、ご多忙とは存じますが是非共ご高覧下さいます様、謹しんでご案内申し上げます。
ご自由に車でお越し下さい。ご来駕をお待ち申し上げます。

岩槻市・槻の森スポーツセンター

人形の町・岩槻
工匠たちの人形展

■開催日　平成4年9月8日㈫～10日㈭
■会　場　岩槻市・槻の森スポーツセンター
（メイン　アリーナ）
参加各社ショールーム
■主　催　岩槻人形協同組合
■後　援　埼玉県・岩槻市

人形の町・岩槻　工匠《こうしょう》たちの人形展」と改称し、この年からは、審査会入賞者に「内閣総理大臣賞」などの最高の栄誉ある賞も与えられるようになり、出店社数も五二社に及び人形業界は、ピークを迎えていた。

翌年の第二五回の審査会・人形展では、この年の四月から消費税が導入されたことにより、雛人形が、品薄状態となり、早くも来春に向けた商談が活発な展示会となった。

■各社ショールーム開催へ　しかし、その後次第に人形の需要にも陰りが見え始めてきていた。少子化問題と人形離れという現実が業界全体を暗い影で覆い始め停滞傾向に導いていった。

その結果、全国の問屋・小売店は、少しでも利益の出る商品をと、他社との差別化を図るようになり、展示会出展品以外の人形を求めるようになった。

また、出展業者は、自社のオリジナル人形の模擬防止のため、展示会場に新製品の人形を出展しないようになった。そのため、見本市会場での商談は困難になり、次第に展示会そのものの意義が薄れていくことになり、共同展示場での開催は、残念ながら行われなくなった。

その後、展示会は、期間を統一して、各社のショールームで開催されるようになっていった。

展示会の設営について、当時の担当者は、「前年から会場の確保や審査会の各種褒賞に対する表彰状授与申請など開催日までに行うべき事務処理が山積し大変だった」と語っている。

6

人形と人と学校教育の関わり

人形文化の心を次世代に

さいたま市社会科の副読本
『わたしたちのさいたま市』に掲載

■岩槻人形の普及　昭和三〇年（一九五五）頃から、全国的に岩槻が人形の産地と広く知られるようになり、学校教育のなかでも郷土学習の一環として工房の見学が、頻繁に行われるようになってきた。

特に、教育員会で発行される社会科の副読本にも人形店での製作風景などが紹介され、昭和四〇年前後から工房も積極的に見学を受け入れるようになった。

このような中で、組合では、新たな人材の育成と人形に関する知識の普及を兼ねて、埼玉県内だけでなく、県外の小・中学校、高校、大学に出向いての講座や体験学習を行い、また、岩槻を訪れる生徒や学生に対し、人形の製作や工程や岩槻人形の興味深い話をして岩槻人形の普及・啓発に努めてきている。

現在も引き続き、高校生以上を対象とした講座を次のような内容で開いている。

・日本の人形文化と歴史について
・岩槻の人形の起こりについて
・人形産地の現況
・五節句について
・伝統工芸品の起こりと活用について
・江戸木目込人形の製作体験

など製作を実際に体験する。

このような講座を通じ、人形への愛着とものづくりの大切さを知ってもらうことを目的に開催している。

■伝統文化に触れる学習空間　昭和五四年創立のさいたま市立西原小学校（創立当時は、岩槻市立）では、初代校長の発案により、児童による「人形づくり」が行われた。

平成二七年の同校のホームページの校長あいさつには、

小学校で人形づくり体験学習

この学習は、伝統産業を体験する中で地域や歴史を学び、豊かな情操と郷土愛を育むことを目的とし行っています。「ひなまつり」の時季に合わせて開催される「人形集会」に向け、各学年が発達段階に応じた人形づくりを体験します。（中略）本校では、開校以来三六年間ずっと、毎年全校児童が人形づくりをしてきましたが、このようなかたちで継続してきた学校は、さいたま市内でも本校のみになっています。学区内に多くある人形店は、子どもたちにとって身近なところであり、素晴らしい伝統文化にふれる学習空間でもあります。（後略）

と掲載されている。

西原小学校では、現在も七〇〇名の児童が、「人形づくり」を通じて岩槻の文化と伝統を学んでいる。

このような長年にわたる取り組みが高く評価され、平成一九年には、時事通信社から「教育奨励賞」の努力賞を受賞している。

■各校の取り組み

岩槻小学校は、昭和二年に日米親善の人形交換会が開催されたことでも知られている（70・113頁参照）。同校では人形クラブが創設されたことをきっかけに人形の製作に取り組むようになった。昭和六二年（一九八七）には、校内に「人形学習室」も整備され、人形を通した郷土学習が行われ、三年生で岩槻人形づくりを学び、六年生で木目込人形づくりをしている。

平成二七年度は、六年生が制作する木目込人形に、太田小学校の顔は校章、体は、太田道灌を模してデザインされたキャラクターである「太《おお》たん」が新たに加わった。この卒業記念の木目込人形づくりを通して、地域に伝わる伝統を学びながら、六年間の小学校生活の最後に仲間とともに活動する思い出をつくり、母校に対する愛校心を育む活動が行われている。

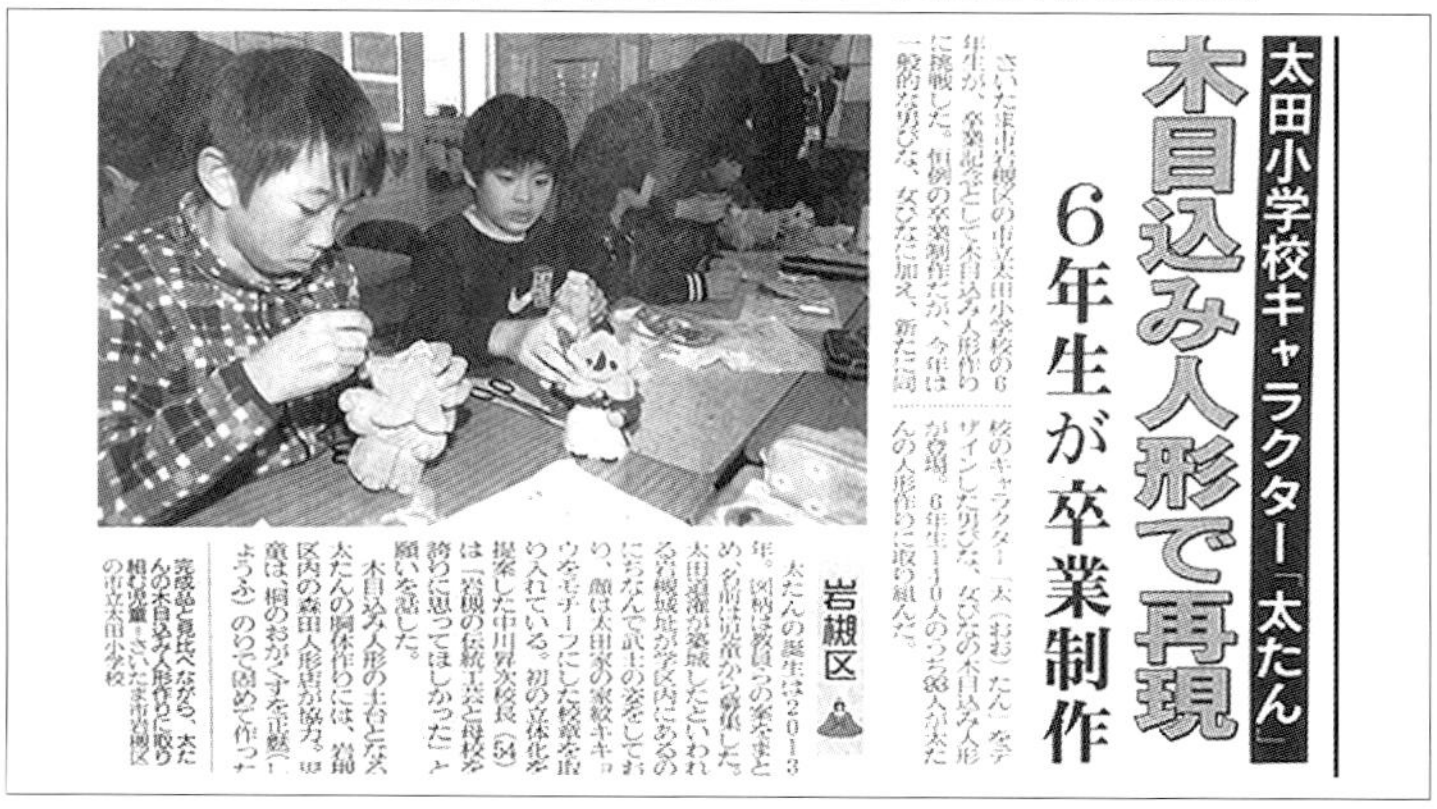

小学生の卒業制作に木目込人形づくり（埼玉新聞 2016.1.27）

太田小学校キャラクター「太たん」

木目込み人形で再現

6年生が卒業制作

岩槻区

さいたま市岩槻区の市立太田小学校の6年生が、卒業記念として木目込み人形作りに挑戦した。恒例の卒業制作だが、今年は一般的な男びな、女びなに加え、新たに同校のキャラクター「太（おお）たん」をデザインした男びな、女びなの木目込み人形が登場。6年生110人のうち83人が太たんの人形作りに取り組んだ。

太たんの誕生は2013年。図柄は教員らの案をまとめ、名前は児童から募集した。太田道灌が築城したといわれる岩槻城址が学区内にあるのにちなんで武士の姿をしており、顔は太田家の家紋キキョウをモチーフにした校章を取り入れている。初の立体化を提案した中川昇次校長（54）は「岩槻の伝統工芸と母校を誇りに思ってほしかった」と願いを話した。

木目込み人形の土台となる太たんの胴体作りには、岩槻区内の森田人形店が協力。児童は、桐のおがくずを正麩（しょうふ）のりで固めて作った

完成品と見比べながら、太たんの木目込み人形作りに取り組む児童＝さいたま市岩槻区の市立太田小学校

そのほか、埼玉県内の多数の学校に組合員が直接出向き、人形作りの指導を行っている。

埼玉県立岩槻高校では、平成四年から授業に人形に関することを伝統文化を学ぶ講座として継続して取り入れている。岩槻商業高校でも平成一四年から同様の講座が取り入れられている。

平成一二年からは、「伝統的工芸品産業振興協会」の補助事業に認定されており、毎年三校から五校の小学校を中心に伝統的工芸教育事業を実施している。なかには、PTAの事業の一環で親子で人形制作に取り組むことも実施され、微笑ましい姿も見られる。

人形づくりの指導を受けた参加者からは、「今回の人形づくりを通じて、人形への深い思いが伝わりました。人の全ての気持ちを人形に注ぎ込んだことにより、人形は、本当の姿を見せるのだと思いました。これからもみんなが笑顔になれるような人形を作ってください。」などと人形づくりから感じ取られた体験が多数寄せられた。

「岩槻の魅力を語る」～生活の中の人形～

『人形《ひな》の里アートフェスティバルシンポジウム記録』より

平成二四年九月三〇日

城下町とし、長い歴史を持つ岩槻は、日本有数の人形生産地であり、その職人技術は、江戸時代に花開いた衣装人形や木目込人形の伝統を受け継ぐものです。

そのような特色あるまちでは、日々の生活の中で人形や人形に関する物事に触れ合う機会が多く、人形が身近なものとして根付いています。

岩槻では、地域学習の一環として、人形製作等の授業やク

ラブ活動が岩槻区内の学校にて行われており、区内の子ども達は、幼い頃から人形に触れ合う機会を持ち、人形製作を通して「ものづくりの心」に触れあい、「郷土への愛着」を深めています。（後略）

人形づくり体験を通して学ぶ地域の伝統産業
～さいたま市立西原小学校の取り組みから～

市立美園小学校教諭　杉枝　祐司

公立の学校の強みとは、地域を持っていることだというお話があります。西原小学校で始まった人形集会も、それを支える人がいます。

地域には、ヒト、モノ、コトがあり、それらが地域を支えているのだと思います。

一、日本一の人形集会
～西原小学校の三〇年を越える取り組み～

西原小学校では、今から三四年前、昭和五四年の開校以来、初代校長の内田茂先生や歴代の教職員の「地域に根ざした特色ある学校づくり」という熱い思いを受け継ぎ、今日まで人形集会を続けてきました。この人形集会を支えているのが、多くの人形店や人形づくりに従事されている職人さんです。（中略）正直なところ、途中で「マンネリだし、もうやめてもいいのではないか」という議論もありました。しかし、続けることに意味があると考え、今日まで継続してきました。（後略）

二、社会科や総合的な学習の時間での学びから

現在、さいたま市内の小学校の三、四年生は、「わたしたちのさいたま市」という副読本を主に使って社会科の地域学習を進めています。（さいたま市との）合併直後の副読本では、岩槻の人形づくりは、最後の方で少し取り上げられるだけでしたが、改定後（平成二三年から）は、「市の人びとの仕事とわたしたちのくらし」という単元で一〇ページにわたって取り上げられています。（中略）

一番大事なことは、人形づくり体験を続けることによって子どもたちの心に何かが芽生えていくことだと感じています。良い意味での刷り込みによって、地域の伝統産業の素晴らしさを再確認できたのではないかと考えています。

（平成二三年にさいたま市が制定した「文化芸術都市創造条例」がきっかけとなって開催されたシンポジウムより）。

7 伝統産業の各種認定

岩槻の人形の誇り

■経済産業大臣指定の伝統的工芸品及び伝統工芸士

人形の産地、岩槻では、当組合や関係する団体・個人に対し、各種の認定や資格が与えられている。

そもそも岩槻ひな人形組合を「岩槻人形協同組合」として法人化した（昭和五二年＝一九七七）その原点は、「〝岩槻の江戸木目込人形〟を伝統的《でんとうてき》工芸品《こうげいひん》として産地指定を受ける」という目的もあった。

岩槻人形協同組合（川﨑阿具理事長）と東京都雛人形工業協同組合の二団体で申請の準備、調査・研究を進めた。

こうして多くの先人・先輩方の努力によって昭和五三年二月、「江戸木目込人形は、通商産業大臣（現・経済産業大臣）指定の伝統的工芸品として認定」を受けることができた。

経済産業大臣指定伝統的工芸品

伝統的工芸品指定のロゴマーク

伝統的工芸品とは、次の要件をすべて満たし、伝統的工芸品産業の振興に関する法律（昭和四九年法律第57号）に基づく経済産業大臣の指定を受けた工芸品のことをいう。

1 主として日常生活で使用する工芸品であること。

2 製造工程のうち、製品の持ち味に大きな影響を与える部分は、手作業であること。

3 一〇〇年以上の歴史を有し、今日まで継続している伝統的な技術・技法により製造されるものであること。

4 主たる原材料が、原則として一〇〇年以上継続的に使用されていること。

5 一定の地域で当該工芸品を製造する事業者がある程度の規模を保ち、地域産業として成立していること。

平成二七年（二〇一五）現在、全国には京都の西陣織など、二二二品目の伝統的工芸品がある。

江戸木目込人形が指定を受けたその後の課題として、「衣裳着人形」の伝統的工芸品の産地指定を受けるということがあったが、平成一九年三月、

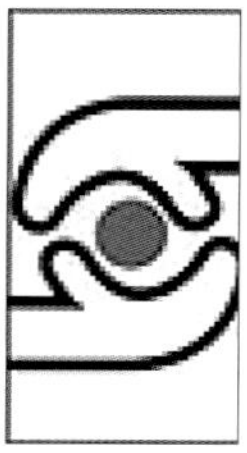

埼玉県知事指定の
伝統的手工芸品マーク

伝統的工芸品のイラストマップ

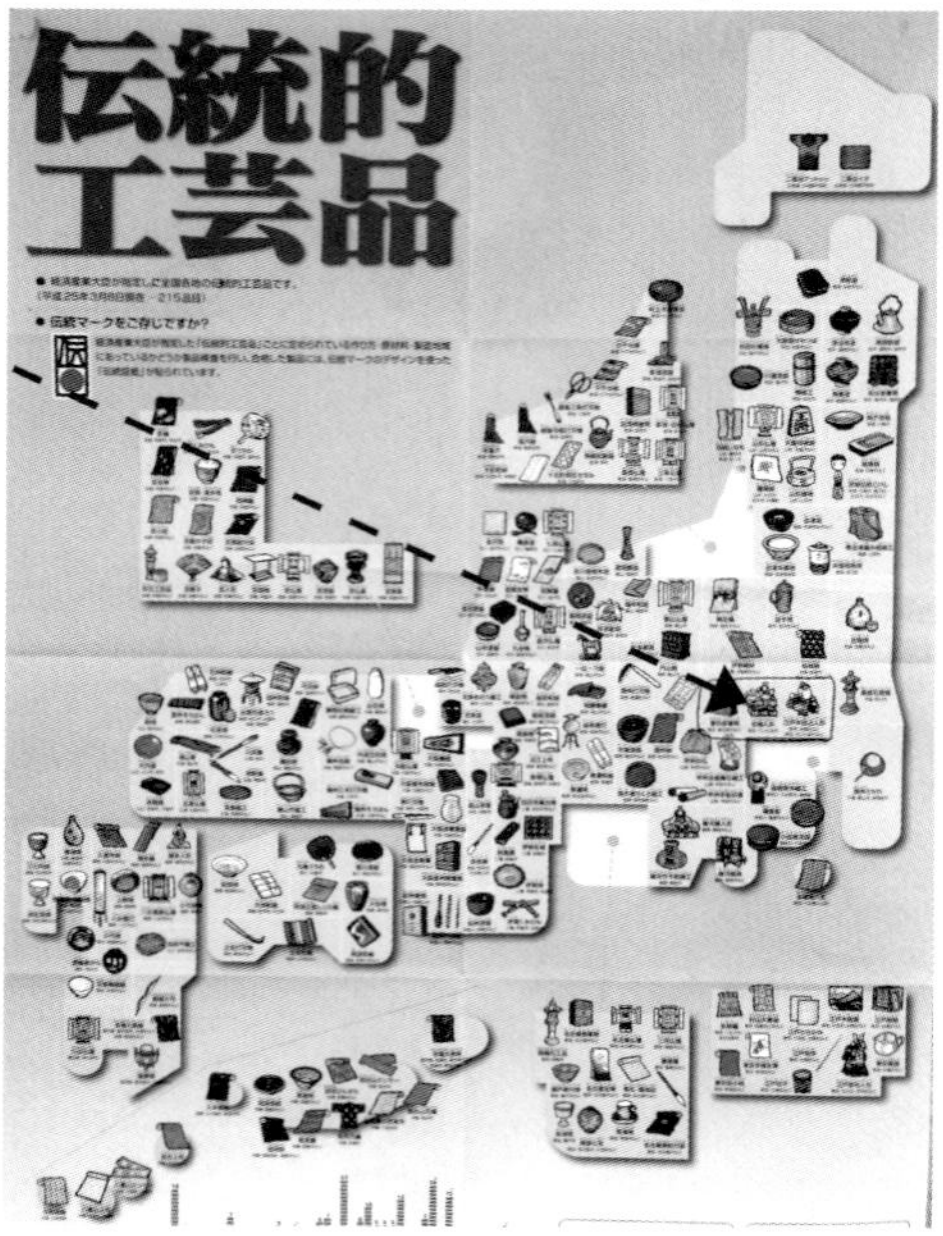

江戸木目込人形に続き、「岩槻人形」もめでたく経済産業大臣の伝統的工芸品の産地指定を受けることができた。人形では昭和五一年の博多人形、昭和五三年の江戸木目込人形、昭和六一年の京人形、平成六年の駿河雛人形に続き、一三年ぶりの指定となった。

申請団体である岩槻人形協同組合の当時の戸塚隆理事長は、「若い人の力を投入して業界振興を図っていきたい。大きな目標は、いつか岩槻で世界の人形サミットを行うこと」と、抱負や期待を述べている。

また、組合では、今日まで伝統的工芸品の産業の振興に関する法律に基づき、伝統工芸士の認定試験を行ってきた。

現在、江戸木目込人形の伝統工芸士が、二〇人、岩槻人形の伝統工芸士が、一二人在籍している。

■埼玉県伝統的手工芸品に認定　工芸品には、経済産業省が管轄する「伝統的工芸品」のほか、地方自治体が、それぞれ独自に認定するものがある。

埼玉県では、「伝統的手工芸品」と呼ばれていて、二〇の産地で三〇品目が作られているが、岩槻のひな人形と木目込人形が、昭和五三年四月に認定されている。

平成二八年二月現在、埼玉県伝統工芸士は、一四人在籍している。

■埼玉県無形文化財　埼玉県文化財保護条例（昭和三〇年埼玉県条例第46号）第20条第1項の規定による、埼玉県指定無形文化財《むけいぶんかざい》の指定というものがある。もともと岩槻の木目込人形職人・鈴木賢一、石川潤平の二名が、個人として無形文化財の指定を受けていた。

その後、木目込人形の製作は分業によるところが多いため個人ではなく、岩槻江戸木目込人形技術保存会がその指定を受けることになった。それぞれ専門の高い技術を持っている木目込人形職人の団体である。岩槻江戸木目込人形技術保存会は、平成二三年三月一八日、晴れて岩槻江戸木目込

さいたま市の認定マーク

さいたま市伝統産業のリーフレット表紙と掲載されている岩槻の人形

人形技術保存会が技術保持団体として「江戸木目込人形」の無形文化財の指定を受けることになった。

　現在、岩槻江戸木目込人形技術保存会会員として一五人が、在籍している。

■さいたま市伝統産業・さいたま市伝統産業事業所に認定　さいたま市では風土や歴史に深く関わりあい育まれ、現在まで、根付いている伝統的な産業を財産として振興を図っている。その中で町づくりと観光振興とともに事業者の意欲向上や後世への継承に努めるため「さいたま市の伝統産業」及び「さいたま市伝統産業事業所」を市特有の貴重な地域資源として指定することにより、「さいたま市ブランド」として、その存在と魅力を広く発信している。

　また、伝統的な技術や精神に基づき、文化や風土、歴史的経緯から、市固有のものとして発祥し、一定の集積をなし、現在もその伝統性を維持しながら経済活動を行っている「岩槻の人形」、「大宮の盆栽」及び「浦和のうなぎ」の三つの伝統産業を指定している。

　このようなことから平成二〇年（二〇〇八）四月、「岩槻の人形」として市の伝統産業団体に認定された。

　平成二七年現在、岩槻人形協同組合加盟の登録事業者は、五二事業所である。

■特許庁　地域団体商標（地域ブランド）の登録

地域団体商標制度とは、地域名と商品（役務）名とを組み合わせた地域ブランドを広く保護することを目的にした商標制度で、商標法の改正により平成一八年四月から施行されているものである。

　岩槻人形協同組合では、以下の二つを地域団体商標（地域ブランド）として特許庁に登録している。

・江戸木目込人形（県内第1号）
　平成一九年二月一八日

・岩槻人形（県内第2号）
　平成一九年二月二三日

8 日本各地との交流

さまざまな関わりの中で

平成28年4月2日・3日 谷地ひなまつり特別企画
木目込み人形制作体験
＊会　場…河北町コミュニティセンター3階ホール
＊日　時…4月2日（土）、3日（日）9：30～15：30
＊体験料…4，000円（材料費込）
＊講　師…井藤 仁氏（岩槻人形協同組合）
人形のまち・さいたま市岩槻区より伝統工芸士の方がいらっしゃいます。
伝統工芸士の先生指導のもと、かわいらしい木目込み人形を作ってみませんか？
初心者の方も大歓迎！！　お誘い合わせのうえ是非お申込みください。
※1日定員30名です。人形の衣装については変更される場合があります。
3月20日（日）まで下記・谷地ひなまつり実行委員会までお申込みください。
当日、昼食（弁当代別途 1,000円）を希望される方はお申込みの際はお知らせください。
※お申込・お問合わせ先※
谷地ひなまつり実行委員会（河北町観光協会内）山形県西村山郡河北町谷地己885－1
TEL：0237（72）3787　　FAX：0237（73）3500
※駐車場は町民体育館、どんがホール、ひなの広場をお使いください。
お名前
住所　　電話番号
希望日4月 2日・3日　制作希望　A・B　お弁当⇒　要　・　不要

「谷地のひなまつり」
木目込人形制作体験の申込書

■山形県河北町谷地との交流　山形県河北町《かほくちょう》は、最上川の舟運により、江戸時代から明治初期にかけて紅花《べにばな》の集積地として栄えた。交易により京都などから数多くの雛《ひな》がもたらされ、「雛とべに花の里」として、現在も毎年四月二〜三日には、「谷地《やち》のひなまつり」が開かれ大いに賑わう。

人形の修理の依頼がきっかけとなって岩槻人形協同組合と三十年来の交流がある。

「谷地ひなまつり」でひな人形などを販売してほしいと依頼があり、以後毎年岩槻から出店し、二十数年にわたり今日に至っている。

数年前からは、木目込体験教室も開催され、岩槻から伝統工芸士が出向き、人形制作実演と制作体験の指導を行っている。教材も岩槻で準備し、河北町の観光と町民との交流に貢献している。

河北町から岩槻へは、「岩槻まつり」、「やまぶきまつり」、「朝顔市」などのイベントの物産市に出店があり、特産のさくらんぼや紅花等を販売し、好評である。

平成二五年に河北町から製作を依頼され、組合では、約一〇人の職人（頭・胴・小道具など）がそれぞれの部門を担当し、一年がかりで豪華な等身大の内裏雛を完成させた。

河北町特産の紅花による紅染めをあしらった十二単衣《ひとえ》や、男雛の持つ笏《しゃく》や儀式の正装として腰につけた魚袋《ぎょたい》なども宮内庁からの聞き取りを参考にするなど、本物同様に忠実に再現し、製作した。各人形職人のこだわりが結集した形となり、組合の威信をかけての作品となった。

「職人のプライドがぶつかり、最高の材料と日本人形本来の作品となった」。

「これだけの作品は知識、資料や歴史が蓄積さ

河北町より依頼された
等身大のおひなさまのお披露目

れた岩槻だからできるんだ」。

平成二五年一二月に納品し、納入後は、町の「紅花資料館」に展示され、展示品の目玉となっている。

■千葉県千倉町との交流　江戸時代、岩槻藩の領地があった関係から旧岩槻市と友好都市であった千倉町（現南房総市）からの依頼により、町のイベントで人形の販売の出店を行った。

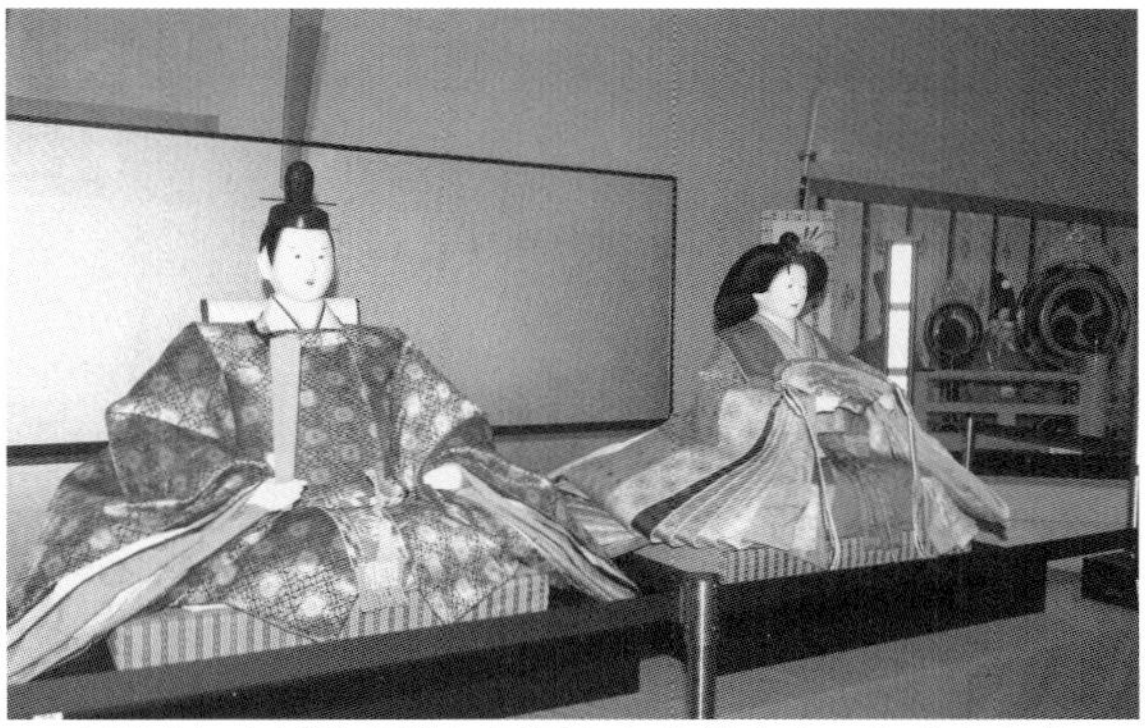

河北町に紅花資料館に展示された等身大のおひなさま

千倉町から岩槻へは、「流しびな」の際に、海産物等の販売を行っていた。千倉町も合併により南房総市となった現在は、岩槻区の「やまぶきまつり」での出店が続いている。

■京人形商工業協同組合との交流　昭和四五年（一九七〇）、京人形商工業協同組合青年部から岩槻ひな人形組合青年会へ来訪があり、岩槻の産地見学及び交流が始まった。

その後、岩槻ひな人形組合青年会が京都を訪問し、産地見学、交流を行った。

平成四年三月には、京都国立博物館所蔵の人形

京都国立博物館人形展示見学 12 名

を特別に見学させて頂けることになり、京人形組合の方も多数参加され見学会を行った。

■一般社団法人 日本人形協会 日本の人形類に係わる関連産業の発展を図り、我が国の伝統工芸産業の振興と国民生活の文化的向上に寄与することを目的とする団体である。埼玉支部など地域別に一二の支部からなる。節句人形に関する市場調査や広報活動を行っている。

会員数約三六〇の全国組織の団体で、岩槻人形協同組合員も事業所ごとに任意で加入している。

人形の日

「一〇月一五日」が人形の日である。日本人形協会と日本玩具及び人形連盟が昭和四〇年(一九六五)に制定したが、昭和四七年に「抜本的な検討を加える必要がある」として、積極的な活動を休止した。

しかし、一般には普及し、この日に因んで全国各地で人形供養や人形感謝祭等が開催されている。日本人形協会埼玉支部では、現在、この「人形の日」の制定の復活を強く望み、日本人形協会に要望している。

9

人形のまち・岩槻 人形の五大行事

流しびな

■第一回「流しびな」開催までの奮闘　ひな祭りのもととなったといわれる「流しびな」は、人形に身の穢《けが》れを移して水に流し清めるという意味の民俗行事である。平安時代に書かれた『源氏物語』の須磨の巻に、光源氏が、お祓いをした人形を須磨の海に流したという記述がある。古い歴史をもつ年中行事である。

岩槻では現在も子どもたちの無病息災とそれぞれの願いごとを、ひな人形の原型とも伝わる「さんだわら」（米俵の両端に当てる円いふた）に託して池に流す春の風物行事として、形を変えながらもその伝統が受け継がれている。

岩槻での第一回の「流しびな」は、昭和六二年三月に岩槻城址公園の菖蒲池で開催された。当時、日本人形協会では、伝統行事の復活、振興を行おうということで全国の支部や各地の人形組合に趣旨を伝達した。ちょうどその頃、組合では、埼玉県商工部の指導のもと産地の活性化と振興のためプロジェクトチームを立ち上げ、振興策等について会合を重ねていた。その結果、岩槻でも流しびなを始めようということになったのである。

そこで前年に東京の隅田川で行われた「第一回江戸流しびな」を見学したり、会場の候補地選定などの準備を始めた。会場の諸事情を検討した結果、城址公園内の菖蒲池が候補地として決定した。

ところが池は川と違って水の流れがなく、人形を乗せた「さんだわら」が思うように流れていか

第１回流しびな（岩槻城址公園）

さんだわらに願いを書いて

朝日新聞（2016.3.3）

願い込め 流しびな さいたま

「まちかど雛《ひな》めぐり」が開かれているさいたま市岩槻区の岩槻城址《じょうし》公園で2日、子どもたちの健やかな成長を願う「流しびな」があった。

約800組の親子連れらが、和紙の人形を乗せたわらの舟「さん俵」を同公園の菖蒲池に流した。子どもたちに降りかかる災いやけがれ、病苦などを人形に託して流す、という願いが込められた。

東武岩槻駅東口周辺で商店街の約80店がひな人形を飾るなど、雛めぐりは16日まで続く。　（大津正一）

消防自動車の助けも借りて水の流れをつくる

ないという問題に直面した。

そこで、その対策として試験的に消防自動車の助けを借り、放水を試みたり試行錯誤の連続だった。

さまざまな課題を克服して、ようやく三月一日を迎えた。当日は、舞台を八ッ橋下の小さな島に設営し、久伊豆神社の神官のお祓いから始まるセレモニーが執り行われた。その後、白菊幼稚園児の鼓笛隊、小学生のコーラス、和服姿の女性のお琴の演奏が続き、大勢の参加者により流しびなが行われた。

さらに、内裏びなに扮したミス岩槻を組合員が

さんだわら

操る和船に乗せて池を周回すると会場内は華やかさを増し、一層の盛り上がりを見せた。

■時を経て岩槻を代表する行事へ　第二回では、福引の一等賞の景品として中の島の舞台に七段飾りが飾られた。その後、和船で行われていた催しも池の中の島まで橋を架けるには、多額の費用を要するため、池の南側に舞台を設営した。池の周囲から観客が見渡せるよう配慮されており、現在もこの形で行われている。

また、開催日の三月上旬は、天候も不順で寒い日もあるため、四月二九日（天皇誕生日。現在は昭和の日）に変更して開催されたこともあったが、現在は、三月三日直前の日曜日の開催が定着している。

今日では、岩槻を代表する行事のひとつとなっている。毎年、多数の来賓のご出席を頂きながら、岩槻出身の落語家と女流講談師のメリハリのある進行により親子連れやお孫さんとともに思い思いの願い事を書いた「さんだわら」を池に流す姿は、春を呼ぶ岩槻ならではの風物詩となっている。

市報・岩槻区版の表紙（2016.2）を飾る「流しびな」と当日の様子

東日本大震災の発生した平成二三年は、厳しい環境の下で避難生活を強いられている被災地の状況、余震の続発、計画停電の実施等の情勢、および、流しびな会場予定地にも損傷がみられ使用困難になっていることなどを鑑みて、開催を見合わせた。

オープニングセレモニー（平成27年）

まちかど雛めぐり

■町の活性化を図るために　第一回は、平成一六年（二〇〇四）二月二九日から四月四日まで開催された。その頃、岩槻は、翌年にさいたま市との合併を控えていた。そこで民間有志グループの提案で伝統産業の人形を通じて、観光資源の再発見とまちの一層の活性化を図ることを目的に始められた行事である。

企画に当たっては、まず、「つるし飾り」発祥の地として知られる東伊豆町の稲取に出かけ先進地の情報を収集した。そして企画会議を重ね年間で一番ひな人形への注目の集まる時期であり、春の行楽シーズンを考慮して、二月下旬から四月上旬までの三六日間を設定した。

参加店舗は、六六店、期間中の来客数一万五千人を目標に企画を立て参加店の募集を始めた。ポスター五〇〇枚、案内マップ二五〇〇〇部の配布やウォークラリーなども行った。

開催期間中は、街全体が華やぎ賑わう時期でもあり、商家などに代々伝わる貴重なひな飾りが、案内マップを手にした人々を歓迎するかのようである。

■全国雛めぐり公開サミット　一〇回目を迎えた平成二五年（二〇一三）二月には、全国に先駆け、山形県から佐賀県など一〇か所の雛めぐり開催地を集め、「全国雛めぐり公開サミット」を市民会館いわつきで実行委員会組織により開催した。

式典では、埼玉県知事、さいたま市長の歓迎の挨拶もあり、大変な盛況であり、有意義な催しであった。

■趣向を凝らした現在の雛めぐり　平成二七年は、二月二七日から三月一三日までの一六日間開催され、人形店、飲食店、洋品店などを含め約六〇店が、参加している。

また、案内には、各団体のボランティアが丁寧に見どころを説明にあたり、盛り上がりを見せていた。期間中は、さまざまな人形を見ながら街を散策し、昼食には、期間限定のひなまつりにちな

んだメニューが用意され、老舗ならではの味がゆっくり楽しめるよう企画がねられた。

商店などに代々伝えられた貴重な人形や活躍中の職人の新作人形のほか、一般の人が公民館の講座などで作った貝や魚、さまざまな動物をかたどったカラフルな「つるし飾り」が、人々の目を楽しませている。

組合では、この催しの共催団体として、地元の小学生がひな人形に扮する雛めぐり初日のオープニングパレードの衣装や古い人形の提供、人形作りの体験イベントに講師を派遣するなど、全面的にバックアップを行っている。

雛めぐりのパンフレットを手にした多くの観光客が、街中に見られるようになると、寒かった冬からようやく春風が運ばれ岩槻も華やぐ季節を迎える。

現在、岩槻のイベントの中でも、経済効果の高いものの一つとして評価されている。

旧家のおひなさまも見ることができるのも楽しい

各所で見学者をおもてなし

人形のまち 岩槻まつり

第１回人形の町岩槻まつり　仮装パレード（昭和 51 年 7 月）
（左）太田道灌に仮装した市長（右）岩槻市役所正面玄関にて記念撮影

■岩槻の各地域での祭りを一緒に実施

昭和五一年（一九七六）七月から始められたイベントである。

第一回の初めてのパレードは、雛人形組合青年会の組合員が、企画から実施に至るまで担当した。

「おひなさま大行進」の横断幕を先頭に雛人形の一五人揃いやいろいろな人形に仮装して岩槻の街中を賑々しく練り歩いた。

当時は、太田道灌公に扮した市長が、本物の馬に乗って加わり、桃太郎のお供の犬、猿、雉や金太郎には、若手の組合員が扮装し、市始まって以来の初めてのパレードにつめかけた多数の参観者の注目を大いに集めた。

■開催までの困難　実施に当たっては、初めてのことだけに準備段階から多くの困難に直面したという。

初めの大きな課題は、衣装、かつらや小道具の調達をどうするか、であった。最初、歌舞伎座に確認することから始めたが、どこに聞いても明確な回答が得られなかった。

ようやくテレビ局の時代劇関係者から東映の京都撮影所出入りの業者を紹介してもらうことができた。しかし、衣装などは、京都まで取りに来てほしいということだった。「そこを何とか頼み込んで、東京のテレビ局まで届けてもらうことによようやく話をつけて、受け取りに行ったんだよ」と当時の担当組合員が裏方ならではの苦労話をしてくれた。

■世界一ギネスに挑戦　こうして、回を重ねて、昭和六三年（一九八八）には、「世界一ギネスに挑戦」と銘打って、幅一〇メートル、高さ八メートルの大きなひな段を作った。そして結婚を目前に控えたカップルを公募して、内裏びなに扮装してもらい、久伊豆神社馬場宮司のもと観衆が立会い、結婚式を執り行うというイベントも企画し、祭りに一層の華を添えた。

ジャンボひな段結婚式（平成27年）

その後、ジャンボひな段結婚式として定着し、これまでに二八組の結婚式が行われている。

また、賞金総額百万円という仮装パレードや子供仮装パレードも企画したこともある。多くの試みは、現在もなお暑い夏のさなかの人形のまちの個性的なお祭りを大いに盛り上げている。

祭りに着用する各衣裳は、組合員が製作して、組合が所有している。

第二回岩槻まつり（昭和五二年七月）

青年会のメンバー

第１回人形供養祭式典の様子と白木の柱（昭和 40 年 10 月）

人形供養祭

■**伝統ある行事**　この行事は、大切にしてきた人形が古くなったからといって捨てるに忍びないという優しい気持ちに応え、人形を供養しようと、昭和四〇年（一九六五）から毎年行われている。五〇年以上続く、組合の伝統ある行事のひとつである。現在は人形塚で行われている。

昭和四六年一〇月に人形塚が完成するまでは、三〇センチ角の白木の柱を建てて、行っていた。柱には、

　人形の碑
　十月十五日は人形の日
　昭和四十年十月十七日
　　岩槻雛人形組合　建立

と墨痕鮮やかに記されていた。

人形塚の建立前の会場は、写真にみられるように広々とした岩槻城址公園の広場で行われていた。当時は、小中学生による人形焚き上げの中、五人の神官と七人の僧侶（約二〇人）により厳かに供養が執り行われていた。

平成二年からは毎年一一月三日（文化の日）に行われるようになった。

当日は、持ち寄られた人形が、人形塚隣の岩槻城黒門前に並べられる。

その後、岩槻仏教会の僧侶の読経が続く中、多数の来賓と参列者は、次々に焼香を行う。人形と引き換えに渡される供養札を人形の

人形塚完成後の人形供養祭

人形供養祭（昭和 47 年）当時はお焚上げを行っていた

平成27年人形供養祭の様子

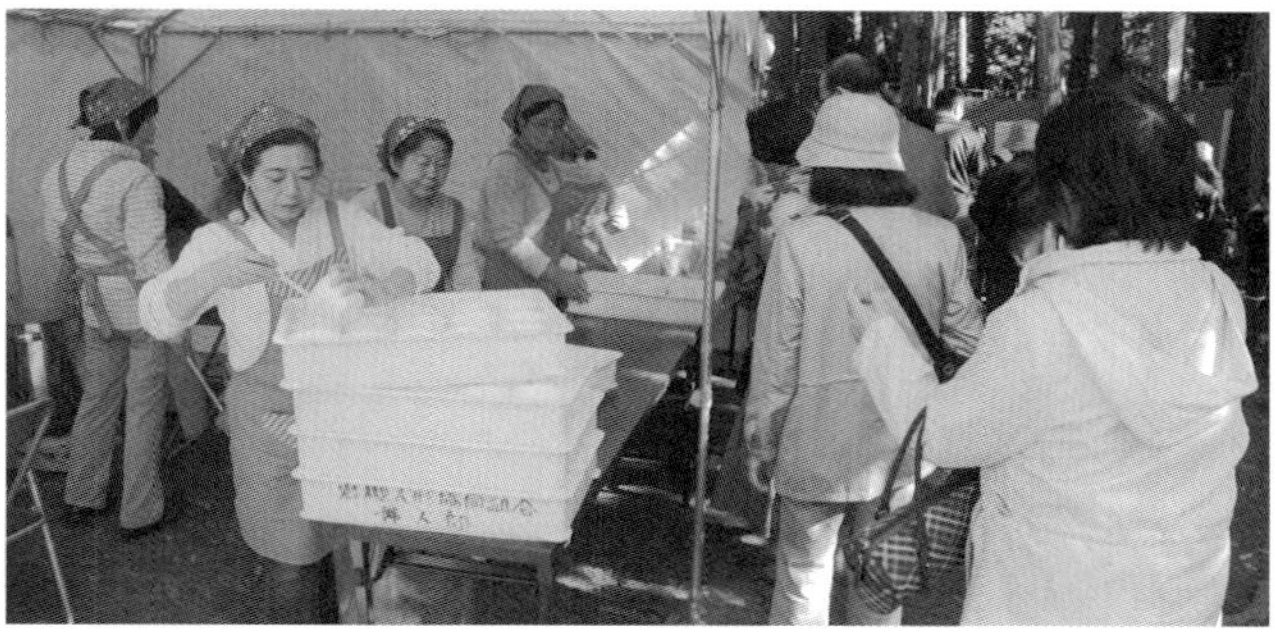

象徴である天児《あまがつ》に見守られながら、お焚上《たきあ》げして人形たちの冥福《めいふく》を祈る。

天　児（あまがつ）

「天児」とは　日本人形の原型といわれ、子どもの健康と幸せを守るもの。

幼児の災難を除くために、形代《かたしろ》として凶事《きょうじ》を移し負わせるための木偶《でく》人形。平安時代に神事の祓《はらい》に用いられた。『源氏物語』の「薄雲」「若菜上」などに天児のことが記されている。

重陽の節句

■「後の雛」とは　江戸時代に九月九日重陽の節句に再びひな人形を飾る風習があった。三月三日の桃の節句に対して「後の雛《のちのひな》」といわれた。ひな人形を再び飾り、長寿の願いを込めるというもので、貴重な人形を一年間しまい通しにせず、虫干しをして痛みを防ぎ、長持ちさせようという知恵も込められていた。

■期待される行事へ　平成二二年（二〇一〇）年一〇月、岩槻で初めて「重陽《ちょうよう》の節句」（主催・埼玉商工会議所岩槻支部）が開催された。これを受けて、民間の有志が実行委員会を組織して、平成二六年から岩槻の活性化と観光客の増加を図るため「第一回 重陽の節句 岩槻の博物館と町家めぐり」がスタートした。

九月一三日〜一〇月一三日までの一カ月、四か所の博物館と少数の料亭、和菓子店、人形店が中心となり、細々とした船出であった。

第二回は、平成二七年九月二六日〜一〇月二五日。この年には、第一回目の「雛のまち岩槻 創作人形フェスティバル」が始まり、この応援を得ての開催であった。

第三回は、平成二八年九月二二日〜一〇月一〇日開催の予定である。この年は、さいたま市主催の「トリエンナーレ」がこの期間中行われ、また「創作人形国際公募展」、第二回目の「雛のまち岩槻 創作人形フェスティバル」も行われる。

岩槻のまちが、秋の訪れとともに賑わいを増すときの開催となる。

近い将来、春の「まちかど雛めぐり」と同じように盛況になることと期待されている。

「重陽の節句」見所の一つ鈴木酒造

菊の花をかたどった菓子

Ⅲ 資料編

岩槻人形師系統図ほか

1 岩槻人形師系統図

ひな部会 （問屋・完成）

- 井野儀兵衛 ― 井野徳五郎
  - 井野喜一（井野徳子宝） ― 井野正信
  - 井野清次郎（宝玉） ― 井野義平 ― 井野正直
  - 戸塚健蔵（東玉）
- 伊勢常商店 ― 大嶋順一郎（大嶋人形店　初代） ― 大嶋充 ― 大嶋光
- 関根福松（杉戸町） ― 小山圭治（佳月） ― 小山和也（初代） ― 小山則和
- 二上忠蔵（雛忠） ― 山下宗平（入間市　山下人形店）
  - 齊藤寒一（入間市　斉藤雛人形店）
  - 清水安五郎（東京　錦月人形）
    - （齊藤寒一・清水安五郎） ― 齊藤公司 ― 齊藤大司
- 関口松五郎（吉見屋　五代）
  - 関口加蔵（六代）
  - 川﨑阿具（川﨑人形）
    - 川﨑三郎 ― 川﨑和弘（三栄） ― 川﨑亮太
    - 斉藤正三郎
    - 関根宏
    - 川﨑勝久 ― 川﨑浩司
  - 中島徳治郎（東栄人形） ― 中島栄作 ― 中島勇治
- 津田安兵衛（蓬玉） ― 福田徳也（東久）
  - 佐藤加奈女
  - 堀田徳美
- 宮沢徳次郎（峰徳） ― 宮沢慶子 ― 宮沢武義

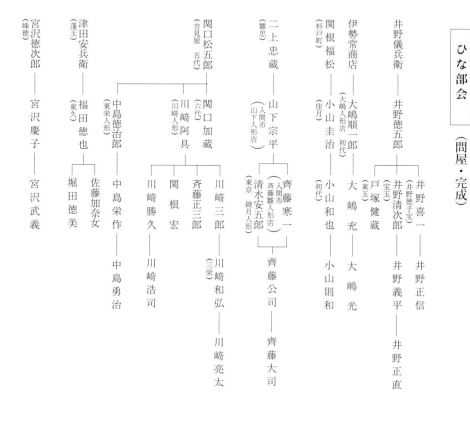

植松平七 ― 植松久太郎 ― 植松金平 ― 植松金之助

戸塚隆軒（医師・初代東玉） ― 戸塚健次郎 ― 戸塚貞造 ― 戸塚巖（雛匠東玉） ― 戸塚健蔵 ― 戸塚隆 ― 戸塚大介

守千人形

卯ノ木源蔵 ＝ 金子銀治

卯ノ木源蔵 ― 金子耕作 ― 金子仁（玉童）
金子耕作 ― 金子明（明玉） ― 金子純

金子銀治 ― 金子金弥 ― 新井玉善
金子金弥 ― 矢作広守（矢作人形） ― 斉藤隆男（人形福藤） ― 斉藤広美
矢作広守 ― 矢作恒良 ― 矢作悦士（雛の廣榮）
矢作広守 ― 矢作努
金子金弥 ― 金子一郎（金子一郎商店） ― 金子優一 ― 金子利夫 ― 金子剛大

神田虎之助 ― 神田栄吉 ― 青木靖忠 ― 青木成公 ― 青木敦

豊住昇一郎（豊住本店） ― 豊住良作 ― 豊住暁

豊住玄三郎（マルイ） ― 豊住勝利 ― 豊住昇二 ― 豊住淳

片岡屏風（東京）

林屏風（東京） ― 星野太平 ― 星野敏夫 ― 星野真利

田島弥七（頭師） ― 多ヶ谷新三郎 ― 多ヶ谷一男 ― 多ヶ谷弘 ― 多ヶ谷卓
多ヶ谷一男 ― 多ヶ谷昇

堀江倉吉（堀江商店 初代） ― 堀江昭 ― 堀江正 ― 堀江誠

細野太三郎 ― 細野太一郎（細野人形店）

荻野貞安（荻野金襴織物） ― 荻野隆

井野清次郎（宝玉） ― 中島敏（中島敏人形店 初代） ― 中島孝明

龍玉 ― 望月和風（望月五月店） ― 望月俊邦

清水安五郎（錦月人形） ― 曽根正四郎（正栄） ― 曽根良一

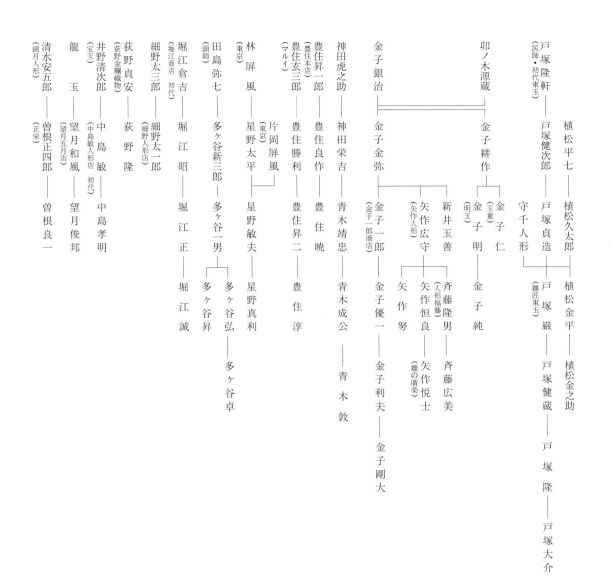

頭部会

（頭師）

- 雛屋次郎左衛門
  - 初代東雲斎 小林鉄之助
    - 二代東雲斎 小林弥五郎
      - 中村玉堂
      - 鈴木長英
      - 三代東雲斎 小林鉄之助
      - （鈴木長英・三代東雲斎 小林鉄之助）
        - 岡本玉水
          - 吉田博（木目込・御所人形）
          - 野口芳正（御所人形）
    - 青雲斎 野口清五郎
      - 野口彦太郎
        - 野口光彦 ＝ 野口陽子（彩象会）
          - 野口鎮夫（行動美術会）
          - 鈴木柳蔵（頭師）
            - 鈴木隆
              - 岡野進
              - 大河内一男
              - 鈴木章人
              - 平井義男
              - 加藤友三郎
              - 清水進
            - 藤塚智弘
            - 田島康孝
            - 平井忠五郎
            - 加藤博
            - 高橋弘
            - 斉藤弥一
            - 飛田清
            - 金井正明
            - 田中忠
            - 志村英雄
            - 楠義雄
            - 鈴木泰治
            - 川崎滋
            - 小堀軍次
            - 岡村正吉
            - 田中滋
            - 北村淳二
            - 伊東康徳
          - 山本勝夫（頭師）
          - 鈴木賢一（御所人形）
          - 林俊郎（人形作家）
          - 近沢昌彦（人形作家）
        - 野口春彦
      - 小泉寛山
        - 小泉晴三（人形師）
        - 西沢幸雄（頭師）
          - 西沢一雄（頭師）
        - 野口春彦
  - 初代永徳斎

- 柴田房蔵
- 増岡八老
  - 増岡新次郎
    - 増岡保夫
  - 増岡藤吉
- 福澤忠太郎
- 駒田峰吉
- 小川清助
  - 小川正儀
  - 小川正
  - 小川正和
  - 清水茂一
- 上原準一
- 中村梅吉
  - 中村しづ
  - 田村正一
- 園部吉五郎
- 熊ヶ谷浦吉
  - 熊ヶ谷義一
  - 古橋龍吉
  - 古橋豊吉
  - 熊ヶ谷芳夫
- 小河原近松

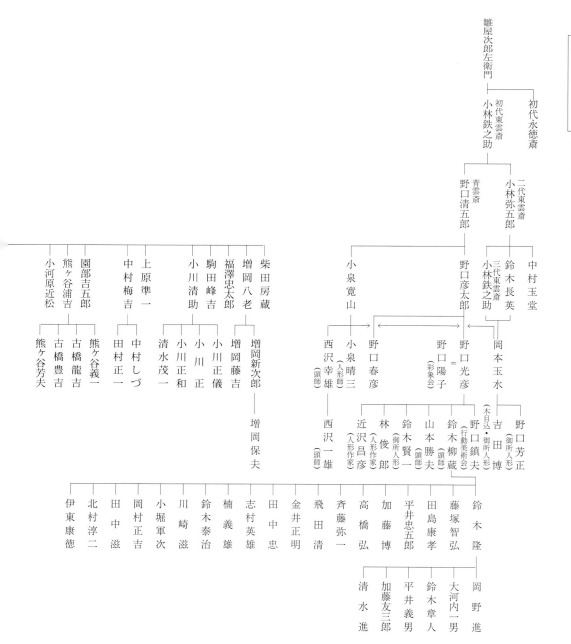

- 橋本重兵衛（かみしも人形）
  - 柴田荒次郎
    - 柴田甚蔵
      - 鈴木子之吉
    - 小島七五郎
      - 原口安太郎
    - 新井徳松
    - 内山富士五郎
    - 野口眞平
      - 野口六右エ門
  - 高橋武兵衛（卯ノ木源蔵にも修業）
    - 高橋利兵衛
      - 高橋勘次郎
    - 的場勝
    - 的場幸吉
    - 的場幸次郎
      - 的場利八
        - 的場正郎
          - 的場健一
    - 神田虎之助
      - 神田角太郎
        - 神田晃
          - 神田成人
      - 神田栄
        - 青木靖忠
        - 小島留吉
      - 増田豊吉
        - 田中金治
          - 田中徳治
      - 丸芳蔵
      - 福澤吉之助
        - 福澤英雄
        - 当間三代市
        - 川崎燗
      - 渋谷倉吉
        - 渋谷忠雄
        - 小林留吉
      - 阿部慎一郎
      - 石井正一
      - 永浦健
    - 福田政吉
      - 福田房吉
        - 川崎善吉
      - 吉田兵吉
      - 浅子常吉
    - 高橋半左エ門
      - 高橋清七
      - 岡安信一郎
    - 鈴木兵吉
  - 矢部鉄次郎（卯ノ木源蔵にも修業）
    - 矢部初太郎
    - 矢部菊次郎
      - 矢部正男
    - 矢部信次郎
    - 矢部曽太郎
    - 栗原寅吉
  - 橋本力蔵
    - 村田某
      - 村田キン

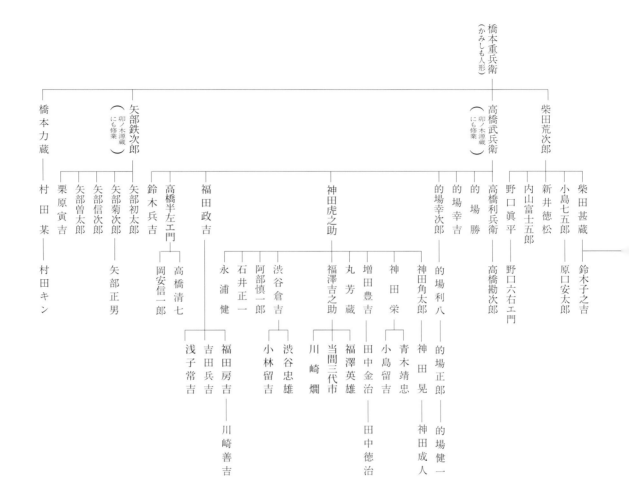

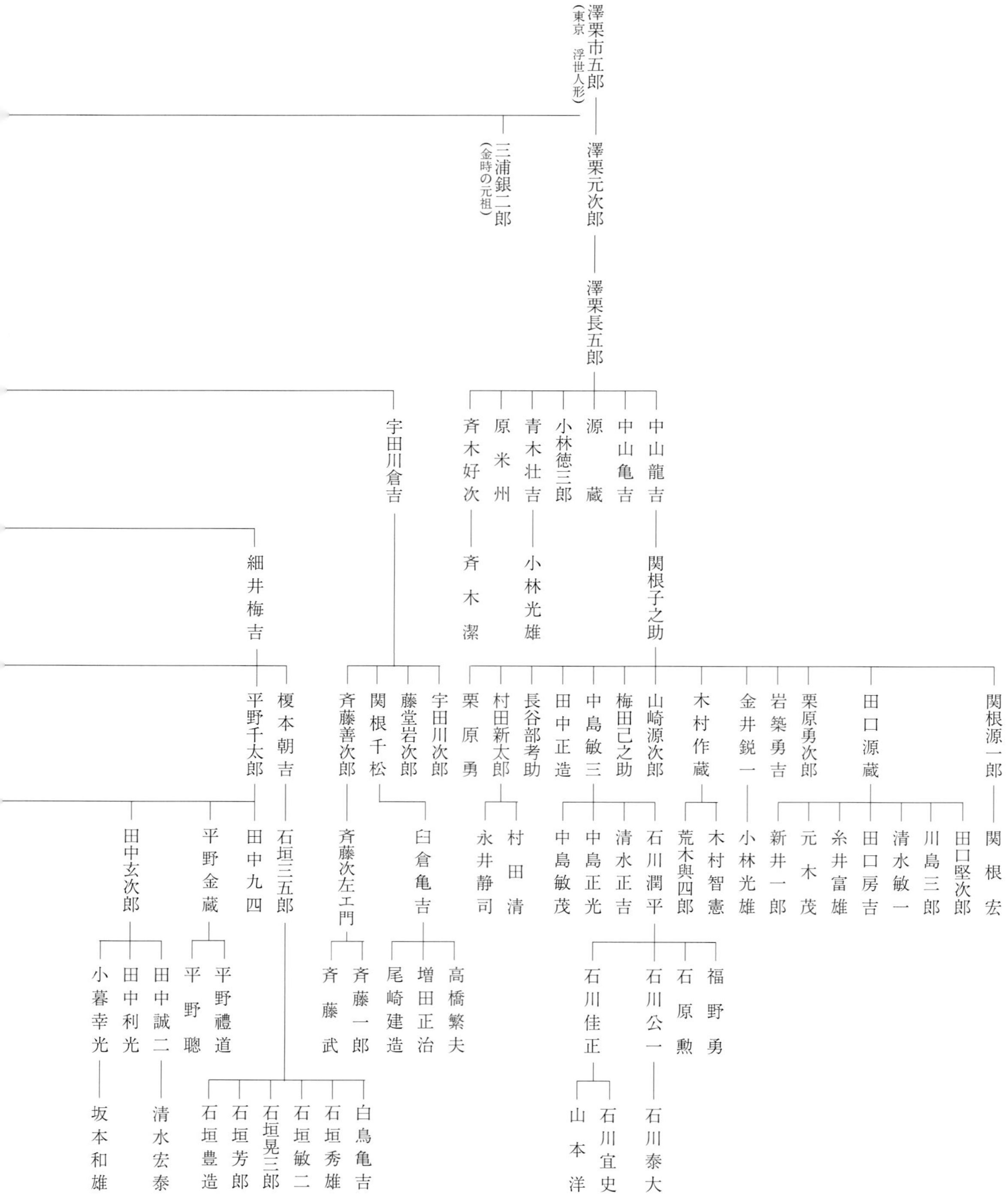
澤栗市五郎
（東京　浮世人形）
澤栗元次郎
三浦銀二郎
（金時の元祖）
澤栗長五郎
中山龍吉
中山亀吉
源　蔵
小林徳三郎
青木壮吉
原　米州
斉木好次
宇田川倉吉
関根子之助
小林光雄
斉木潔
細井梅吉
関根源一郎
田口源蔵
栗原勇次郎
岩築勇吉
金井鋭一
木村作蔵
山崎源次郎
梅田己之助
中島敏三
田中正造
長谷部考助
村田新太郎
栗原勇
宇田川次郎
藤堂岩次郎
関根千松
斉藤善次郎
榎本朝吉
平野千太郎
関根宏
田口堅次郎
川島三郎
清水敏一
田口房吉
糸井富雄
元木茂
新井一郎
小林光雄
木村智憲
荒木與四郎
石川潤平
清水正吉
中島正光
中島敏茂
村田清
永井静司
臼倉亀吉
斉藤次左エ門
石垣三五郎
田中九四
平野金蔵
田中玄次郎
福野勇
石原勲
石川公一
石川佳正
高橋繁夫
増田正治
尾崎建造
斉藤一郎
斉藤武
平野禮道
平野聰
田中誠二
田中利光
小暮幸光
石川泰大
石川宜史
山本洋
白鳥亀吉
石垣秀雄
石垣敏二
石垣晃三郎
石垣芳郎
石垣豊造
清水宏泰
坂本和雄

- 福島儀式（澤栗にて修業）
  - ○○巻（姓不明）
- 平野市五郎（澤栗にて修業。明治三七年四四歳で死去。）
- 倉賀野隆信
  - 吉田光三
    - 長谷川嘉四郎
    - 安生長三郎
      - 安生嘉成
      - 安生梅吉
      - 大塚喜一
        - 大塚正男
    - 小花春蔵
    - 鈴木柳蔵（野口光彦の下で再修業）
      - 鈴木隆
        - 鈴木章人
        - 岡野進
        - 大河内一男
      - 高橋弘
      - 斉藤弥一
      - 飛田清
        - 栗原晃
        - 田中晴之助
      - 加藤博
        - 加藤友三郎
      - 金井正明
      - 田中忠
      - 平井忠五郎
      - 志村英雄
      - 楠義男
      - 鈴木泰治
      - 川崎滋
      - 小堀軍次
      - 岡野正吉
      - 田島康孝
      - 山本勝夫
      - 田中滋
      - 藤塚智弘
    - 石坂精一
    - 森田酉蔵
    - 山崎竹次郎
    - 中村幸正
    - 小谷中断太郎
    - 吉野喜一郎
    - 小花留吉
    - 安生仁一
      - 篠崎昭八
      - 藤野正一
      - 熊倉基安
        - 熊倉満
      - 大豆生田正
        - 大豆生田博
        - 大豆生田誠
      - 大出正男
      - 的場健一
    - 小林竹三郎
    - 小島栄吉
  - 小川末四郎
  - 石垣梅次郎
- 細井誠一郎
  - 村岡政一
    - 村岡和夫
  - 鈴木雄之助
- 細井孝輔
- 細井隆作
  - 大塚昇
- 嶋田酉蔵
  - 嶋田輝一（衣裳へ）
- 中田長吉
- 石垣宇三郎

次頁に続く

前頁より続く

- 平野市五郎（前頁と重複）
  - 倉賀野隆信（前頁と重複）
    - 小木安次
      - 小木和一（小木）
        - 小木一郎
          - 若山勇司
          - 小木佑介
      - 石井源次郎
        - 石井幸七
          - 田中広
            - 酒寄幸吉
              - 富張成雄
      - 山崎寅之助
      - 崎田眞一
      - 川崎梅吉
      - 大木留吉
      - 川崎兼一
      - 小木喜一
      - 葉多野忠一
      - 小木常二
    - 吉田銀蔵
    - 長島近蔵
- 藤塚秀之助
  - 藤塚眞之助
  - 井上午吉
  - 大竹芳蔵
  - 小島酉蔵
  - 林三郎
  - 田中勝
  - 藤塚久雄
- 小澤恵造
- 斉藤浅之丞
  - 斉藤勇
    - 伊奈藤市
    - 島村徳次郎
    - 飯山次郎吉
    - 須田正義
    - 池田増太郎
    - 金子信一
    - 斉藤浜吉
      - 斉藤忠司
      - 斉藤博
        - 本澤幸一
      - 斉藤茂雄
        - 柴田政治
      - 板垣万吉
      - 斉藤政之助
        - 斉藤忍夫
    - 鈴木貞
    - 斉藤啓次郎
    - 川崎酉之助

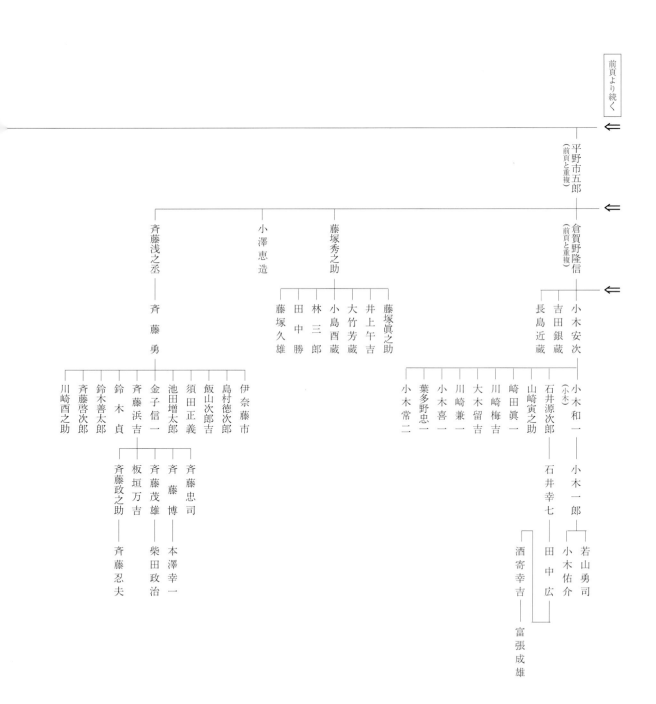

- 額田
  - 額田長次郎（澤栗に修業）
    - 高田練治
    - 市村喜一
    - 西澤仁左衛門
      - 小林牛蔵
      - 吉田清治
        - 若林辰次郎
        - 黒須六三郎
        - 吉田清
        - 堀江得世
        - 岡野栄吉
        - 中島馬五郎
        - 三枝勝甲
        - 菱沼福次
        - 配島庄四郎
        - 染谷福次
        - 田中幸一
        - 関根一一
        - 横山正義
      - 鈴木卯之助
    - 川崎銀三
    - 秋葉村吉
      - 秋葉正二
      - 本澤明
    - 斉藤弁蔵
      - 小川清助
      - 関根多三郎
      - 矢島次郎吉
      - 菱沼浅次郎
    - 宇田伝吉
    - 吉原亀吉
      - 石川庄吉
      - 猪原藤太郎
      - 尾島竹千代
      - 中野隆司
    - 当間吉蔵
    - 斉木清
    - 西澤幸雄（のち小泉寛山にも師事）
      - 島村某
      - 田中宏樹
      - 関根清
      - 関本良一
      - 西澤一雄

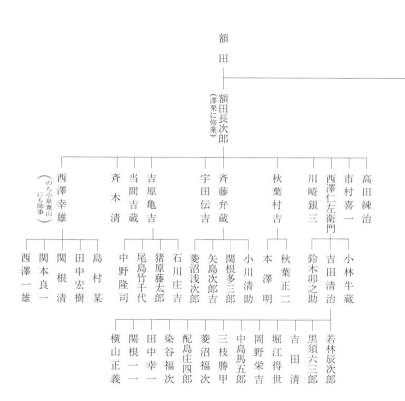

- 卯ノ木源蔵（熊谷）
  - 卯ノ木金次郎
    - 卯ノ木三郎
    - 木村亀吉
    - 藤井惣太郎
      - 安蒜兼吉（東京）
        - 村岡政一
          - 村岡和夫
    - 金子金弥
      - 矢作広守
        - 高橋子之吉
      - 金子一郎
      - 小久保信夫
      - 浜野寅蔵
    - 坂口茂一
    - 小林徳三郎（澤栗でも修業）
      - 関根太市
      - 井野長次
        - 井野清次
        - 井野正一
        - 増田利男
        - 老海原久次郎
        - 村岡正夫
          - 村岡正史
          - 村岡昇
          - 島田三郎
          - 岡田信
          - 籠田善市（中山栄三にも師事）
        - 松口甚五郎
          - 松口一栄
    - 中村利兵衛
    - 岡野重吉
  - 熊ケ谷与一
  - 渡辺長次郎
    - 加藤徳十郎
    - 若谷林之助
    - 星野増蔵
      - 若谷朝雄
        - 若谷秀男
        - 荒井金吾
      - 田島弥七
      - 三村房吉
        - 三村明
        - 星野福太郎
          - 星野一夫
            - 星野章夫
          - 星野三郎
            - 桑原正二
              - 蓮見和夫
            - 金子三之助
              - 浅草正
            - 出野利
            - 星野政照
              - 星野英親
              - 高橋紀子（旧姓星野）
          - 星野平八郎
            - 石渡幸太郎
            - 斉藤俊信
            - 新井育太郎
            - 三村明
            - 石渡正三郎
              - 大沢常夫
          - 小林元三郎
            - 小林敏夫
            - 上原貞雄
            - 白田ゆずる

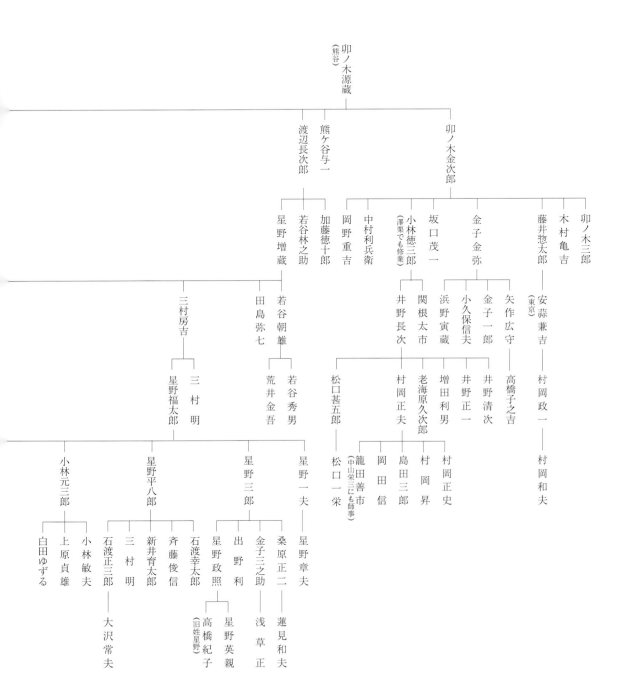

- 石井作五郎
  - 石井源次郎
    - 春山浅次郎
      - 石井長太郎
        - 石井栄
        - 塩野明
          - 塩野清
            - 古暮杏庵
  - 石井梅吉
    - 渡辺恒次郎
    - 島津寅次郎
- 渡辺広二
- 金子伊曽次
- 町田菊蔵
- 田島弥七（師匠死去により若谷へ）
  - 斉藤音松
    - 斉藤明
    - 鈴木周三郎
      - 斎藤猛
      - 絵野沢正
        - 篠村政治
      - 関根辰男
      - 中坪忠三
      - 鈴木健夫
      - 鈴木久雄
      - 前田豊
      - 中村清昭
        - 中村光喜
          - 中村光輝
        - 中村好志
        - 中村彰良
  - 岡崎太郎吉（柳澤兼吉にも師事）
    - 岡崎武
    - 山本正明
    - 石名清助
    - 斉藤丑松
    - 岡田幸太郎
  - 多ヶ谷新三郎
  - 菱沼浅次郎

- 金子金次郎
- 中坪栄吉
  - 中坪幸次郎
- 木村善吉
- 鈴木定次郎
- 森田喜兵衛

- 越沼直一
  - 越沼允雄
    - 岡野秀信
      - 中島孝一
    - 小山一郎
    - 小山武史
      - 小山勝久
- 山口房五郎
- 押田忠太郎
  - 井上清
- 斉藤正之助
- 高橋亥宗司
  - 高橋保男
- 會田好治
- 森田菊一
- 洞奥一郎
- 近藤芳雄
- 有山信吉
- 西田安五郎

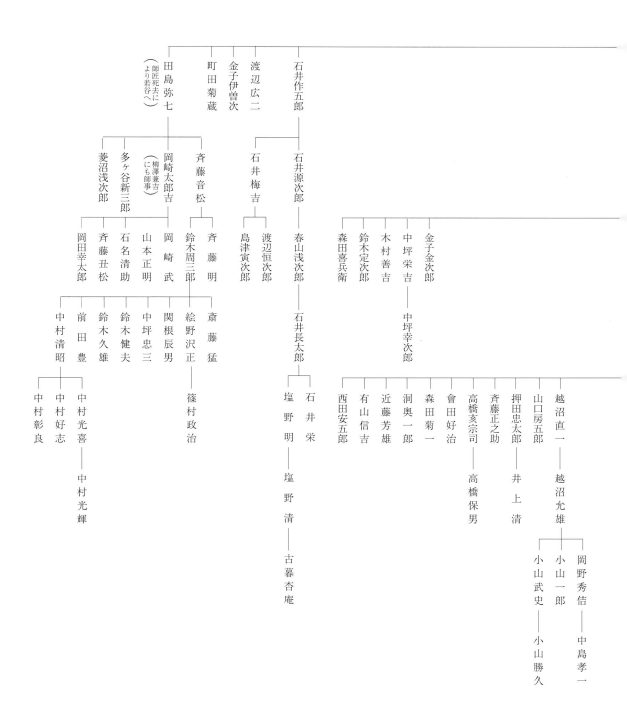

- 吉野栄吉（東京）
  - 吉野鎌之助
  - 吉野喜代二
  - 木村松五郎
    - 木村竹二郎
    - 木村留太郎
    - 木村勇
    - 西田喜楽
      - 田島総一郎
      - 岡野正二
      - 白石四郎
      - 加藤安太郎
      - 井原一郎
      - 木村加平治
        - 飯山正雄
      - 宮澤鶴吉
      - 西田清五郎
      - 井野時夫
        - 井野守也
      - 島村武吉
      - 村田五郎
      - 関根繁夫
      - 高橋関次郎
      - 新井繁
        - 新井照夫
    - 井野伊之吉
      - 井野作蔵
      - 藤野常吉
        - 藤野守台
        - 熊倉満
      - 井野藤蔵
        - 井野仙一
        - 井野日出次
      - 井野留吉
      - 宮澤謹佑
    - 河野市郎
      - 河野保
        - 河野健二
    - 田島弥一
    - 喜多又吉
    - 伴実
    - 吉田幸次郎
      - 吉田藤市
        - 吉田広幸
      - 吉田徳三郎
      - 小塚徳次郎
    - 新井忠一郎
      - 原澤昴
  - 佐々木兼吉
  - 柳澤兼吉
    - 岡崎太郎吉
  - 吉野長佐
  - 川田万之助
  - 久保佐四郎

衣裳部会

（人形の着付け）

- 年々斉一光（五代 守千吉）
  - 飯塚由蔵（初代 一向斉芳玉）
    - 飯塚午之助
    - 飯塚重男
      - 飯塚孝
        - 飯塚宗毅
- 松倉（東京）
  - 鈴木秀吉
    - 嶋田輝一
- 井野秀夫
  - 野口正夫
    - 野口朗子
      - 野口正巳

木目込部会

（木目込人形）

- 金林真多呂
  - 新井義男（新井人形店）
    - 新井久夫
      - 新井善也
  - 新井信男
- 折原正雄（折原粋玉）
  - 折原悦雄
    - 折原幸子
- 鈴木勇治郎（鈴木毛彫）
  - 鈴木伸一
- 鷲津仲助（マルワ人形）
  - 森田義治（森田人形店）
    - 森田和雄
    - 森田敏正
  - 井藤仁（いふじ人形）
  - 井藤孝
- 石川潤平
  - 石川公一（二代晴月）
    - 石川泰大
  - 石川佳正
    - 石川宜史
    - 山本洋（愛媛伊予人形の山本）
- 東京工芸
  - 小久保佳明（小久保人形）
- 久月（東京）
  - 山口徹（山口工芸）

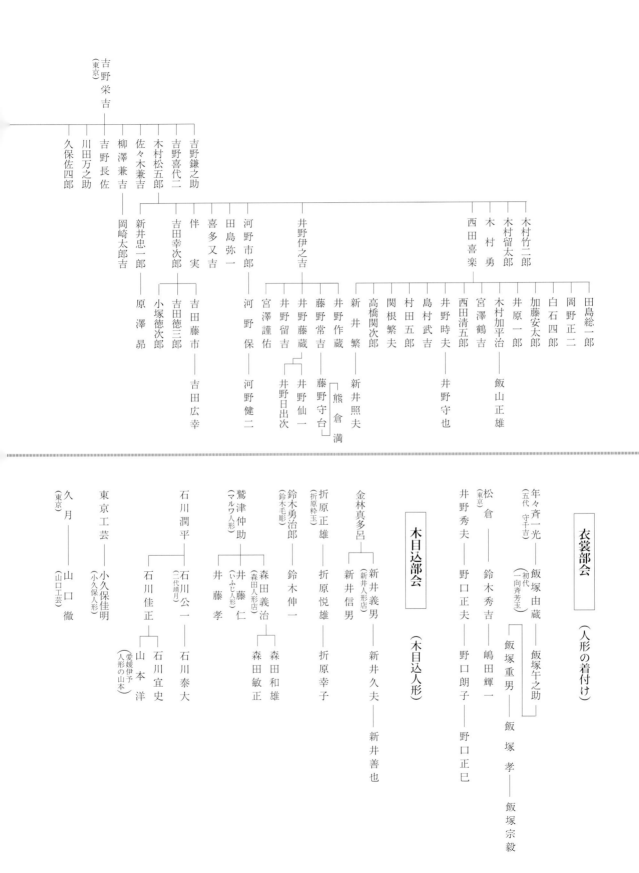

- （前頁より）
  - 猪ノ谷徳蔵
  - 伊藤徳松
    - 伊藤伊三郎
    - 川崎与三郎 ─ 秋森好太郎
      - 秋森倉吉
      - 石澤えつ子
    - 金子音吉
  - 伊東敏文

- 桑原由次郎
  - 増田彦太郎
    - 岡田
    - 岩築善太郎
    - 松村重太郎
    - 井上岩之進
    - 栗原弥太郎
      - 栗原勇
      - 栗原義雄
      - 鈴木幸松
        - 小川正一
        - 鈴木正治
        - 清水博
        - 清水章
        - 石川正義
  - 倉持次郎吉

- 柳澤兼吉（東京 柳澤謙太郎） ─ 深作享
  - 深作孝司
  - 深作紀代治
  - 深作勇

- 関野正二
  - 関野成二
  - 井上勝一

- 永楽斉（東京） ─ 木村勝三（勝陽）
  - 有松寿（松観斉）
  - 末村陽一
  - 木村勝信（星光）
    - 有松寿一（陽寿） ─ 有松亮一
    - 木村星一

- 広本乾瑞（東京） ─ 岩村茂三郎（市川）
  - 白石富蔵
  - 清水清正

- 植木屋（越ケ谷） ─ 新戸幾太郎
  - 鈴木幸之助
  - 金子七郎
  - 白鳥只右エ門
  - 森田福蔵

- 杉村春豊 ─ 福田徳也（東久）
  - 佐藤加奈女
  - 堀田徳美

- 小林庄平 ─ 小林慶二（寿光人形）
  - 小林明夫（寿光工芸）
  - 金子重治（金重）
    - 金子友紀
    - 金子久一（金久人形）
    - 松永秀夫（人形の秀隆）
  - 松永隆志

- 井野義平（宝玉） ─ 井野正直

- 戸塚巌（東玉 鈴木賢一入社） ─ 戸塚健蔵 ─ 戸塚隆 ─ 戸塚大介

小道具部会（人形の持物・かぶりもの）

- 山田基吉（山田人形店）
  - 山﨑八五郎
    - 酒井利明
    - 山﨑好朗
  - 山田一郎 ─ 山田一徳 ─ 山田一貴
  - 山田基子（望月姪）
  - 山田文子（山口姪）
  - 山口昭夫 ─ 山口宣高

- 河内雅雄（河内人形店） ─ 河内起一

- 田中善助（田中人形小道具店）
  - 神田義雄
  - 田中隆

- 岡野栄吉（岡野小道具） ─ 岡野光一 ─ 岡野恵一

- 佐野屋源兵衛（初代人形材料店） ─ 佐野屋茂兵衛 ─ 鹿沼宇吉 ─ 鹿沼仙太郎
- 鹿沼半兵衛 ─ 鹿沼仙太郎 ─ 千恵子 ─ 鹿沼恒男 ─ 鹿沼雅子

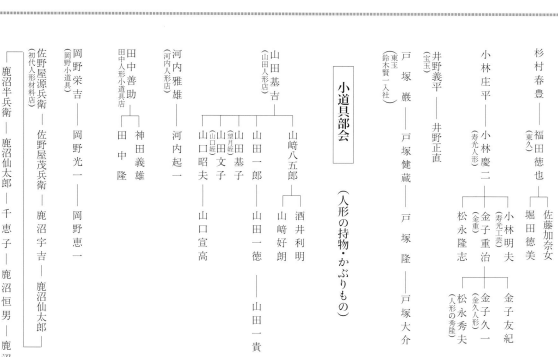

2 組合運営を支える組織と組合員

◇岩槻人形協同組合役員理事一覧

齊藤公司理事長を中心とする役員

〔平成 25 年 8 月〜平成 27 年 7 月〕

役　職	氏　名
相 談 役	井野　義平

理 事 長	齊藤　公司
前理事長・理事	戸塚　　隆
副理事長	新井　久夫
副理事長	松口　一栄
副理事長	有松　壽一
副理事長	金子　久一
副理事長・副会計	河野　健二
専務理事	伴戸　武三
常務理事	田中　　隆
会計理事	堀江　　正
理　　事	石川　佳正
理　　事	井野　守也
理　　事	井藤　　仁
理　　事	大豆生田博
理　　事	荻野　　隆
理　　事	河内　起一
理　　事	小林　明夫
理　　事	小木　一郎
理　　事	富張　成雄
理　　事	中島　勇治
理　　事	福野　　勇
理　　事	松永　秀夫
理　　事	森田　和雄
理　　事	矢作　恒良
監　　事	豊住　　暁
監　　事	細野太一郎

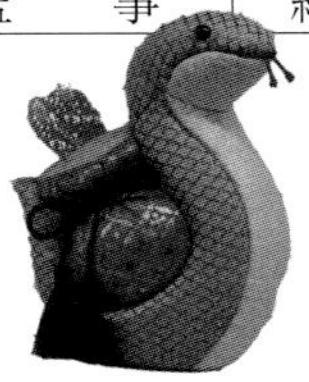

新井久夫理事長を中心とする役員

〔平成 27 年 8 月〜平成 29 年 7 月〕

役　職	氏　名
相 談 役	井野　義平
相 談 役	矢作　恒良
相 談 役	井藤　　仁
相 談 役	戸塚　　隆
相 談 役	齊藤　公司

理 事 長	新井　久夫
副理事長	石川　公一
副理事長	河野　健二
専務理事	伴戸　武三
会計理事	堀江　　正
会計理事	中島　勇治
理　　事	松口　一栄
理　　事	小木　一郎
理　　事	森田　和雄
理　　事	小林　明夫
理　　事	田中　　隆
理　　事	松永　秀夫
理　　事	石川　佳正
理　　事	荻野　　隆
理　　事	大豆生田博
理　　事	豊住　　暁
理　　事	野口　正巳
理　　事	曽根　良一
理　　事	山崎　好朗
理　　事	井野　正直
理　　事	青木　　敦
理　　事	矢作　悦士
理　　事	齊藤　大司
理　　事	戸塚　大介
理　　事	有松　亮一
監　　事	金子　久一
監　　事	富張　成雄

◇岩槻人形協同組合顧問〔平成27年8月現在〕

清水　勇人（さいたま市長）
桶本　大輔（さいたま市議会議長）
上田　清司（埼玉県知事）
武正　公一（衆議院議員）
村井　英樹（衆議院議員）
古川　俊治（参議院議員）
小島　信昭（埼玉県議会議員）
清水志摩子（公社・さいたま観光国際協会会長）
是澤　博昭（大妻女子大学准教授・人形研究家）

（敬称略・順不同）

◇岩槻人形協同組合組織図〔新井久夫理事長・平成27年8月現在〕

- 総会
  - 理事会
    - ひな部会
    - 製造部会
    - 木目込部会
    - 小道具部会
    - 流しびな委員会
    - 岩槻まつり実行委員会（第2事業部）
    - 人形供養祭実行委員会
    - まちかど雛めぐり実行委員会
    - 人形会館運営検討委員会
    - 地域ブランド推進委員会
    - 岩槻伝産委員会（教育事業・ふるさと体験）
    - 展示販売委員会（外部展示）
    - 広報委員会
    - 映像活用委員会
    - IT委員会（ホームページ作成・更新）
    - 岩槻人形史編纂委員会
    - 岩槻江戸木目込人形伝統工芸士会（江戸木目込人形検査委員会）
    - 岩槻人形伝統工芸士会（岩槻人形検査委員会）
    - 埼玉県技術継承者検討委員会（技術継承者育成事業）
    - 岩槻人形研修会
    - 岩槻江戸木目込み研究会

◇岩槻人形協同組合　組合員の紹介（平成27年8月現在）

ひな部会

部会長●曽根良一
副部会長●中島勇治·荻野隆
会計●豊住暁·川﨑浩司
幹事●青木敦·矢作悦士·川﨑亮太
監査●堀江正·伴戸武三

（株）雛の廣榮
矢作　悦士
339-0067 さいたま市岩槻区西町 4-3-5
TEL758-0017　FAX756-6633

（株）東　玉
戸塚　　隆
339-0057 さいたま市岩槻区本町 3-2-32
TEL756-1111　FAX757-3113

（株）工房天祥
齊藤　大司
339-0066 さいたま市岩槻区愛宕町 10-3
TEL757-0128　FAX757-3301

第5班・班長：望月俊邦

（株）川﨑人形
川﨑　浩司
339-0057 さいたま市岩槻区本町 5-8-17
TEL757-6721　FAX757-6723

（有）望月五月店
望月　俊邦
339-0051 さいたま市岩槻区南平野 474-3
TEL758-0233　FAX756-7897

（株）小　木
小木　一郎
339-0072 さいたま市岩槻区古ケ場 2-1-3
TEL794-2964　FAX795-0518

（有）人形福藤
斉藤　広美
339-0008 さいたま市岩槻区表慈恩 1520
TEL794-3473　FAX794-0888

（株）佳　月
小山　和也
339-0045 さいたま市岩槻区柏崎字中組 888-3
TEL756-5286　FAX757-4739

（有）三　栄
川崎　弘和
339-0047 さいたま市岩槻区原町 1-58
TEL756-1082　FAX756-0183

第3班・班長：大嶋　充

（株）東　久
福田　徳也
339-0056 さいたま市岩槻区加倉 1-7-1
TEL757-3032　FAX757-0041

青木人形
青木　成公
339-0057 さいたま市岩槻区本町 2-9-14
TEL756-0156　FAX756-0173

東栄人形
中島　勇治
339-0056 さいたま市岩槻区加倉 1-28-11
TEL756-3371　FAX758-8335

大島人形店
大嶋　　充
339-0056 さいたま市岩槻区加倉 4-19-73
TEL756-2062　FAX757-0875

第4班・班長：矢作悦士

細野人形店
細野太一郎
339-0057 さいたま市岩槻区本町 3-7-5
TEL756-1078　FAX757-6279

第1班・班長：曽根良一

（有）多ヶ谷人形店
多ヶ谷　安子
339-0057 さいたま市岩槻区本町 3-11-8
TEL756-5545　FAX756-5545

（有）正栄　曽根人形店
曽根　良一
339-0057 さいたま市岩槻区本町 1-5-1
TEL758-2008　FAX758-2786

（有）明玉人形店
金子　純
339-0057 さいたま市岩槻区本町 1-18-15
TEL756-0301　FAX758-2185

（有）金子一郎商店
金子　利夫
339-0057 さいたま市岩槻区本町 1-17-9
TEL756-0176　FAX756-9071

第2班・班長：荻野　隆

（有）マルイ
豊住　昇二
339-0057 さいたま市岩槻区本町 4-9-3
TEL756-0101　FAX749-6503

荻野金襴織物（株）
荻野　貞安
339-0043 さいたま市岩槻区城南 2-8-6
TEL798-1821　FAX798-1825

製造部会

部会長●河野健二

第１班・班長：松口一栄

(株)鈴木人形
鈴木　隆
339-0057 さいたま市岩槻区本町 3-5-16
TEL757-0222　FAX756-1930

大塚人形
大塚　正男
339-0081 さいたま市岩槻区西原 3-47
TEL756-0672　FAX756-0672

野口人形
野口　朗子
339-0057 さいたま市岩槻区本町 1-3-16
TEL756-2507　FAX756-2507

松口人形
松口　一栄
339-0067 さいたま市岩槻区西町 4-6-33
TEL757-2106　FAX757-2106

(有)大生人形
大豆生田 博
339-0055 さいたま市岩槻区東町 1-9-28
TEL756-3880　FAX756-8345

(有)雛平
星野　英親
339-0055 さいたま市岩槻区東町 1-7-12
TEL756-2656　FAX756-2660

第２班・班長：中村光喜

飯塚人形
飯塚　孝
339-0057 さいたま市岩槻区本町 5-12-26
TEL756-2286　FAX756-0973

井野人形
井野　時夫
339-0066 さいたま市岩槻区愛宕町 9-35
TEL756-2646　FAX756-2646

大沢人形
大沢　常夫
339-0006 さいたま市岩槻区上里 1-7-3
TEL794-4797

(株)河野人形店
河野　健二
339-0057 さいたま市岩槻区本町 5-8-15
TEL756-0644　FAX756-2131

(有)熊倉人形店
熊倉　基安
339-0007 さいたま市岩槻区諏訪 2-3-15
TEL794-4363　FAX794-4577

有松人形工房
有松　壽一
339-0063　さいたま市岩槻区美幸町 5-13
TEL756-3529　FAX756-3647

人形工房 中村
中村　光喜
337-0003 さいたま市見沼区深作 2-23-9
TEL683-6367　FAX683-6367
(株)もりさん
森　栄彰
602-8281 京都市上京区千本通り中立売東入る
TEL075-432-1205　FAX075-414-1262

(有)中島敏人形店
中島　孝明
330-0057 さいたま市岩槻区本町 5-11-33
TEL756-1244　FAX756-2345

第６班・班長：豊住　暁

(株)星野屏風店
星野　敏夫
339-0054 さいたま市岩槻区仲町 2-13-4
TEL758-2171　FAX758-3576

(株)伴戸商店
伴戸　武三
339-0054 さいたま市岩槻区仲町 1-2-21
TEL757-6097　FAX757-6072

豊住本店
豊住　暁
339-0055 さいたま市岩槻区東町 2-1-24
TEL757-0131　FAX757-0188

(有)堀江商店
堀江　正
339-0054 さいたま市岩槻区仲町 2-1-14
TEL757-0111　FAX756-0429

(株)峰　徳
宮沢　武義
339-0054 さいたま市岩槻区仲町 1-4-20
TEL756-0562　FAX757-8488

木目込部会

部会長 ● 小林明夫
副部会長 ● 松永秀夫・井野正直
会計 ● 鈴木伸一・松永隆志
監査 ● 金子重治・山口徹
相談役 ● 森田和雄

第１班・班長：石川佳正

(有)いふじ人形店
井藤　仁
339-0053 さいたま市岩槻区城町 2-1-89
TEL758-1222　FAX758-1223

(株)金重
金子　重治
339-0055 さいたま市岩槻区東町 2-5-1
TEL757-5038　FAX757-5039

鈴木毛彫店
鈴木　伸一
339-0057 さいたま市岩槻区本町 6-4-12
TEL756-2105　FAX756-2105

(有)人形の秀隆
松永　秀夫
337-0015 さいたま市見沼区蓮沼 491-1
TEL680-5631　FAX680-5632

(有)靖月人形
石川　公一
339-0057 さいたま市岩槻区本町 4-5-9
TEL756-2429　FAX757-7241

佳正工房
石川　佳正
339-0043 さいたま市岩槻区城南 3-6-5
TEL797-1568　FAX797-1568

第２班・班長：三須康司（東玉）

(株)宝玉
井野　義平
339-0057 さいたま市岩槻区本町 3-17-20
TEL758-0069　FAX758-2169

(株)東玉
戸塚　隆
339-0057 さいたま市岩槻区本町 3-2-32
TEL756-1111　FAX757-3113

(有)金久人形
金子　久一
339-0057 さいたま市岩槻区本町 1-18-22
TEL757-6326　FAX757-8780

(株)松永
松永　隆志
339-0037 さいたま市岩槻区浮谷 1358-1
TEL798-8008　FAX798-8009

第３班・班長：折原幸子

山口工芸
山口　徹
339-0061 さいたま市岩槻区岩槻 5473
TEL757-1697　FAX757-2155

(有)小久保人形
小久保佳明
339-0063 さいたま市岩槻区美幸町 2-32
TEL757-8317　FAX758-7671

(株)折原人形
折原　幸子
339-0067 さいたま市岩槻区西町 5-4-19
TEL756-1327　FAX756-1031

第３班・班長：鈴木利光

福野人形
福野　勇
339-0032 さいたま市岩槻区南下新井 1212-5
TEL797-1736　FAX797-1736

鈴木人形
鈴木　利光
339-0032 さいたま市岩槻区南下新井 35-5
TEL798-1187　FAX798-1187

人形の平野
平野ふみ子
339-0053 さいたま市岩槻区城町 1-4-57
TEL756-0745　FAX758-0745

富張人形
富張　成雄
339-0043 さいたま市岩槻区城南 2-4-31
TEL798-3041　FAX798-3041

嶋田人形
嶋田　輝一
339-0053 さいたま市岩槻区城町 2-1-73
TEL756-4971　FAX756-4971

小道具部会

部会長●田中隆
副部会長●山崎好朗
会計幹事●岡野恵一

岡野人形小道具
岡野　光一
339-0057 さいたま市岩槻区本町 2-8-2
TEL758-0656　FAX758-0443

(株)佐野屋
鹿沼　雅子
339-0057 さいたま市岩槻区本町 3-12-11
TEL758-0001　FAX758-0005

(有)山田人形店
山田　一徳
339-0065 さいたま市岩槻区宮町 1-3-11
TEL756-0331　FAX756-0827

(有)河内人形店
河内　起一
339-0065 さいたま市岩槻区宮町 2-7-22
TEL756-2759　FAX757-6310

(株)山﨑
山﨑　好朗
339-0066 さいたま市岩槻区愛宕町 9-39
TEL756-6534　FAX758-3838

田中人形小道具店
田中　　隆
339-0057 さいたま市岩槻区本町 2-7-14
TEL756-2501　FAX756-2511

(株)森田人形店
森田　和雄
339-0065 さいたま市岩槻区宮町 1-1-3
TEL756-2417　FAX756-2418

(有)寿光工芸
小林　明夫
339-0061 さいたま市岩槻区岩槻 5078-2
TEL756-0811　FAX756-0811

(有)新井人形店
新井　久夫
339-0066 さいたま市岩槻区愛宕町 9-35
TEL756-2364　FAX756-8221

岩槻人形協同組合　**◇事務局:平日(月～金)10時～16時**
339-0057 さいたま市岩槻区本町 5-6-44 岩槻商工会議所岩槻支所内 3F
TEL048-757-8881　FAX048-757-8891
http://www.doll.or.jp

岩槻までのアクセス

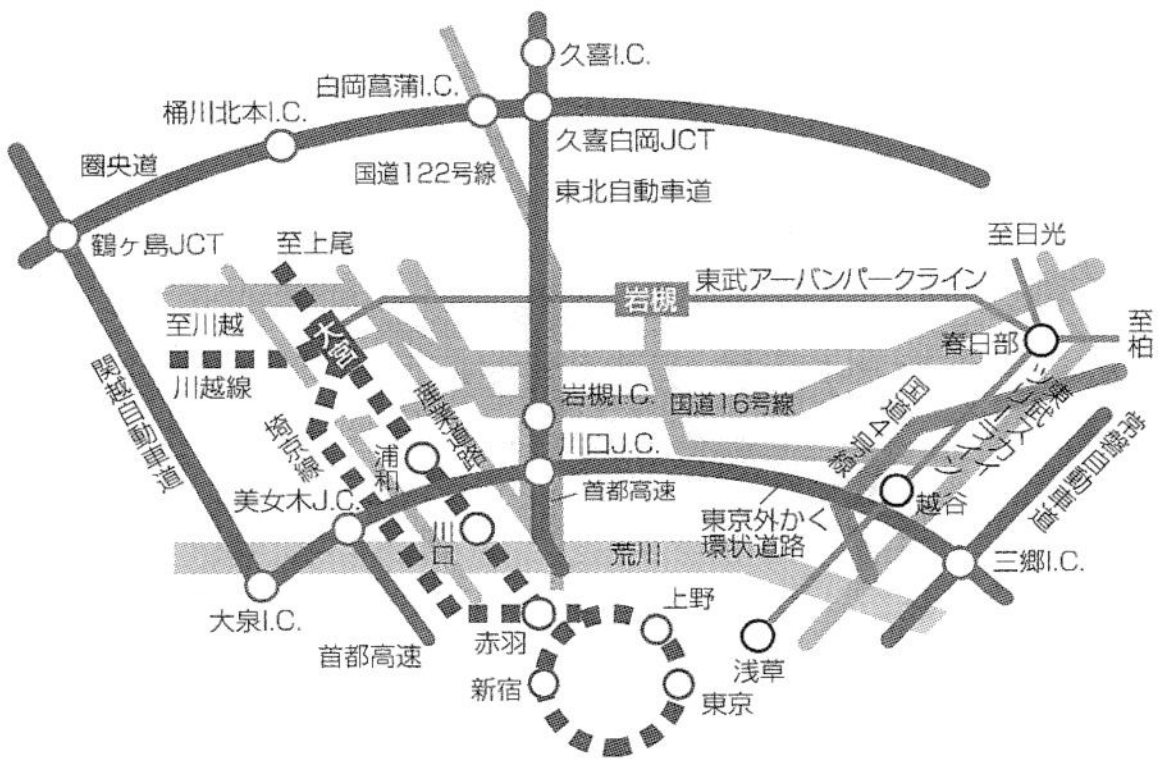

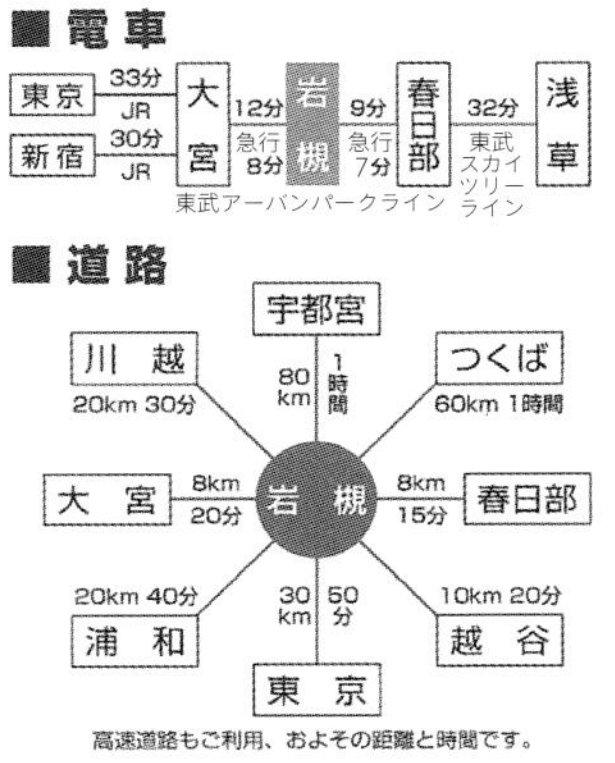

高速道路もご利用、およその距離と時間です。

3 各種顕彰 ― 表彰者リスト（表彰・受章年順）

関東工芸士会長表彰

井野　三郎（平成15年）
鈴木　利光（平成16年）
金子　久一（平成17年）
平野　禮道（平成18年）
新井　久夫（平成19年）
石川　佳正（平成15年）
井野　守也（平成20年）
石川　公一（平成22年）
松口　一栄（平成22年）
井藤　孝（平成23年）
飯塚　孝（平成23年）
富張　成雄（平成24年）
大豆生田博（平成24年）
小林　明夫（平成25年）
青木　成公（平成25年）
森田　和雄（平成26年）
岡田　一郎（平成26年）
森田　敏正（平成27年）
金子　貴子（平成27年）

日本伝統工芸士会長表彰

福野　勇（平成15年）
井野　三郎（平成18年）
有松　寿一（平成19年）
平野　禮道（平成20年）
金子　久一（平成21年）
鈴木　利光（平成22年）
井野　守也（平成23年）
石川　公一（平成26年）
井藤　孝（平成27年）

伝統的工芸品産業振興協会長表彰

清水健三郎（昭和55年）
杉村　作一（昭和59年）
石川　潤平（昭和62年）
井野　時夫（平成5年）
井野　義平（平成10年）
戸塚　隆（平成15年）
細野太一郎（平成19年）
齊藤　公司（平成21年）
伴戸　武三（平成23年）
平野　禮道（平成24年）
田中　隆（平成25年）

埼玉県知事表彰

斉藤改之助（昭和51年）
村岡　正夫（昭和52年）
杉村　作一（昭和53年）
平野　金藏（昭和54年）
岡野　栄吉（昭和55年）
飯塚　重男（昭和56年）
石川伸一郎（昭和57年）
西澤　幸雄（昭和57年）
鈴木　賢一（昭和58年）
石川　潤平（昭和58年）
戸塚　健蔵（昭和59年）
吉田　賢（昭和59年）
井野　留吉（昭和60年）
星野　一夫（昭和60年）
清水永五郎（昭和61年）
村田甚五郎（昭和61年）
井野　時夫（昭和62年）
安生長三郎（昭和63年）
曽根正四郎（昭和63年）
木村　勇（平成元年）
金子　明（平成元年）
新井　義男（平成2年）
河野　保（平成2年）
木村　スエ（平成3年）
神田　晃（平成3年）
河野登美子（平成3年）
大塚　喜一（平成4年）
川崎　三郎（平成5年）
堀江　昭（平成6年）
森田　義治（平成7年）
中島　栄作（平成7年）
山崎八五郎（平成8年）
井野　義平（平成9年）
宮沢　慶子（平成10年）
福田　徳也（平成11年）

齊藤　公司（平成13年）
矢野　洲一（平成14年）
金子　利夫（平成15年）
青木　成公（平成16年）
荻野　貞安（平成16年）
金子　重治（平成16年）
松口　一栄（平成18年）
浅見　法男（平成20年）
伴戸　武三（平成22年）
矢作　恒良（平成24年）
井藤　仁（平成25年）
戸塚　隆（平成27年）

経済産業省・関東経済産業局長表彰

戸塚　健蔵（平成9年）
矢作　恒良（平成11年）
鈴木　隆（平成12年）
川﨑　勝久（平成13年）
井藤　仁（平成14年）
新井　義男（平成15年）
吉田　正則（平成16年）
福野　勇（平成16年）
齊藤　公司（平成17年）
新井　信男（平成17年）
細野太一郎（平成18年）
有松　寿一（平成18年）
福田　徳也（平成18年）
金子　久一（平成20年）
戸塚　隆（平成21年）
鈴木　利光（平成21年）
齊藤　公司（平成22年）
新井　久夫（平成22年）
田中　隆（平成23年）
松口　一栄（平成23年）
石川　佳正（平成24年）
伴戸　武三（平成24年）
堀江　正（平成25年）
井野　守也（平成25年）
井藤　孝（平成26年）
河野　健二（平成27年）
石川　公一（平成27年）

経済産業大臣表彰

石川　潤平（平成2年）
戸塚　健蔵（平成11年）
井野　義平（平成12年）
矢作　恒良（平成13年）
鈴木　隆（平成16年）
井藤　仁（平成17年）
福野　勇（平成17年）
川﨑　勝久（平成21年）
有松　寿一（平成21年）
戸塚　隆（平成22年）
新井　信男（平成22年）
細野太一郎（平成23年）
金子　久一（平成23年）
伴戸　武三（平成25年）
新井　久夫（平成25年）
田中　隆（平成26年）
松口　一栄（平成26年）
堀江　正（平成27年）
石川　佳正（平成27年）
福田　徳也（平成27年）

叙勲・褒章

勲七等青色桐葉章
杉村　作一（昭和63年）

勲六等瑞宝章
鈴木　賢一（平成元年）

黄綬褒章
石川　潤平（平成元年）

勲六等瑞宝章
石川　潤平（平成7年）

勲七等青色桐葉章
井野　時夫（平成8年）

勲六等瑞宝章
河野登美子（平成10年）

勲七等青色桐葉章
矢野　洲一（平成13年）

瑞宝単光章
齊藤　公司（平成23年）

その他表彰

厚生労働大臣表彰
（現代の名工）
鈴木　柳蔵（昭和54年）
河野登美子（平成6年）

荻野吟子賞《埼玉県》
金子　友紀（平成24年）

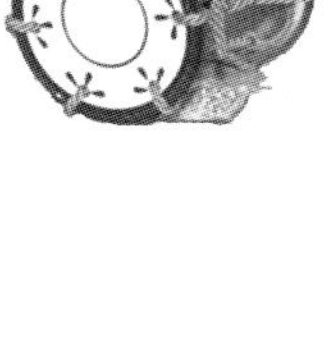

4　岩槻人形協同組合が関係している行政組織及び団体

1 国及び関係団体

◇経済産業省　伝統的工芸品産業室

（国の伝統的工芸品の認定及び振興の指導）

◇経済産業省　関東経済産業局　製造産業課

◇（一財）伝統的工芸品産業振興協会

（全国伝産地／国の伝統的工芸品の振興）

◇伝統的工芸品産業産地連絡会議

◇日本伝統工芸士会

◇国際交流基金（諸外国との交流事業）

◇（独）中小企業基盤整備機構

2 埼玉県及び関係団体

◇埼玉県産業労働部・観光課

（振興事業…国内・海外における見本市の開催等）

（県の伝統的手工芸品の指定及び振興事業の指導）

◇埼玉県教育委員会（県無形文化財保持者の認定他）

◇（一社）埼玉県物産観光協会

（人形のまち岩槻を観光面で、岩槻人形を県産品で振興）

◇埼玉県中小企業団体中央会　事業情報部

（県内における団体の設立、組合事業の指導）

◇埼玉伝統工芸会館（小川町）

（埼玉県内の伝統工芸品二〇産地の広報、振興）

◇（一財）埼玉伝統工芸協会

（埼玉県内の伝統工芸の振興を目指す）

3 さいたま市及び関係団体

◇さいたま市　経済局（岩槻人形の振興事業）

◇さいたま市　スポーツ文化局

（岩槻人形博物館の建設をはじめ文化事業）

◇（公財）さいたま市産業創造財団

◇（公社）さいたま国際観光協会

◇（公社）さいたま市文化振興事業団

◇さいたま商工会議所

（さいたま市内の商工業の振興を目指す組織）

4 業界及び人形文化の団体

◇（一社）日本人形協会

（節句人形を中心とする全国唯一の組織）

◇日本人形協会埼玉支部

（日本人形協会の支部で埼玉県が中心の組織）

◇日本人形協会埼玉支部青年会「彩雛会《さいすうかい》」
（業界の振興を目的として、絵本の出版等）
◇（一社）埼玉節句人形振興協会
（全国一の産地埼玉、節句人形の見本市の開催）
◇岩槻人形優良店会
（岩槻区内における人形小売店の団体。人形のまち岩槻の広報活動）
◇さいたま商工会議所岩槻支部　人形部会
（岩槻人形の振興・広報の事業）
◇日本人形玩具学会
（人形を学術的に研究、発表している文化団体）

5 岩槻区内における行政組織・団体・NPO

◇さいたま市岩槻区役所　総務課観光経済室
◇（公財）さいたま市文化振興事業団
◇さいたま商工会議所岩槻支部
◇岩槻商店会連合会
◇岩槻区自治会連合会
◇春日部法人会岩槻支部
◇岩槻仏教会
◇ＮＰＯ法人　岩槻まちづくり市民協議会
◇ＮＰＯ法人　岩槻人形文化サポーターズ
◇ＮＰＯ法人　ためぞうクラブ
◇ＮＰＯ法人　地域伝統文化推進機構
◇岩槻観光委員会
◇岩槻観光ボランティアガイド会
◇久伊豆神社
◇岩槻警察署
◇岩槻消防署
◇岩槻金融団
◇東武鉄道株式会社
◇（一社）ひなまちデザイン
◇人形のまち岩槻まつり実行委員会
◇まちかど雛めぐり実行委員会
◇重陽の節句実行委員会
◇ひなの里アートフェスティバル実行委員会
◇雛のまち岩槻創作人形公募展実行委員会

5　文芸作品に描かれた岩槻の人形

長い歴史と伝統の岩槻の人形は、数々の詩歌に詠まれ、歌い継がれている。また小説などの文芸作品にも取り上げられている。

そのなかで、今なお親しまれているもののなかから、紹介する。

歌

1　岩槻音頭

（昭和九年七月七日）
作詞／松本　一晴
作曲／大村　能章
歌／丸山和歌子

一　物見　衣掛け　枝ぶり葉ぶり
昔変わらぬときわ色
昔よいとなの　よいとなの昔
サーサ変わらぬときわ色

二　作りなされよどなたもヒナを
手ぎわのよい娘は嫁にとる
手ぎわのよいとなの　よいとなの手ぎわ
サーサよい娘を嫁にとる

三　大手　搦手お城下町を
攻める口説に明けの鐘な
攻めるよいとなの　よいとなの攻める
サーサ口説に時の鐘

岩槻音頭は、岩槻人形を全国に広報するため作製されたもので、昭和五三年（一九七八）に市制施行二五周年記念の「岩槻市民音頭」ができるまで、戦後も長い間、小学校の運動会や盆踊りで盛んに踊り継がれてきた。

作曲の大村能章は、中山晋平、古賀政男、江口夜詩らと共に我が国の歌謡界の四天王のひとりとして「旅笠道中」や「野崎小唄」、「麦と兵隊」などに代表される売れっ子作曲家だった。

唄の丸山和歌子は昭和初期の東京浅草で最も人気があったといわれている流行歌手である。

岩槻市民の歌／岩槻市民音頭のレコードとジャケット

どのような経緯で依頼したのかは、記録が残されていないので不明であるが、当時の組合として総力を結集して製作に当たったことは、確実であろう。

昭和九年の七月七日付の読売新聞には、岩槻音頭開演として、次のような記事が掲載されている。

雛人形で年産五〇万円と云われている岩槻町では、雛の町の宣伝を期して、民謡岩槻音頭を作歌し、レコードに仍《よっ》て全国に宣伝する計画中であったが、此程作歌松本一晴、作曲大村能章、唄丸山わか子等によって出来上がったので、町では七日行われる久伊豆神社祭典に土地の芸妓に振付を行い公開する。

歌詞の「物見」「衣掛け」は、ともに岩槻城址公園にあった枝ぶりの良い松で、太田道灌が衣をかけたという伝説があったが、昭和二四年（一九四九）のキティ台風により倒れたという。

2　岩槻市民の歌

市制二五周年記念　昭和五三年（一九七八）制定

作詞／高橋　寿雄　補作／石本　美由起
作曲・編曲／栗田　俊夫
監修／船村　徹
歌／青木　光一

一　槻の木のびる青空に　歴史を語る時の鐘
基《もとい》は古くいにしえの　心をここに受け継いで
明日を築く城下町
ああ　岩槻市われらの郷土

二　山吹ゆかし道灌の　昔をしのぶ花のいろ
文化を育ていつの日も　希望を常に友として
未来へ渡す虹の橋
ああ　岩槻市われらの郷土

三　郷土が誇る伝統を　人形に託す美しさ
元荒川の悠久《ゆうきゅう》を　信じて集《つど》う　人の和の
力は永遠《とわ》に揺るぎなし
ああ　岩槻市われらの郷土

3　岩槻市民音頭

市制二五周年記念　昭和五三年（一九七八）制定

作詞／木村　妙子　補作／石本美由起
作曲／船村　徹　編曲／栗田　俊夫
歌／大川　栄策・わかばちどり

一　春の岩槻　三月びなの
白いお顔が　愛らしい
五月　男の武者《むしゃ》人形を
咲いた山吹　見て惚れる

「岩槻市民音頭」に歌われている（左から）人形塚・時の鐘・大手門・太田道灌像

（囃）ヨイヨイ　踊りにゃ　唄がつく
ヨイヨイ　唄には　三味がつく
ツキツキ　岩槻　城下町

二　夏の岩槻　人形まつり
踊るあの娘は　恋人形
大手門から　八ッ橋あたり
咲くはデイトの　若い花

三　秋の岩槻　元荒川の
風にしみいる　時の鐘
みんな供養《くよう》の　両手をあわす
紅葉《もみじ》いろどる　人形塚

四　冬の岩槻　道灌さまの
昔ばなしに　夜《よ》が更ける
春を待つ間《ま》の　岩槻ぐらし
人形づくりに　精を出す

岩槻市市制施行二五周年記念事業として、「市民の歌」、「市民音頭」、「市民憲章」を公募した。市民の歌一〇二件、市民音頭八三件の応募作品があり、その中から選定された。

4　人形のまち

作詞／槇皓志
作曲／小坂真周
編曲／鶴見清一

その頬に　ぼんぼり映し
その髪に　桜かざして
城あとに　相逢う人の
いまも　雛に似る　人形のまち

その胸に　檜扇ひそめ
その袖に　山吹染めて
七重八重　相寄るひとの
いまも　みどりなす　人形のまち

その眉に　陽の芒《のぎ》やどし
その面輪《おもわ》　月をうかべて
きしみゆく　小車《おぐるま》のゆめ
いまも　笛に乗る　人形のまち

その腕に　岩城《いわしろ》きずき
その腰に　太刀とり佩《は》いて
天翔《あまか》ける　白鶴のうた
いまも　風に鳴る　人形のまち

昭和四五年に浦和市（現さいたま市）在住の詩人槇皓志に人形のまちにふさわしい詩をと依頼し、「人形のまち」を作詞していただいた。同じ年の一〇月に岩槻城址公園に人形塚が建立され、隣接地に「人形のまち」の詩碑が完成した。

以来、毎年秋、人形塚を中心として、「人形供養祭」が賑々しく行われている。

普段は、ひっそりとした佇まいであるが、この詩碑の存在を知り、この詩に感銘を受けた小坂真周が、曲を付け歌にした。詩碑が完成してから、四〇年後のことである。

5　あなたは可愛い　おひなさま

作詞作曲／古郡千恵子
編曲／早乙女誠

お山の桐の木　素にして
お顔は貝の　粉化粧
お口やおめめも　描き入れて
金糸や銀糸の　着物着た
人形のまち　岩槻の
あなたは可愛いおひなさま

五人ばやしや　官女たち
左近右近も　勢揃い
赤い毛氈　敷きつめて
皆に幸せ　運んでる
人形のまち　岩槻の
あなたは可愛いおひなさま

ここは岩槻　城下町
栄えて来ました　ひなのまち
名所旧跡　多いまち
心の手と手を　つなぐまち
人形のまち　岩槻の
あなたは可愛いおひなさま

人形のまち　岩槻の
あなたは可愛いおひなさま

小説

『人形姉妹』円地文子

『人形姉妹《にんぎょうしまい》』は、戦前から昭和五五年（一九八〇）頃にかけての長編小説で人形のまち岩槻が登場する。

主人公の春市律子は、大正末に東京で生まれ人形師として独立したが、妹の郷子とその恋人との愛憎に悩み、祖父母の眠る岩槻へ行く。

『人形姉妹』は初め、昭和三九年に女性誌に掲載された円地文子《えんちふみこ》五四歳の時の作品。

昭和四〇年（一九六五）に集英社から出版された後、昭和五七年に文庫化された。

昭和四一年に三田佳子が、同五五年には、沢井桂子の主演によりテレビドラマ化されている。

円地文子は明治三八年（一九〇五）、国語学者・上田萬年の次女として東京に生まれ、『女坂』など多くの小説を著し、『源氏物語』の現代語訳にも取り組んだ。　昭和六〇年（一九八五）文化勲章を受章。昭和六一年没している。

円地文子が、岩槻に取材に訪れた当時のことを戸塚隆（現相談役）は、「私が入社したての頃、円地さんが、店を訪ねてくれたことを覚えています。取材だったのでしょう」と語っている。

『人形姉妹』文庫版

いわつき郷土かるた

昭和六三年に市制三五周年を記念し、歴史ある岩槻を楽しく遊びながら学び、さらに郷土を愛する心を育てたいという願いを込めて、岩槻市教育委員会は市内の小・中学生からかるたの読み札（四千四百余点）、絵札（八百五十余点）を募集した。

応募作品の中には、人形に関するものが多くあり、小・中学生にも郷土の誇り、産業として、人形が根づいていることの証明でもあった。

「いわつき郷土かるた」箱のふたと人形に関するかるた札

Ⅳ 百年のあゆみ

岩槻人形協同組合 年表

西暦	元号	事項	歴代代表者名
一六三四	寛永11	日光東照宮大造営に際し、工事終了後に故郷に帰らず、日光御成道宿場、城下町岩槻に住み着いた宮大工等が、人形作りを始めたと伝えられている	＊事業所名は、就任当時のままとした。
一六九五	元禄8	天神像の木型が作られる	
一七一六〜三六	享保年間	京都で御所人形が創始される	
一七二一	享保6	徳川幕府、奢侈禁止令を出す（ひな人形の高さを八寸＝二四㌢までとする）	
一七三九	元文4	加茂人形（木目込）が創設される。京都では嵯峨人形（木彫人形）、浮世人形（衣裳人形）などが京人形と称されている	
一七四〇	元文5	江戸に雛仲間組合成立。“十軒店”が出現する	
一七五二	宝暦2	徳川幕府、再度奢侈禁止令を出す	
一七六〇	宝暦10	幕府は、京雛の江戸移入を禁止する。次郎左衛門雛が大流行する	
一八〇四	文化元	岩槻久保宿の橋本重兵衛（重五郎）、人形づくり一筋で生計を立てる	
一八一八〜三〇	文政年間	橋本重兵衛、裃雛を考案する	
	文政10	水戸の徳川斉昭が、農人形を作る	
一八三〇	文政13	秋葉神社の常夜灯の寄進者に「雛屋幸蔵」の名前が刻まれている	
一八三四	天保5	3月　大宮氷川神社が、雛一対を岩槻で購入する	
一八四一	天保12	横町（現栄町）三峰神社に、天保十二年銘の唐子人形が奉納される	
一八三〇〜四四	天保年間	岩槻藩士植松平七、雛の手の彫刻を始める	
一八六八	明治元	大倉大膳・留次郎父子が、江戸から岩槻に移住する	
一八七三	6	明治政府、五節句の廃止令を公布	
一八九一	24	4月　第一回南埼玉郡勧業会が開かれる	
一九〇三	36	埼玉県雛人形業者同業組合が発足	
一九〇四	37	重要物産品評会が南埼玉郡役所で開催される	
一九〇六	39	第二回南埼玉郡物産品評会が開催される	

一九〇七	40	2月　岩槻町で初市が開催される **3月　岩槻町で雛市が開催され、活況を呈する** 3月　第三回南埼玉郡物産品評会が開催される	
一九〇八	41	1月　南埼玉郡物産品評会が開催される 11月　一府十県共進会が開催される	
一九〇九	42	12月　南埼玉郡重要物産品評会が開催される	
一九一〇	43	2月　岩槻町の初市が賑わう 12月　岩槻商工会発起人会が開催（紙善・斉藤善八宅にて） 木村松五郎、伊藤徳松が、吉野栄吉に入門	
一九一二	45	6月　岩槻際物市が開催され、活況を呈する	
一九一二	大正元	雛人形製造者は55軒、生産額は四万円を誇る	
一九一四	3	12月　埼玉県物産陳列館が開館	岩槻雛人形組合〈組合長〉
一九一五	4	**5月　岩槻雛人形組合創立** 8月　岩槻町商工会が創立	加藤徳十郎　大正4〜6
一九一七	6	3月　雛市が活況を呈する	
一九一九	8	7月　県外物産陳列展に雛人形出品のため、懇話会が開催	倉賀野隆信　大正6〜8
一九二〇	9	9月　南埼玉郡商工会連合会が創立 10月　皇后陛下、氷川神社行啓に際し、岩槻人形等をご覧になる	若谷林之助　大正8〜14＝3期
一九二一	10	3月　埼玉県物産陳列館、埼玉県商品陳列館に改称 8月　岩槻産業組合連合会の設立が許可される この頃から外国や国内の事業展開が活発化する 皇后陛下の行啓を記念し、楠木正成の人形を献上する	
一九二三	12	9月　関東大震災が起こり、東京の人形師の多くが岩槻に疎開する この年三枝實園は、埼玉県商品陳列館において雛人形の商品受託販売を始める	

西暦	元号	事項	代表者名
一九二四	大正13	武州鉄道、岩槻―蓮田間が開通	
一九二五	14	4月 岩槻雛人形組合の祝賀会が開催される	神田虎之助（神田人形） 大正14～昭和4＝2期
一九二六	15	4月 岩槻輸出玩具研究会が発足し、輸出用人形の研究に取り組む この頃、岩槻人形界不景気となる 岩槻雛人形製造業組合に名称を変更する	
一九二七	昭和2	1月 **岩槻町雛人形組合旗製作**（平成18年12月発見される） 3月 経済不況で県内の銀行に取り付け騒ぎが起こる **日米人形交歓会が、開催される**（岩槻小学校にて） 輸出人形研究会が発足する この頃、神田角太郎と大宮の福沢玩具店が、新型人形を創作する	
一九二九	4	11月 **総武鉄道（現東武鉄道）大宮―粕壁間が開通。岩槻町駅（現岩槻駅）開業** 戸塚清晃、舞踊人形を創作する	岩槻雛人形製造業組合〈組合長〉 斎藤浅之丞 昭和4～6
一九三〇	5	7月 満州見本市で岩槻人形人気を博する	
一九三一	6	埼玉県商工部主催 朝鮮、満州市場調査団に戸塚巌が参加し、その後奉天に支店を開設する	星野福太郎（星野人形） 昭和6～10＝2期
一九三二	7	2月 岩槻人形が、三越で販売される	
一九三三	8	2月 岩槻人形と東京人形商工会で日本人形研究会を設立 8月 埼玉県主催の雛人形玩具品評会及び岩槻町物産陳列所即売会が開催（岩槻小学校にて）	
一九三四	9	2月 エチオピア皇帝甥アラヤ・アベベ殿下とご婚約した黒田雅子様をお祝いし、鶴亀古代人形を贈呈 11月 陸軍特別大演習を記念して埼玉県知事は、昭和天皇に星野福太郎（当時の組合長）製作の太田道灌公の人形を献上	

西暦	昭和	事項	役員
一九三五	10	東京丸ビルの地方物産陳列所で岩槻人形の宣伝販売を行う	神田角太郎（神田人形） 昭和10～16＝3期
一九三六	11	人形の帝展出品が実現する	
一九三七	12	2月　下火だった雛人形界活況を呈する 7月　日中戦争により、岩槻人形にも戦事色が反映する	
一九三八	13	この頃、岩槻人形界は二百数十軒、従業者千人を数える産地に成長する	
一九四〇	15	7月　7・7禁令（奢侈品等製造販売制限規則）が出される 9月　人形の公定価格が決まる	
一九四一	16	12月　太平洋戦争勃発　人形材料の使用禁止令が公布	戸塚巌（戸塚岩吉商店） 昭和16～26＝5期
一九四二	17	1月　岩槻雛人形製造組合は、埼玉県玩具人形商工業組合に統合される。 7月　戦時色を反映した「爆弾三勇士」などが作られるようになった	
一九四四	19	この頃から東京の人形師が岩槻に疎開してくる	
一九四六	21	岩槻人形作家協会が発足〔会長・西田喜楽〕	
一九四七	22	人形組合が、「岩槻町雛人形のできるまで」の映画を作成する 埼玉県玩具人形商工業組合は、埼玉県節句品協会に改称し、支部が置かれる 出生人口は二六七万八千七九二人（第一次ベビーブーム始まる）	
一九四八	23	7月　高松宮殿下が、岩槻人形の工程をご視察（東玉にて）	埼玉節句品協会〈岩槻支部長〉 吉田光三（吉田人形） 昭和23～25
一九四九	24	5月5日が「こどもの日」として、祝日制定される 出生人口は二六九万六千六三八人（第一次ベビーブームの頂点）	
一九五〇	25	3月　岩槻雛人形組合が再発足 5月　岩槻雛人形頭作家組合創立〔組合長・鈴木柳蔵〕 朝鮮戦争勃発。岩槻人形が米国軍人の土産品として、好評を博する	岩槻雛人形組合〈組合長〉 星野福太郎（星野人形） 昭和25～29＝2期
一九五一	26	人形界に安売り合戦が起こる	
一九五二	27	5月　東京三越で埼玉県物産陳列即売会が開かれる 6月　岩槻雛人形組合が組織化される。	

西暦	元号	事項	歴代代表者名
一九五二	昭和27	この頃、頭製造は、日本全国の九割を生産 8月　岩槻人形商工業協同組合が設立される〔理事長・戸塚巌〕 11月　アメリカ赤十字軍団一行が雛人形の製作工程を見学する 西澤笛畝・山辺技官を招き、人形製作技術講習会を開催する 中島徳次郎、岩槻町役場に舞踊人形を寄贈し、町長室に飾られる	
一九五三	28	2月　NHKで「雛人形の町岩槻訪問記」が、全国放送される 3月　三笠宮殿下へ舞踊人形を献上 **9月　人形会館建設委員会が組織される** 出生人口は一八六万八千四〇人	
一九五四	29	第一回人形展技術審査会を岩槻中学校で開催。毎年開催を決定する **7月　岩槻町は、市制を施行し岩槻市発足** 7月　食糧庁通りを人形町に名称変更 9月　岩槻雛人形組合、岩槻雛人形商工組合、岩槻雛人形作家組合の三六五軒は、一本化して「岩槻雛人形組合」を設立 10月　三越に岩槻人形を出品する 11月　人形師鈴木柳蔵、石膏頭を考案する	吉田光三（吉田人形） 昭和29〜31
一九五五	30	3月　岩槻市特産物展示即売会が催される	
一九五七	32	7月　太田道灌公岩槻築城五百年祭、市制施行三周年、旧藩校遷喬館復元祭が開かれる 10月　第二回日本雑貨工芸文化展に風俗人形が展示され、展示後コロンビア大学に保存される	井野清次郎（井野清人形） 昭和31〜34
一九五八	33	金子仁が、わらべ人形を創案する 10月　岩槻雛人形産地診断調査が実施される	

一九五九	34	7月 産業会館・市民総合会館が完成し、郷土物産陳列室が設けられる	神田角太郎（神田人形） 昭和34～37＝2期
一九六〇	35	10月 岩槻市商工会設立	
一九六一	36	5月 カナダ・バンクーバーで開催された国際見本市に岩槻人形出品。木村勝信実演を行う 11月 青森・東京間駅伝競走の選手に岩槻人形を贈呈 11月 第六回埼玉県人形展示会で、岩槻人形は知事賞等を受賞	
一九六二	37	10月 埼玉県人形展示会で、岩槻人形は知事賞等を受賞	戸塚健蔵（東玉） 昭和37～41＝2期
一九六三	38	10月 岩槻駅前通り線工事が開始される	
一九六四	39	**10月 東京オリンピックが開催される** 11月 皇太子殿下・美智子妃殿下、岩槻人形をご視察（県立岩槻青年の家）	
一九六五	40	1月 皇太子殿下・美智子妃殿下へ高砂人形、浩宮様へわらべ人形を献上 日本人形協会は、10月15日を「人形の日」に制定。 10月17日 **第一回人形供養を開催。以後毎年開催** 11月 岩槻人形展示会を開催 この頃、プラスチック製の人形頭が浸透し、岩槻人形の市場占有率が後退する	
一九六六	41	5月 第十七回県展において鈴木賢一が特選、有松寿一、松口一栄らが入選する 10月 岩槻人形展示会を開催 この年丙午《ひのえうま》、出生人口減少する。出生人口は、一三六万九七四人	井野清次郎（宝玉） 昭和41～43
一九六七	42	この年の出生人口は一九三万五千六四七人	
一九六八	43	5月 テレビ東京「町ぐるみワイドショー」に出演、人形の町を紹介する 6月 岩槻雛人形組合解散する 7月 各部門別に独立、五組合となる 岩槻ひな人形組合（完成） 岩槻雛人形頭組合（頭）	

西暦	元号	事項	歴代代表者名
一九六八	昭和43	岩槻人形雛衣装組合（胴） 岩槻人形小道具組合（小道具） 岩槻人形手足組合（手足） 9月　五組合が合同し、岩槻人形連合協会を創立	岩槻人形連合協会（会長） 井野清次郎（宝玉） 昭和43～? ○岩槻ひな人形組合（完成） 組合長　金子　仁 ○岩槻雛人形頭組合（頭） 組合長　鈴木柳蔵 ○岩槻人形雛衣装組合（胴） 組合長　長谷川誠蔵 ○岩槻人形小道具組合（小道具） 組合長　押田儀一 ○岩槻人形手足組合（手足） 組合長　伊藤昌次 ○岩槻人形製販協会（小売） （昭和44年加入） 会　長　戸塚健蔵
一九六九	44	岩槻人形製販協会（小売）が発足、岩槻人形連合協会に加入する 10月　岩槻人形展示会を開催	
一九七〇	45	11月　三笠宮妃殿下が、岩槻人形の人形製作工程をご視察（岩槻市立福祉会館にて） 6月　大阪万国博覧会に出展、人形の製作実演を行う 8月　岩槻人形展示会を開催 岩槻ひな人形組合青年会が発足〔初代会長・井野義平〕 10月　岩槻ひな人形組合青年会、川口・浦和・大宮でアンケートを実施 この頃、人形のまち岩槻は活気にあふれる	
一九七一	46	3月　三笠宮殿下、妃殿下、岩槻人形の製作工程をご視察（岩槻市立福祉会館にて） 8月　岩槻人形展示会を開催 10月　**岩槻城址に「人形塚」、「人形碑」建立。落成式挙行** 落成記念に青年会が第一回人形まつりと称して初めて人形仮装パレードを実施 10月　**『岩槻人形史』を刊行** 岩槻人形生産就業者数は約六千人、年間総売上高六〇億円	
一九七二	47	11月　岩槻駅ホームに岩槻市産業物産陳列所が完成し、人形を展示 11月　東北自動車道（岩槻‖宇都宮間）が開通する	
一九七三	48	第一次オイルショック　人形業界材料不足発生 2月　県立寄居養護学校黒浜分校に雛人形を贈呈	

西暦	昭和	事項	岩槻人形協同組合（理事長）
一九七四	49	8月　岩槻人形展示会を開催 出生人口は二〇九万一千九八三人（第二次ベビーブームの頂点） 岩槻人形産地診断調査が実施される 2月　岩槻市内の保育所においてひなまつりを開催する 2月　岩槻市内の幼稚園等に雛人形を寄贈 8月　岩槻人形展示会を開催 岩槻ひな人形組合青年会、埼玉県の研修の一環でヨーロッパへ視察 迎賓館赤坂離宮に岩槻人形を展示する	
一九七五	50	1月　岩槻市長等による岩槻人形座談会が行われる 発表者　川﨑阿具（岩槻人形連合会会長）　戸塚健蔵（東玉） 星野一夫（岩槻ひな人形組合組合長）　堀　江　昭（堀江商店） 小山圭治（岩槻人形製販協会）　金　子　仁（玉童） 井野清次郎（日本ひな人形協会埼玉支部長）　鈴木柳蔵（鈴木人形） 1月　中国婦人代表団が、岩槻人形を見学	
一九七六	51	3月　私立保育所に雛人形を寄贈 7月　**第一回人形のまち岩槻まつり開催**（人形仮装パレード、以後毎年開催）	
一九七七	52	1月　岩槻人形研究会頭作家グループがマスコミで紹介される 1月　第一回全国伝統的工芸品展にて、岩槻人形が埼玉県知事賞を受賞する。 1月　人形界は、不況をよそに順調な売れ行きを示す 1月　岩槻の人形師石川潤平「75顔」に紹介される 8月　岩槻人形連合協会が解散し、**岩槻人形協同組合設立**	
一九七八	53	2月　**「江戸木目込人形」が国指定伝統的工芸品に指定される** 4月　岩槻人形、江戸木目込人形が埼玉県の伝統的手工芸品に指定される 10月　国指定「江戸木目込人形」伝統工芸士五名が初めて認定される	**岩槻人形協同組合**（**理事長**） 川﨑阿具（川﨑人形） 昭和52～62＝5期

西暦	元号	事項	歴代代表者名
一九七九	昭和54	4月 岩槻江戸木目込人形伝統工芸士会が発足〔会長・井野時夫〕 6月 第一回埼玉節句人形見本市を開催（主催・埼玉節句人形振興会） 9月 岩槻人形展示会を開催 11月 岩槻人形のシンポジウムが開催される	
一九八〇	55	9月 岩槻人形展示会を開催 12月 皇太子殿下・美智子妃殿下、岩槻人形ご視察（県立民俗文化センター）	
一九八二	57	岩槻人形産地診断調査が再度実施される 2月 駐日英国大使が岩槻人形を見学	
一九八三	58	4月 七人の伝統工芸士が認定される	
一九八四	59	4月 「ようこそ人形の町・岩槻へ」歓迎塔が岩槻駅前広場に完成	
一九八五	60	岩槻人形協同組合青年部会発足 3月 岩槻市商工会主催「地域ビジョン発表会」で、「人形のまち」のシンボルとなる施設の建設が示される	
一九八七	62	**3月 第一回人形のまち岩槻流しびなを開催** 3月 岩槻小学校に人形資料室を作り、人形の学習が始まる 地場産業センター設置推進委員会が発足	星野一夫（星野人形） 昭和62〜平成元
一九八八	63	4月 美智子妃殿下と紀宮内親王殿下が、岩槻人形をご視察（東玉） **7月 第13回人形のまち岩槻まつり開催。ジャンボ雛段が初めて登場** 9月 第24回岩槻人形展示審査会〝工匠たちの人形展〟開催する 地場産業センター基本構想策定が出来上がる 埼玉県誕生百年記念「埼玉博覧会」に市松人形を展示	
一九八九	平成元	4月 ハイウェイカードに岩槻の「武者人形」が採用される 9月 人形のまち〝工匠たちの人形展〟開催される	河野　保（河野人形） 平成元〜3

		岩槻市・商工会・人形組合の三者で地場産業センター開設準備委員会を設け、建設要望書を、埼玉県知事に提出 人形会館建設に向け、組合員から寄付金を募る	
一九九〇	2	11月　第26回岩槻人形供養祭。この年より毎年11月3日（文化の日）に開催 11月　三笠宮寛仁殿下が岩槻人形の製作工程をご視察（東玉） 山形県河北町より「谷地のひな市」に協力要請があり、初めて参加	
一九九一	3	地場産業センター（人形会館）国庫補助制度の廃止により計画の見直しとなる	井野義平（宝玉） 平成3〜7＝2期
一九九二	4	3月　3日に「流しびな」をこの年もテレビで実況放映 岩槻市庁舎屋上から大々的に鯉のぼりを掲揚	
一九九三	5	組合主催展示会を槻の森スポーツセンターへ移し開催 5月　埼玉県知事より天皇、皇后両陛下に岩槻人形を献上	
一九九五	7	キャラバンカーを購入し、岩槻人形の普及広報を行う 国の伝統産業振興事業に組合として積極的に参加。取り組みが始まる	矢作恒良（矢作人形） 平成7〜13＝3期
一九九六	8	NHKラジオ深夜便で、「岩槻人形」について放送される	
一九九七	9	谷地ひな市の出店を通じて河北町と本格的な交流が始まる	
二〇〇〇	12	筑波大付属中学校の校外学習に協力し、伝統産業部門で指導要領に掲載される	
二〇〇一	13	埼玉伝統工芸館に岩槻人形を出品する	井藤仁（いふじ人形） 平成13〜17＝2期
二〇〇二	14	流しびな開催に向け、菖蒲池に毎年使用できる舞台が造られる 8月　青森東京駅伝の選手に岩槻人形を贈呈	
二〇〇三	15	岩槻衣裳着人形の伝産指定準備委員会が発足 9月　西澤笛畝人形コレクションリストアップ調査開始	
二〇〇四	16	**2月　第一回まちかど雛めぐり開催（以後毎年開催）** 3月　「江戸木目込人形」が埼玉県無形文化財に指定される 4月　鈴木賢一・石川潤平、埼玉県無形文化財工芸技術者に認定される	

西暦	元号	事項	歴代代表者名
二〇〇四	平成16	9月 埼玉県の要請で伝統工芸士製作の「三番叟」を天皇陛下に献上 **11月 人形組合は、さいたま市に人形会館建設の要望書を提出**	
二〇〇五	17	**4月 岩槻市はさいたま市へ編入、合併する。岩槻市は岩槻区となる** 7月 笛畝人形記念美術館から西澤コレクションを購入	戸塚 隆（東玉） 平成17〜21＝2期
二〇〇六	18	**人形組合は西澤笛畝コレクションをさいたま市へ寄贈** 人形会館建設に向け、視察研修等の勉強会が始まる	
二〇〇七	19	2月 「江戸木目込人形」「岩槻人形」が国の地域団体商標登録（地域ブランド）となる **3月 衣裳着人形が「岩槻人形」の名称で国の伝統的工芸品に指定される**	
二〇〇八	20	3月 スウェーデン国王ご夫妻を天皇皇后両陛下が川越にご案内。この時江戸木目込人形の製作実演とご説明をする（川越市立美術館） DVD「人形のまち岩槻」を製作〔製作委員長・川﨑勝久〕 第一回「岩槻人形」伝統工芸士認定試験を実施 2月 NHK大河ドラマ「篤姫」で笛畝コレクションの犬筥が採用される（飾り指導 東久） 4月 さいたま市の伝統産業事業所に岩槻人形協同組合が団体認定される 4月 さいたま市観光大使に金子有紀が初めて選ばれる 10月 高円宮妃殿下が岩槻人形をご視察（東玉及びワッツ） 10月 日本のまつりに、人形神輿で参加する（さいたまスーパーアリーナ）	
二〇〇九	21	3月 岩槻人形伝統工芸士会が発足〔会長・齊藤公司〕 人形組合に岩槻人形会館運営検討委員会が発足する さいたま市立岩槻人形会館開設準備委員会委員に二名が委嘱される	齊藤公司（公司人形） 平成21〜27＝3期
二〇一〇	22	**10月 岩槻にて初めて「重陽の節句」を実施**（主催 さいたま商工会議所岩槻支部）	

二〇一一	23	岩槻江戸木目込人形技術保存会が埼玉県指定無形文化財「江戸木目込人形」の保持団体に認定される 国指定「江戸木目込人形」「岩槻人形」伝統工芸士認定試験を実施	
二〇一二	24	1月　鈴木賢一創作人形展開催 4月　さいたま市観光大使に斉藤由香利が就任	
二〇一三	25	山形県河北町の依頼で等身大ひな人形（一対）を製作、紅花資料館に展示 2月　第一回全国雛めぐり公開サミット イン イワツキ 実施 2月　第一回人形《ひな》の里アートフェスティバル実施 **創立百周年記念事業として（仮題）「百年誌　岩槻の人形」の編纂が始まる** 国際交流基金による海外展開事業が始まる	
二〇一四	26	7月　海外日本語教師研修生が岩槻人形の製作体験を行う。この時タイ国より人形製作学習の要請がある **10月　第一回人形のまち岩槻「重陽の節句」始まる（以後毎年開催）** 11月　井藤仁、有松亮一が、タイ王国のランシット大学・チェンマイ大学で人形づくり公開及び交流会を実施する	
二〇一五	27	2月　岩槻人形協同組合創立百周年記念事業「小さなお雛様展」を開催 2月　第一回雛のまち岩槻　創作人形公募展 5月　**岩槻人形協同組合は創立百周年を迎える** 文京学院大学と産学連携による商品開発始まる 12月　「岩槻人形協同組合創立百周年記念式典」及び「魅せます・匠の技展」を開催 さいたま市岩槻区誕生十周年記念として岩槻区主催木目込人形製作体験事業を併催 百周年事業としてさいたま市内各区（十区）へ岩槻人形を贈呈	新井久夫（新井人形） 平成27～現在

◇百周年記念式典資料

岩槻人形協同組合一〇〇周年記念式典次第

平成27年12月6日（日）午前10時30分～閉会

司会	岩槻人形協同組合 専務理事	伴戸 武三	
開会の辞	岩槻人形協同組合 副理事長	石川 公一	
実行委員長挨拶	百周年実行委員会 委員長	井藤 仁	
理事長式辞	岩槻人形協同組合 理事長	新井 久夫	
記念事業発表	目録贈呈		
ご来賓祝辞	さいたま市長	清水 勇人	様
	さいたま市議会 議長	桶本 大輔	様
	衆議院議員	武正 公一	様
	衆議院議員	村井 英樹	様
	参議院議員	古川 俊治	様
	埼玉県議会議員	小島 信昭	様
	（一社）伝統的工芸品産業振興協会 代表理事	安藤 重良	様
ご来賓紹介	（一社）日本人形協会 会長	金林 健史	様
	岩槻人形協同組合 副理事長	河野 健二	
閉会の辞	岩槻人形協同組合 会計理事	堀江 正	

■記念式典ご出席来賓■

さいたま市長	清水 勇人
さいたま市議会 議長	桶本 大輔
衆議院議員	武正 公一
衆議院議員	村井 英樹
参議院議員	古川 俊治
さいたま商工会議所 副会頭	高橋 三男
さいたま商工会議所 岩槻支部長	長野 晋睦
埼玉県議会議員	小島 信昭
さいたま市議会議員	江原 大輔
さいたま市議会議員	吉田 一志
さいたま市議会議員	高野 秀樹
さいたま市議会議員	新井 森夫
さいたま市議会議員	大木 学
関東経済産業局産業部製造産業家 課長補佐	漆畑 正寿
埼玉県産業労働部 部長	立川 吉朗
さいたま市経済局 局長	岡安 博文
さいたま市スポーツ文化局 局長	野間 薫
さいたま市 岩槻区長	中井 達雄
公益社団法人さいたま観光国際協会 副会長	本田 秋満
埼玉県中小企業団中央会 会長	星野 進
埼玉県中小企業団中央会春日部支所 支所長	小井戸 敦
岩槻商店会連合会 副会長	吉田金一郎
岩槻警察署 署長	川上 博和
一般社団法人 日本人形協会	金林 健史
一般社団法人 日本人形協会 埼玉支部長	倉片 順司
一般社団法人 伝統的工芸品産業振興協会 代表理事	安藤 重良
日本伝統工芸士会 副会長	戸田 敏夫
関東伝統工芸士会 会長	小園 博
東京都雛人形工業協同組合 理事長	松崎 光正
一般社団法人 日本人形協会 埼玉支部青年会 会長	関口 典弘
岩槻・人形文化サポーターズ 代表	加藤 三郎
笹田会計事務所 所長	笹田 一隆
岩槻人形協同組合	是澤 博昭

（敬称略・順不同）

岩槻人形協同組合 100 周年記念事業委員会 組織図

委員長　井藤　仁

副委員長　新井　久夫
副委員長　石川　公一

総務部会
・招待状　・案内状
・受付　・財務
・総務全般

○河野　健二
齊藤　公司
伴戸　武三
矢作　悦士
野口　正己

会場展示部会
・展示　・実演
・会場設営
・会場整理

○松口　一栄
有松　寿一
金子　久一
山崎　好朗
大豆生田博

式典部会
・記念式典会場
・祝宴
・記念品

○田中　隆
戸塚　隆
荻野　隆
青木　敦
川﨑　亮太
井野　正直

さいたま商工会議所
中村　清
さいたま観光国際協会
長島　光正

会計　豊住　暁
会計　中島　勇治

監事　堀江　正
監事　細野太一郎

オブザーバー
岩槻区観光経済室
佐藤　敏彦

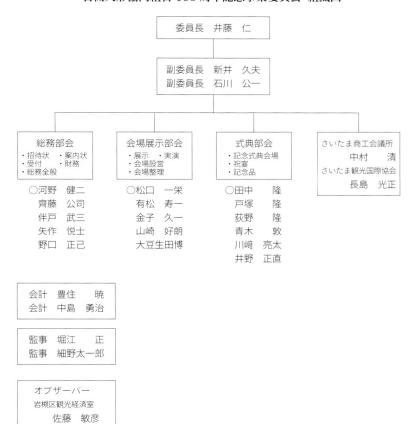

◇編集後記

平成二七年、岩槻人形協同組合は創立百周年を迎えることができました。国内を見渡しても一〇〇年という組織、団体は稀であり、大変誇らしく思っております。

組合が設立された大正四年、業界は不安定な経済情勢のなかにあり、脆弱な組合組織での厳しい船出であったことと推察いたします。当時の役員、組合員の方々のご苦労が偲ばれます。

それから三〇年後の第二次世界大戦という苦難な時代を迎え、これを乗り越え、幾多の事業を成就した先人先輩の功績に敬意を表します。このお陰で、今日の業界、組合があります。

これまで私たちは、折に触れて、「広報誌」を発行してきましたが、昭和四六年、人形塚竣工の折に出版した『岩槻人形史』がこれまでの唯一まとまった文書であります。この度の『百年誌 岩槻の人形』の編纂作業を通じ、この文書により組合の歴史、実績と伝統を改めて認識し、記録の大切さを痛感した次第です。

そのような意味でもこの度の『百年誌 岩槻の人形』が今後の業界、組合を担う方々、学校教育をはじめ、地域社会に役立っていただければ、幸いでございます。

本書の編纂作業は、齊藤公司前理事長の時代にスタートし、第一回の委員会は平成二六年四月で、刊行までに五〇回以上の会議を重ね、二年八ヵ月の時間を費やしました。

川﨑勝久副委員長をはじめ委員各位は、各項目を分担、担当し、調査のう

『百年誌 岩槻の人形』

◉編纂委員会

委員長 戸塚 隆
副委員長 川﨑 勝久
担当副理事長 松口 一栄
委員 齊藤 公司
新井 久夫
井藤 仁
伴戸 武三
森田 和雄
福野 勇
福田 徳也

執筆協力 飯山 實
花野井 均
菅原 千華

資料・写真協力 飯山 實
花野井 均
井野 義平
矢作 恒良
矢作 悦士
有松 寿一
大塚 正男
大豆生田 博
飯塚 孝
石川 公一
岡野 恵一
望月 俊邦

え資料、写真の収集・撮影に当たり、組合員自らの手で作り上げた記念誌となりました。

企画段階からご参加をお願いし、執筆等でご専門のお立場からご指導を賜りました郷土史家の花野井均・飯山實の両氏、また企画から刊行に向け多大なご尽力をいただきましたさきたま出版会の星野和央会長、編集担当の菅原昌子氏には、ともに深甚な感謝を申し上げます。

また、さいたま市文化振興課文化施設建設準備室様、組合事務局員の丸岡隆之氏、神長倉菜穂子氏ほか、本書の製作にご協力をいただいたすべての方々にこの場をお借りして御礼を申し上げます。

平成二八年一二月

『百年誌 岩槻の人形』編纂委員会 委員長

戸塚 隆

編集担当者

吉田 正則
水落 恵一
神田 潔司
川名 栄
フォトさいたま
堀江 正
河野 健二
荻野 隆
石川 佳正
金子 久一
小林 明夫
田中 隆
富張 成雄
青木 敦
戸塚 大介
堀田 徳美
山﨑 好朗
井野 守也
小木 一郎
河内 起一
細野太一郎
豊住 暁
松永 秀夫
中島 勇治
（順不同）

百年誌　**岩槻の人形**＝ひゃくねんし　いわつきのにんぎょう

2017年 2月1日　　初版　第1刷発行

編　　集　　『百年誌 岩槻の人形』編纂委員会

発　　行　　岩槻人形協同組合

〒339-0057 埼玉県さいたま市岩槻区本町 5-6-44 岩槻商工会館内
Tel.048-757-8881　Fax.048-757-8891　http://www.doll.or.jp

発 行 所　　株式会社 さきたま出版会

〒336-0022 埼玉県さいたま市南区白幡 3-6-10
Tel.048-711-8041 ／ Fax.048-711-8044　http://sakitama-s.com/

印刷／関東図書株式会社

装幀／田端克雄（フィールド・サイド）

　ISBN978-87891- 437- 9　C1039